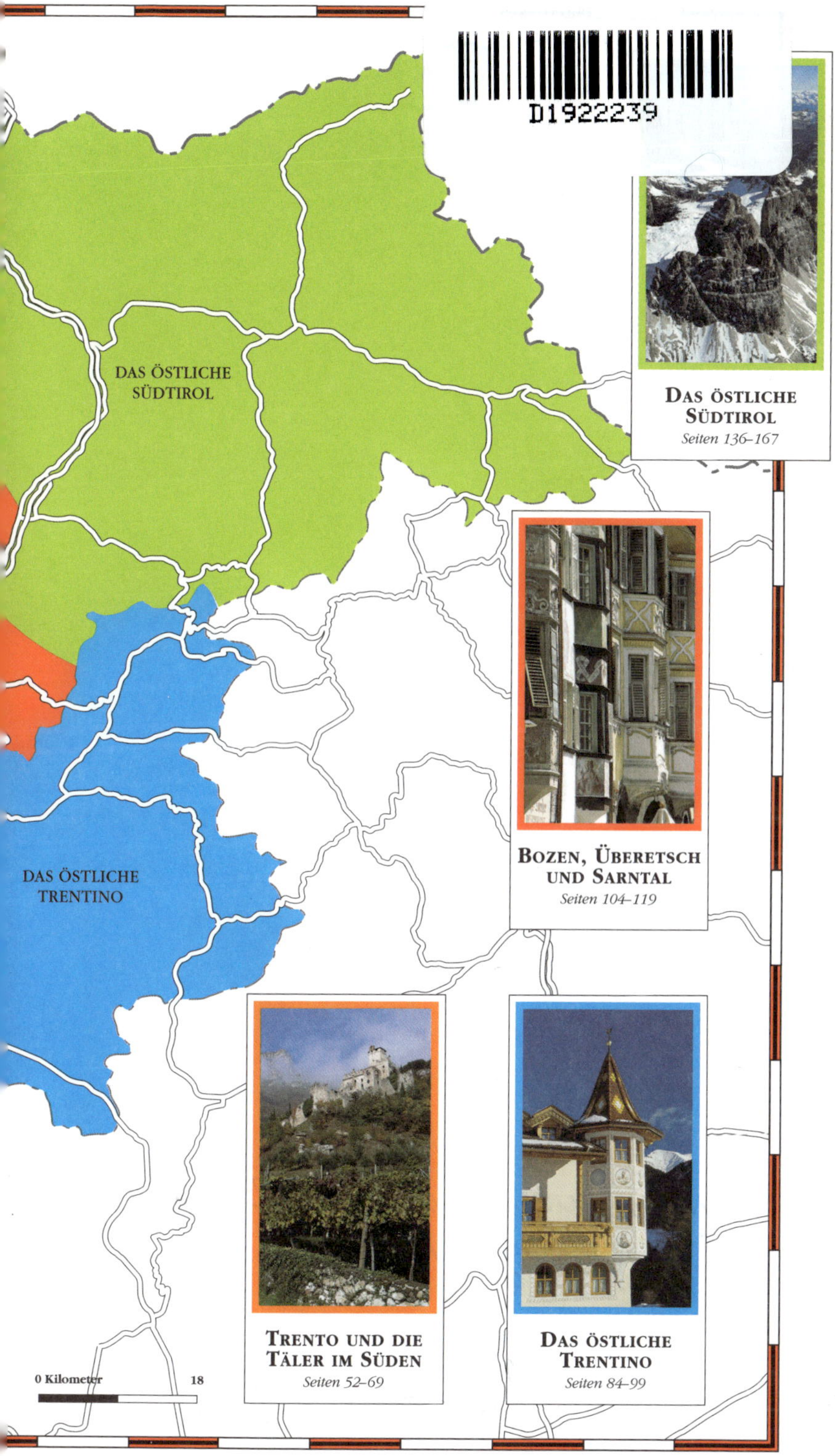
DAS ÖSTLICHE SÜDTIROL
DAS ÖSTLICHE TRENTINO
DAS ÖSTLICHE SÜDTIROL
Seiten 136–167
BOZEN, ÜBERETSCH UND SARNTAL
Seiten 104–119
TRENTO UND DIE TÄLER IM SÜDEN
Seiten 52–69
DAS ÖSTLICHE TRENTINO
Seiten 84–99
0 Kilometer 18

Zur Erinnerung an den 27.02.2004
in Vorarlberg!

Julia & Franzi

VIS à VIS

SÜDTIROL & TRENTINO

VIS à VIS

SÜDTIROL & TRENTINO

DK

DORLING KINDERSLEY

Ein Dorling Kindersley Buch

www.dk.com

Produktion
Fabio Ratti Editoria s. r. l., Mailand

Texte
Giovanni Francesio, Cristina Gambaro, Mattia Goffetti, Stefano Maldini, Carlo Unnia, Giovanna Ferrando, Anna Maria Orlandi

Illustrationen
Andrea Barison, Oriana Bianchetti, Ivo Ceccarelli, Luca Fiorani, Stefania Testa

Karten
Grafema s. r. l., Novara

•

Übersetzung Dr. Benjamin Schwarz, Berlin
Redaktionsleitung Dr. Jörg Theilacker, Dorling Kindersley Verlag
Redaktion Rolf Eder, Glonn
Schlussredaktion Dr. Bettina Jung, München
Satz und Produktion typografx, Herrmannsdorf
Lithografie Lineatre Service, Mailand
Druck und Verarbeitung Graphicom s. r. l., Vicenza

ISBN 3-8310-0530-3

1 2 3 4 5 08 07 06 05 04

Dieser Reiseführer wird regelmäßig aktualisiert. Angaben wie Telefonnummern, Öffnungszeiten, Adressen, Preise und Fahrpläne können sich jedoch ändern. Der Verlag kann nicht für fehlerhafte oder veraltete Angaben haftbar gemacht werden.
Für Hinweise, Verbesserungsvorschläge und Korrekturen ist der Verlag dankbar. Bitte richten Sie Ihr Schreiben an:

Dorling Kindersley Verlag GmbH
Redaktion Reiseführer
Gautinger Straße 6
D-82319 Starnberg

◁ **Blühende Alm unterhalb der Sellatürme**

Der Lago di Tovel, einer der meistbesuchten trentinischen Seen

Inhalt

Das Trentino stellt sich vor

Karolingisches Fresko in St. Benedikt in Mals im Vinschgau

Die Seiser Alm am Langkofel

Hauswurz, Dolomiten

Antipasto aus Speck und Löwenzahn

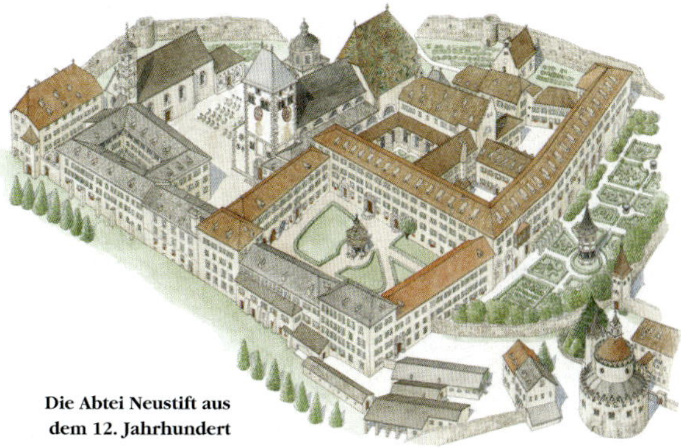

Die Abtei Neustift aus dem 12. Jahrhundert

DAS TRENTINO STELLT SICH VOR

Das Trentino auf der Karte

DAS GEBIET WIRD durch sich verzweigende Täler gegliedert, von denen das Etschtal das bedeutendste ist. Im Westen erheben sich die höchsten Gipfel der Rätischen Alpen. Unter ihnen ragen die Presanella (3558 m), der Adamello (3539 m, auf lombardischem Gebiet) und die Ortlergruppe (3757 m) zwischen Südtirol und der Lombardei heraus. Westlich der Etsch liegt die zu den Dolomiten zählende Brentagruppe. Nördlich der Adamello-Brenta-Gruppe liegen die Täler Val di Sole und Val di Non auf dem Gebiet des Nationalsparks Stilfser Joch, im Süden die Giudicarie-Täler. Im Südwesten bildet die Nordspitze des Gardasees ein »mediterranes« Einsprengsel. Östlich des Etschtals ragen auf Südtiroler und venetischem Gebiet die Dolomiten auf: im nordöstlichen Zwickel der Provinz der Rosengarten, der Langkofel, die Sellagruppe und die Marmolada; weiter südlich die Pale di San Martino. Im Osten des Trentino zweigen vom Etschtal die Täler der Cembra, Fassa, Fiemme und das Valsugana ab, in deren Süden sich der Ausläufer der venetischen Voralpen mit den Monti Lessini und dem Pasubio erstreckt.

LEGENDE

- Flughafen
- Bahnhof
- Autobahn
- Hauptstraße

0 Kilometer 12

Die Brentagruppe *ist die einzige Bergkette der Dolomiten westlich der Etsch. Auf dem Foto überragen ihre Gipfel den Ort Madonna di Campiglio.*

◁ **Ausschnitt aus einem typischen Fresko aus dem Etschtal**

Das Etschtal / Valle dell'Adige *durchzieht die Region der Länge nach wie ein Rückgrat. Von diesem Haupteinschnitt zweigen landschaftlich äußerst faszinierende Täler ab, die teilweise auch wichtige Verbindungswege sind.*

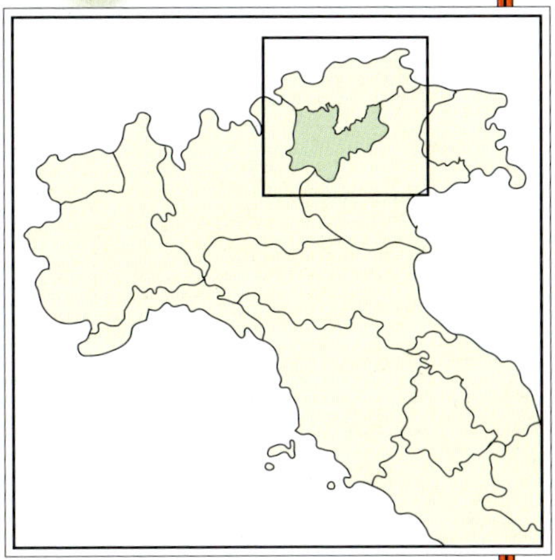

Die Provinz Trento *erstreckt sich über eine Fläche von 6207 km² und hat mehr als 450 000 Einwohner. Im Norden grenzt sie an Südtirol, im Westen und Südwesten an die Lombardei und im Osten und Südosten an das Veneto.*

Ein Porträt des Trentino

Nicht zufällig *ist das Emblem des Fördervereins für den Tourismus im Trentino ein Schmetterling. So stellt sich nämlich die Form dieser autonomen Provinz dar: als ein Schmetterling mit aufgeklappten Flügeln, getrennt durch die klare Linie der Etsch, die ihn der ganzen Länge nach durchschneidet.*

Die Geschichte des Etschtals ist auch die Geschichte des Trentino, Grenzland seit eh und je.

Die beiden wichtigsten Städte, Trento und Rovereto, liegen unmittelbar an antiken Handelswegen, die den Norden mit dem Süden verbanden. Es ist eine der fruchtbarsten Regionen, in der der Rebenanbau vor allem im Val Lagarina sowie im Südteil des Etschtals und auf der Piana Rotaliana im Norden berühmte Weine wie den Marzemino und den Teroldego hervorbringt. Nördlich des Gardasees bietet auch das Valle dei Laghi enologische Highlights: aus der Nosiola-Rebe wird der Vin Santo gekeltert.

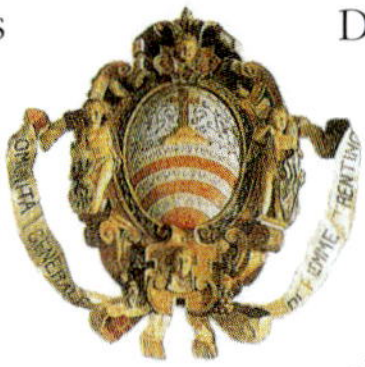

Magnifica Comunità di Fiemme

Die Täler, die vom Etschtal abzweigen, sind die »Nervenstränge« der Flügel des Schmetterlings, die sich nach Norden zu auf eine Reihe atemberaubender Bergpanoramen öffnen.

Man könnte vermuten, eine so gebirgige Region hätte menschliche Ansiedlungen behindert. Doch keineswegs. Zwar gibt es einige dünner besiedelte Gebiete, aber der größte Teil des Trentino ist seit der Antike bewohnt. Nicht zufällig werden hier Traditionen und Rituale getreu bewahrt, die neben der großen Schönheit der Landschaften eine geradezu magische Anziehungskraft auf die Reisenden ausüben.

Der Domplatz in Trento

◁ **Der Lago d'Agola im gleichnamigen Tal**

Weinberge an den Hängen des Etschtals

deutschen in Luserna, wo noch immer Zimbrisch, eine mittelhochdeutsche Mundart, gesprochen wird und sich charakteristische Hausformen erhalten haben, die dieses Volk mitgebracht hat. Die Traditionstreue zeigt sich außerdem im Schutz der Natur, ausgerichtet z. B. auf den Wasserreichtum in Form von zahllosen Seen, reißenden Bächen und Flüssen.

»Heilige Scheu«

Das Gebirge hat die Isolierung der Täler gefördert, die lange Zeit völlig autonom ihre eigene Kultur gepflegt haben. Ein Schlüsselbegriff des Trentino ist »heilige Scheu«, ohne die die Kultur des Landes nicht verständlich ist: Trento ist 800 Jahre lang von Fürstbischöfen regiert worden und hat 18 Jahre lang das epochale Konzil (1545–63) beherbergt.

Landestypisches Haus in Luserna

So stößt man überall auf Kirchen, oft mit etwas naiven, aber hingebungsvollen Fresken ausgemalt, auf Pfarrkirchen, die mittelalterliche Pfarreien waren, Wallfahrtsorte und Einsiedeleien.

Traditionstreue bedeutet auch, dass historische Institutionen wie die Magnifica Comunità di Fiemme erhalten werden, die in Cavalese seit dem 12. Jahrhundert die Waldbestände des Tales verwaltet. Dies ist symbolisch für den Hang des Trentino zur Selbstverwaltung, denn nicht zufällig ist es eine autonome Provinz mit Sonderrechten. Ein weiteres Zeichen für die Traditionstreue ist die Wertschätzung lokaler Kulturen, etwa die der ladinischen im Val di Fassa oder die der

Erholung in Naturparks

Aus den Tiefen der Erde entspringen Thermalquellen, die teilweise schon von den Römern genutzt wurden. Berühmt sind die Quellen in Rabbi, Pejo Levico Terme und Comano. Ein anderer Ausdruck von Sensibilität gegenüber der Tradition sind Naturschutzgebiete. Im Trentino liegen drei Naturparks, zwei davon in Provinzregie: der 1967 mit großem Weitblick gegründete Parco Adamello-Brenta und der Parco Paneveggio-Pale di San Martino sowie ein Teil des Nationalparks Stilfser Joch. Der Parco Adamello-Brenta bietet einen enormen Reichtum an Fauna und Flora sowie einmalige Landschaften. Dazu gehören das men-

Volkskundemuseum in San Michele all'Adige

Blick auf die Pale di San Martino

zur Erinnerung an den Ersten Weltkrieg das Museo Storico Italiano della Guerra eröffnet: Auf den dem Veneto benachbarten Hochebenen von Folgaria und Lavarone und an den Flanken der Catena del Lagorai stößt man auf Reste von Gräben, Bunkern und Kasematten, mit denen die Österreicher das damalige Grenzgebiet sicherten.

schenleere Val di Genova mit den Wasserfällen von Nardis und dem Lago di Tovel, der bis vor einigen Jahren durch seine Algenrotfärbung berühmt war. Außergewöhnlich ist in dem Zusammenhang, dass der mondäne Skiort Madonna di Campiglio ausgerechnet im Val Rendena liegt – im Zentrum des Naturparks. Tradition haben auch die Äpfel aus dem Val di Non, die heute hochmodern vermarktet werden.

Natur und Futurismus

Die Wirtschaft des Trentino beruht jedoch trotz der großen Apfelplantagen und Weinberge nur am Rande auf der Landwirtschaft. Der Tourismus liefert einen großen Teil der Gesamteinkünfte. Wegen des autonomen Status der Provinz fließt außerdem viel Arbeitskraft in die öffentliche Verwaltung. Die Lebensqualität ist hoch, so auch das Niveau der kulturellen Angebote, die von Museen über Theateraufführungen bis hin zu den verschiedensten Ausstellungen reichen.

Es gibt zahlreiche kleinere und ungewöhnliche Museen; erstaunlicherweise befindet sich in einem Bergstädtchen wie Rovereto das Museum Depero, das erste futuristische Museum Italiens. Im gleichen Ort wurde

Die Österreicher liebten die mediterrane Landschaft des Gardasees mit seinen Olivenbäumen, Zitrusgewächsen, Steineichen und Oleander dermaßen, dass sie sie zur Riviera ihres Kaiserreichs erkoren.

Alpine und mediterrane Landschaften mischen sich derart im Trentino, als sollte die Mittlerfunktion dieses Landes zwischen Nordisch-Germanischem und Mediterran-Italienischem auch landschaftlich sichtbar werden.

Die Wasserfälle von Nardis im Val di Genova

Die Landschaft des Trentino

Murmeltier auf einem Felsen

GEBIRGIG UND von zahllosen, teils landwirtschaftlich intensiv genutzten Tälern durchschnitten, welche von Flüssen und reißenden Bächen durchflossen werden, die sich oft zu größeren und kleineren Seen erweitern: So präsentiert sich das Trentino für Skifahrer, Bergsteiger und Freunde anderer »Bergsportarten« vom Kanu fahren übers Rafting und Trekking bis zum Paragliding. Aber es fehlt selbstverständlich auch nicht an Möglichkeiten für geruhsame Spaziergänge in einer herrlichen und sauberen Umwelt, zum Beispiel in einem der drei Naturparks oder einem der zahlreichen Naturschutzgebiete.

Pyramiden von Segonzano
Im Val di Cembra gibt es Erdpyramiden – ein kurioses Abtragungsphänomen im Gebirge.

Die Seen
Es gibt im Trentino etwa 300 größere und kleinere Seen, angefangen im Süden beim Gardasee, über die in Tälern (Caldonazzo und Levico im Valsugana, Santa Giustina im Val di Non) oder auf Hochebenen (Ledro, Molveno, Pinè, Lavarone) gelegenen Seen bis hin zu den kleinen von Fels und Wiesen eingefassten Bergseen. Der Lago di Tovel (oben) ist berühmt für die einstige Rotfärbung seines Wassers, die durch eine Algenart verursachte wurde.

DIE DOLOMITE
Sie haben eine einzigartige Beschaffenheit. D vor 250 Millionen Jahren im Meer abgelagerte und vor 25 Millionen Jahren zum Gebirge aufg stiegenen Kalksteine wurden durch Abtragung prozesse zu ihrer heutigen Form modelliert. D imposantesten Gipfel findet man an der Gren zu Südtirol im Val di Fassa: das mythische Ma siv der Sellagruppe (oben), der Langkofel, d Rosengarten und die Marmolada mit dem sü lichsten Gletscher der Alpen. Südlich der Ma molada ragen die Pale di San Martino ebenfa bis auf fast 3000 Meter Höhe auf. Auch in de Dolomiti di Brenta, westlich der Etsch, stehen e nige markante Gipfel wie der Campanile Bas oder der Crozzòn di Brent

NAMENSGEBER DER DOLOMITEN

»Vor achtzehn Monaten«, schrieb 1789 Déodat de Dolomieu an seinen Freund La Peyrouse, »fand ich endlich auf einigen mineralogischen Exkursionen in die Tiroler Berge eine gewaltige Menge jener Kalksteine, die im Kontakt mit Säuren keinerlei chemische Reaktion zeigen.« Dieses Mineral, ein Karbonat aus Kalk und Magnesium, erhielt wenige Monate später von Nicolas Saussure den Namen Dolomit.

Déodat de Dolomieu

Die Rätischen Alpen
Sie erheben sich im Westteil des Trentino. Zu ihnen gehören die Adamello- und die Presanella-Gruppe (oben), deren Gipfel weit über 3000 Meter in den Himmel ragen. Nördlich schließt sich das vergletscherte Ortlermassiv an.

Die Flüsse
Die Etsch (410 km) ist der zweitlängste Fluss Italiens. Die Sarca (rechts) speist sich aus den Gletschern von Adamello und Presanella und fließt durch das Val Rendena in den Gardasee. Die Brenta fließt aus dem Valsugana ins Veneto.

Fauna und Flora

Nadelwälder allerorten: Weißtannen und Fichten, Lärchen und Föhren; weiter unten Buchen-, Eichen- und Kastanienwälder. Das milde Klima des Gardasees lässt an seinen Ufern sogar typisch mediterrane Arten zu wie z. B. die Steineiche, den Lorbeer und die Olive. Den beeindruckenden Wäldern stehen die Rasenteppiche der Wiesen und Almen mit den bunten Blüten von Alpenrosen, Primeln, Enzian und Feuerlilien an Schönheit in nichts nach. Der Monte Baldo, der das Val Lagarina vom Gardasee trennt, ist botanisch so interessant, dass er wegen seiner seltenen Blumenarten von Naturforschern *Hortus Italiae* (Garten Italiens) genannt worden ist. Heute stehen sie in der Riserva Bes-Cornapiana Monte Baldo unter Schutz.

Blühende *Satureja alpina* und *Minuartia verna*

Die Naturschutzparks haben die Existenz vieler Wildtiere gefördert, so zum Beispiel die des Steinbocks und die des Braunbären (dank einer Auswilderungskampagne), dem die Wälder des Naturparks Adamello-Brenta sehr zuzusagen scheinen. Fast überall sind Rehe, Hirsche, Murmeltiere und Alpenhasen anzutreffen; in großer Höhe sieht man hier und da Gemsen. Reichhaltig ist auch die Vogelwelt in den Parks: Es können hier beispielsweise Königsadler, die in größeren Höhen nisten, und Auerhähne beobachtet werden.

Braunbär im Park Adamello-Brenta

Kunst und Kultur

Der heilige Romedius

Das Trentino ist eine sehr heterogene Region, deren künstlerisch-kulturelle Produktion schon seit vielen Jahrhunderten von den verschiedenen Nachbarn beeinflusst wurde: venetischer und lombardischer Einfluss aus dem Süden, bayerischer, tirolerischer und donauländischer Einfluss aus dem Norden. Das Resultat dieser oft sich widersprechenden Anregungen ist ein sehr buntes Bild, das nur interpretierbar ist, wenn man sich das komplizierte Geflecht von Geschichte und Religion vor Augen führt.

Antonio Rosmini Serbati

Sprachen

Zwar spricht die Mehrheit der Bewohner des Trentino italienisch, man darf aber nicht übersehen, dass die Nähe und das Zusammenleben mit deutschsprachigen Menschen auch hier Spuren hinterlassen haben: Eine kleine Minderheit spricht Deutsch im Valle dei Mòcheni, einem Paralleltal des Valle di Cembra, und um Luserna herum, nahe der Grenze zum Veneto. Das zweite »offizielle« Idiom des Trentino ist das Ladinische, das mehr als 30 000 Menschen in den Dolomitentälern rund um die Sellagruppe sprechen (die Trentiner leben im Val di Fassa). Dieser Dialekt, der dem Rätoromanischen im schweizerischen Graubünden, dem Ampezzanischen und Friaulischen ähnelt, variiert von Tal zu Tal; seine Unterrichtung in der Schule ist nach dem Autonomiestatut der Provinz garantiert. Man bemüht sich, das Interesse am Dialekt, den Traditionen und der Kultur des Ladinischen weiter zu vertiefen.

Literatur

Im 17. und 18. Jahrhundert fand die kulturelle Identität des Landes Tirol, marginal im Vergleich zu Wien und bewusst »anders« als sie, ihren Ausdruck in der Gründung der Innsbrucker Universität (1669). Wenige Jahrzehnte später wurde im trentinischen Rovereto die bedeutsame Accademia degli Agiati (1750) geschaffen, und das nicht zufällig an diesem Ort, dessen kulturelle Lebendigkeit aufgrund des durch den Handel und die Seidenproduktion angehäuften Wohlstands sich antiker Ursprünge rühmte. Es entstand so eine erste, klare Spaltung zwischen den zwei Realitäten, der deuschsprachigen und der italienischsprachigen. Das Trentino beobachtete weiterhin mit wachsendem Interesse die literarische und wissenschaftliche Welt Italiens, von der die Akademie sich anregen ließ. Sie war von einer Gruppe von Aufklärern gegründet worden, die ihr diesen Namen gaben, weil ihre Mitglieder sich vom Prinzip der »Geruhsamkeit« leiten ließen. Die Akademie, die heute mehr als 200 Mitglieder hat, versammelt die »besten« lokalen und nationalen Geister und publiziert Studien und Untersuchungen zu verschiedenen Themen. Das Trentino blieb stets innerhalb des kulturellen Anziehungsbereichs Italiens; in dieser Situation betrachtete es die Welt der deutschen Sprache zwar kenntnisreich, aber auch distanziert. Ein Mann der trentinischen Kultur und Kind seiner Zeit war Antonio Rosmini Serbati (1797–1855) aus Rovereto, Priester, Gründer karitativer Institute (I Rosmini, Dame di Carità), Philosoph und bekannt für seine enge patriotische Bindung an die italienischen Einigungsbestrebungen im Stile Giobertis. Seine liberalen Ideen wurden auch von der piemontesischen Regierung geschätzt, aber er verweigerte sich jeder politischen Aufgabe. An Serbati erinnert auch die berühmte Anrufung Italiens, ein Gebet, das sein Streben nach einem »freien, unabhängigen und frommen Italien« enthüllt.

Ladinischer Karneval: Aufzug traditioneller Masken

Das Castello del Buonconsiglio in Trento

Architektur

Etwa 100 Burgen stehen in Ortszentren oder auf prominenten Erhebungen: Sie sind die weltlichen Symbole der tausendjährigen Kultur der Täler und Zeugen der Komplexität der Ereignisse in dieser Region. So fasst das Castello del Buonconsiglio in Trento in seiner heutigen Gestalt 2000 Jahre Geschichte zusammen: vom römischen *castrum* bis zum Fürstbischofssitz. Andere Burgen waren in ihren Anfängen Wehrburgen und wurden um das Jahr 1000 herum errichtet. Im späten Mittelalter wurden sie zu Residenzen des lokalen Landadels, ohne jedoch das Geringste ihres militärisch-bedrohlichen Aussehens zu verlieren.

Auf sakralem Gebiet erreicht die Architektur des Trentino ihren Gipfel mit dem Dom der Hauptstadt, einem Zeugen der komplizierten Geschichte der Diözese. Antiken frühchristlichen Ursprungs, hat der Dom einen späteren romanischen Umbau (13. Jahrhundert) durch einen Baumeister aus Como und verschiedene gotische Veränderungen (in der Vertikalität und Höhe der Schiffe) erfahren. Die Bauleute aus Como errichteten im 13. Jahrhundert zahlreiche romanische Kirchen in der Region. Später übte das Wirken des Bischofs Cles großen Einfluss aus, der Kirchen errichten ließ, die durch die italienische Renaissance inspiriert waren, jedoch gotische Anklänge aufwiesen.

Malerei

Die Fresken, die das Innere einiger Burgen, Pfarreien und Kapellen zieren und zu einer gewissen »höfischen« Malerei in Konkurrenz treten, nehmen in unseren Augen künstlerisch und historisch einen beträchtlichen Raum ein. An der Wende des 14. zum 15. Jahrhundert entstanden die dem bömischen Maler Wenzeslaus zugeschriebenen Fresken der Torre dell'Aquila im Castello del Buonconsiglio. Im zweiten Turmgeschoss befindet sich der Raum mit dem *Monatszyklus*, Fresken, auf denen Tätigkeiten in den verschiedenen Monaten des Jahres dargestellt sind. Alle Szenen spielen sich im Freien ab, die Zerstreuungen des Adels wie die Arbeit der Bauern. Der Zyklus ist für die Malerei der internationalen europäischen Gotik von außerordentlicher Bedeutung. Der Höhepunkt der figurativen Freskenkunst liegt im 15. und 16. Jahrhundert und wird durch die lombardische Künstlerfamilie Baschenis verkörpert.

Der Mai aus dem ***Monatszyklus*** (Castello d. Buonconsiglio, Trento)

Die Familie Baschenis – ein Stück Lombardei im Trentino

Die Baschenis brachten die figurative Freskenkunst im Trentino zu höchstem Glanz. Es handelt sich um eine Künstlerdynastie, die aus einem kleinen Flecken im bergamaskischen Val Brembana (Averara) stammt: An der Wende zwischen dem 15. und 16. Jahrhundert – und über 70 Jahre lang – malten sie in den Valli Giudicarie, dem Val di Non und dem Val di Sole Kirchen aus. Ihre Malerei war Volkskunst, die das traditionelle religiöse Repertoire umfasste und klare didaktische Absichten hatte. In einer Gesellschaft mit nur wenigen Lesekundigen waren die Fresken so etwas wie »Bibelcomics«. Was ihren Stil angeht, so gaben die Baschenis nach und nach die gotischen Stilmittel auf und näherten sich denen der Renaissance an.

Abendmahl (S. Giacomo, Segonzone)

Das Jahr im Trentino

Die Welt des Trentino ist ein Mosaik aus Elementen, die sich aus verschiedenen Traditionen herleiten und vermischen – lombardischen, venetischen, südtirolerischen und ladinischen – und der Region etwas Besonderes verleihen. Viele Bräuche sind bis heute mit der bäuerlichen Welt und den Rhythmen des Landbaus verbunden; andere erzählen vom oft harten Leben auf den Almen und der Käseherstellung; noch andere feiern Ereignisse der Vergangenheit. Beachtlich ist auch die kulturelle Tradition; sie wird in Musik- oder Filmveranstaltungen oder in den vielen den typischen Produkten gewidmeten gastronomischen und Weinfesten lebendig, die oft Anlass sind, die traditionellen Trachten anzulegen.

Habsburgischer Karneval in Arco

Biagio delle Castellare

Frühling

Diese Jahreszeit besitzt im Trentino besondere Merkmale. Am Gardasee und im Val Lagarina lässt die Sonne schon im April Blüten aufbrechen, während auf den Gipfeln der Dolomiten noch immer Schnee glitzert. Doch ist es diese Zeit im Jahr, in der man mit dem Wiedererwachen der Natur beginnt, einige typische Produkte des Landes zu »feiern«.

März

Mostra Mercato dell'Agricoltura di Montagna (Bergbauernmarkt) in Trento. **Biagio delle Castellare** in Ivano-Fracena (erster Tag der Fastenzeit). Alle vier Jahre bringt man die Tötung von Biagio, dem mittelalterlichen Tyrannen – gegen den sich das Volk erhob – auf die Bühne; der Prozess gegen ihn wird im Castel Ivano abgehalten. **Trato Marzo** in Pinzolo (Anfang März): Wiederauflage der alten, für den Ort im Val Rendana typischen Späße und Satiren.

April

Mostra dei Vini del Trentino (Weinschau) in Trento. **Antichi Sapori della Val di Non** in Fondo.

Mai

La Strada della Polenta in Borgo Valsugana und Tesino. **Festival Internazionale dei Film di Montagna e di Esplorazione** in Trento. Auf dem weltberühmten Festival werden neue Filme zum Thema »Gebirge, Bergsteigen, Umwelt« gezeigt; daneben finden Begegnungen, Diskussionen und Erfahrungsaustausche statt, die einige Tage lang Trento in die Hauptstadt des Alpinismus und der Naturerkundung verwandeln.

Sommer

In der heissen Jahreszeit, die die Luft auch im Gebirge stark erwärmt, aber im Etschtal das Klima bisweilen drückend werden lässt, feiert das Trentino seine Vergangenheit. Eine Vielzahl von Veranstaltungen betrifft vor allem die Gegend um den Gardasee (wo sich, wie auch in anderen Urlaubsorten der Region, mit der Wärme die Ufer mit Badegästen füllen) und die Hauptstadt Trento. Eine wichtige Rolle spielen aber auch die Feierlichkeiten, die mit der ladinischen Welt des Val di Fiemme zusammenhängen.

Kostüme und Polenta auf den Feste vigiliane in Trento

Juni

Feste vigiliane in Trento (Ende Juni). Höhepunkte der vielen Veranstaltungen sind der Palio dell'Oca und die Polenta dei Ciusi-Gobj (die Gobbi aus Feltre und die Ciusi streiten sich mit witzigen Sprüchen und Beschimpfungen um die von den Frauen der Gobbi gekochte Polenta).

Juli

Cosina Nonesa en ti Somasi da Fon in Fondo. Fest zu Ehren der typischen Küche des oberen Val di Non.
La corte de Tiezèr in Tesero. Schau alter Berufe und Künste; typische Gerichte zum Probieren.
La Valsugana racconta in Levico Terme. Sagen und Märchen auf der Bühne.
Rassegna dei Vini Müller Thurgau in Cembra. Weinfest.

August

Caccia all'Orso (Bärenjagd) in Cavalese im Kostüm des 16. Jahrhunderts.
Gran Festa d'Istà in Canazei. Ladinische Folklore.
Mostra dell'Artigianato Solandro in Malè. Die Traditionen des Val di Sole sind hier zu entdecken. **En Giro par i Filò** in San Martino di Castrozza (15. Aug). Die Kunsthandwerksläden organisieren eine Art Zeitreise durch Sitten und Gebräuche.
Brava Part in Folgaria (Ende Aug). Wagenumzug, angeregt durch Sitten, Gebräuche und typische Berufe.

Herbst

Für viele Produkte des Trentino ist dies die Zeit der Ernte. Viele Feste haben folglich dieses Thema. Die Weinfeste herrschen freilich vor, die nicht nur auf der Piana Rotaliana, sondern auch in Rovereto und im Cembratal abgehalten werden.

Oktober

Festival del Vino in Trento. Kurz nach Ende der Weinlese verschafft man sich einen Eindruck von der Güte.

Winter

Auch wenn auf den Bergen viel Schnee liegt und das Klima bis hinunter nach Trento eisig ist, verliert die Region nicht die Lust, sich zu vergnügen. Es finden zahlreiche Skisportveranstaltungen (Abfahrt und Langlauf, mit einigen weltberühmten Wettbewerben) und viele Festivitäten um spezielle Ereignisse an besonders eindrucksvollen Orten statt.

Dezember

Presepi di Tesero (Weihnachten). Lebensgroße Krippendarstellungen in den Höfen des Ortes im Val di Fiemme.

Detail einer Krippe auf der Weihnachtsausstellung in Tesero

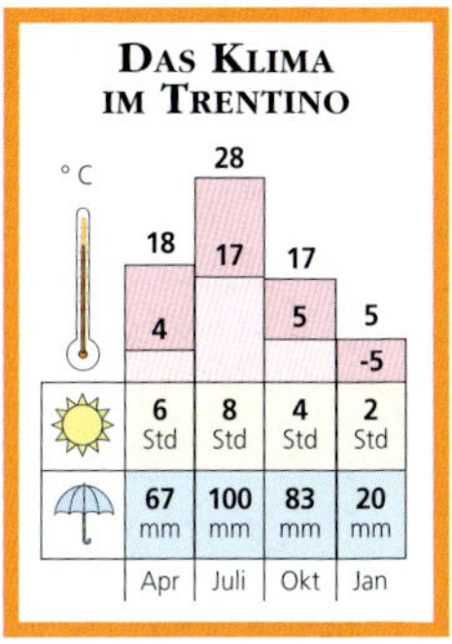

Januar

Processo delle Streghe in Cavalese (Anfang Jan). Erinnerung an Hexenprozesse des 14./15. Jahrhunderts.

Februar

Canta dei Mesi in Cembra (letzte Tage des Karnevals). Nach einer Tradition aus dem Mittelalter tragen die Jahreszeiten und Monate die Gesichtszüge von Masken, denen eine Heerschar von Pagen, Dienern, Wachen und anderen Personen folgt, ganz zu schweigen von einem Orchester.
Carnevale asburgico in Arco. Eine Erinnerung an die Zeiten, als der Erzherzog aus Wien in den Ferien an den Gardasee kam.
Carnevale ladino in Campitello di Fassa. Einer der ursprünglichsten ladinischen Umzüge des Tales. Der Maskenzug, dem Wagen, Trachtenkapellen und Fahnenschwinger folgen, zeigt alle typischen Masken: Der Ausrufer ist an der charakteristischen Flitterkopfbedeckung erkennbar, die »marascons« an dem mit Glöckchen und Kuhglocken besetzten Gürtel, der »bufon« (Spaßmacher) an den Schmähreden, die keinen verschonen.
Mascherada di Còredo (Karneval). Typisch für das Val di Non ist ein Umzug, der die Bindung zwischen dem Tal und der Tiroler Welt dokumentiert.
Zobia Mata in Pinzolo (Karneval). Fest für die typischen gastronomischen Produkte.

Die Geschichte des Trentino

Schon seit der Antike wurde das Trentino von Handel und Verkehr geprägt: Die heute autonome Provinz ist seit jeher Kreuzungspunkt für Menschen, Waren und Ideen. Dies wird vor allem für die vorchristlichen Jahrhunderte durch historische, römische Quellen belegt. Diese Quellen versiegen auch nicht in den dunklen Jahrhunderten der Völkerwanderung.

Die ersten Ansiedlungen finden sich offenbar in den Talebenen, aber Spuren menschlicher Präsenz gibt es seit dem Paläolithikum (10 000 v. Chr.) auch in den mittleren Höhenlagen. Insbesondere im Etschtal und nahe Trento gibt es Anzeichen früher Sesshaftigkeit: zuerst Jäger und Sammler, später Bauern, die im 1. Jahrtausend v. Chr. die Ankunft rätischer und keltischer Stämme erleben. Auch die kleineren Täler bieten Belege der trentinischen Vorgeschichte: z. B. das Val di Ledro, aus dessen See eine Pfahlbausiedlung aus der Bronzezeit geborgen wurde.

Bronzefigur aus San Martino di Campi di Riva

Die Römerzeit

Die strategische Bedeutung des Gebiets mit seinen Pässen zum Donauraum erkennen recht früh auch die Römer, deren erste Kontakte mit den lokalen Stämmen ins 3.–2. Jahrhundert v. Chr. zurückreichen. Um 100 v. Chr. wird das Gebiet römische Provinz, und zwischen 49 und 42 v. Chr. werden die Zisalpiner römische Bürger: Es entstehen die ersten Städte, darunter *Tridentum* (Trento), 23 v. Chr. gegründet, und unter Kaiser Claudius kommt die Region als *Venetia et Histria* zur *X Regio Italica*. Sie wird durch den Bau von Brücken, Dämmen, öffentlichen Gebäuden und Straßen radikal verändert. Trento wird Festung und eine wichtige Station am Kreuzungspunkt der Via Claudia Augusta Padana, die von Ostiglia her auf den Reschenpass im Norden stößt, und der Via Claudia Augusta Altinate, die aus Treviso durch das Valsugana führt. Das Christentum dringt nach dem Edikt Konstantins (313) im Laufe des 4. Jahrhunderts n. Chr. langsam ins Trentino ein; bisweilen erleiden die Verkünder des neuen Glaubens das Martyrium, wie Vigilius, der dann Schutzpatron von Trento und der Diözese wurde. Die Bedrohung durch germanische Stämme zwingt die Römer, sich bereits am Ende des Jahrhunderts aus der Alpenregion zurückzuziehen. Die folgenden Zeiten sind dunkel und turbulent, und das Etschtal erlebt die Invasion der Goten; diese Periode dauert bis zum 6. Jahrhundert, als das Trentino dem langobardischen Königreich einverleibt wird.

Zeitskala

Bronzezeit Pfahldorf von Molina di Ledro

1. Jh. v. Chr. Das Trentino wird römische Provinz

23 v. Chr. Gründung von Trento

Die drei Nonsberger Märtyrer in einem hölzernen Basrelief

397 Tötung von Sisinnius, Martyrius und Alexaner, den drei Nonsberger Märtyrern

Bronzezeit	100 v. Chr.	1 n. Chr.	100 n. Chr.	200	300	400	500

Bronzestatue eines Kriegers zu Pferde

46 n. Chr. Mit der Eröffnung der Via Claudia Augusta wird Trento ein wichtiger Kreuzungspunkt und Begegnungsort

Der hl. Vigilius auf einem Paramentkreuz im Museo Tridentino

405 Martyrium des hl. Vigilius

568 Nach einer dunklen Epoche und der Invasion der Goten wird das Trentino langobardisches Herzogtum

◁ **Pfahlbau der Bronzezeit am Lago di Ledro**

6.–9. Jahrhundert

Unter den Franken, die den Langobarden folgen, erhält das Trentino den Namen Marca Tridentina. Die karolingische Herrschaft dauert jedoch nicht lange: Im Jahr 843 fällt das Gebiet um Trento an Lothar, König von Italien. Aber auch diese Zeit währt nicht lange: Etwa 40 Jahre später erhält Herzog Arnulf von Kärnten die Marca Tridentina, der sie dem Einfluss der Welt der Germanen öffnet, die in den künftigen Jahrhunderten die Geschichte dieser Region bestimmen.

Otto I. mit Ehefrau und Sohn zu Füßen Christi

Die Fürstbischöfe

Im Laufe des 10. Jahrhunderts überträgt Kaiser Otto I. den Bischöfen von Trento weite Ländereien, die wenig später als Lehen des Heiligen Römischen Reiches anerkannt werden. 1027 schenkt der salische Kaiser Konrad II. dieses Lehen samt der Grafschaft Bozen und Vinschgau dem Bischof Udalrico II. und ernennt ihn zum Fürsten. Diese Ernennung ist von erheblicher Tragweite: Sie unterstellt die Bischöfe von Trento direkt dem Kaiser und gesteht ihnen die Ausübung öffentlicher Funktionen zu. Der Bischof von Brixen erhält ähnliche Befugnisse in einem Gebiet, das die Täler von Eisack und Inn umfasst. Auf diese Weise befinden sich die Alpenpässe von Deutschland nach Italien unter der Kontrolle der Fürstbischöfe. Schwierig sind die Beziehungen zu den Repräsentanten der »weltlichen« politischen Macht, sei es der Kaiser oder der Graf von Tirol; vor allem dieser bedroht mehrmals die Unabhängigkeit des Episkopats. Der angesehene Bischof Heinrich von Metz stellt 1320 die geistliche Macht wieder her, doch nur kurz: Die so genannten »compattate«, die »Schutz«-Vereinbarungen zwischen Bischof Albert von Ortenburg und dem Grafen von Tirol (1363–65), unterstreichen von neuem die österreichisch-tirolerische Vorherrschaft. Einige Jahrzehnte später muss Georg von Liechtenstein, Bischof und Kunstliebhaber, auf Drängen der Trentiner Bevölkerung, die die hohen Abgaben und den Nepotismus ausländischer Bischöfe leid ist, die Einsetzung einer kommunalen Autorität akzeptieren: des Stadthauptmanns Rodolfo Belenzani (1407), den auch der Graf von Tirol unterstützt.

Wappen des Georg von Liechtenstein

In der Einflusssphäre der Habsburger

1363 wird Tirol aus dynastischen Gründen dem Haus Habsburg einverleibt, und so kommt das Fürstentum Trento, politisch bereits von Innsbruck abhängig, unter österreichischen Einfluss. Im Laufe des 15. Jahr-

Fürstbischöfe auf einem Fresko von Fogolino

Zeitskala

843 Das Gebiet von Trento fällt an Lothar, König von Italien

925 Die Marca Tridentina kommt zum deutschen Kaiserreich der Ottonen

Auf einer Miniatur des Codex Aureus *(11. Jahrhundert) küssen der Salier Konrad II. und seine Frau die Schuhe Christi*

700 | 800 | 900 | 1000

774 Die Marca Tridentina entsteht

888 Herzog Arnulf von Kärnten erhält die Marca Tridentina zum Besitz

Die Provinzen des ottonischen Kaiserreichs huldigen dem Kaiser

1027 Konrad II. belehnt die Bischöfe von Trento

hunderts bereitet eine Bedrohung aus dem Süden den Erzbischöfen große Probleme: Die Republik Venedig, auf Expansionskurs, besetzt bereits 1416 Rovereto und hat am Ende des 15. Jahrhunderts das gesamte untere Trentino in Besitz. In dieser Not unterschreibt Bischof Georg Hack 1454 ein Abkommen (die neuen »compattate«), das dem Fürstbistum militärischen Schutz durch die Habsburger garantiert, aber auch eine Art Allianz zwischen dem Trentino und Österreich billigt, die viele Jahrhunderte halten wird. Dieser Pakt führt zur Niederlage der Venezianer 1487 in Calliano bei Castel Beseno: Sie finden den Weg ins Etschtal versperrt und können die Stadt Trento nicht erobern. Später muss sich Venedig auch aus dem Val Lagarina und vom Gardasee zurückziehen, die die Fürstbischöfe vom Kaiser zurückerhalten.

1508 wird in einer Zeremonie im Dom von Trento der Graf von Tirol, Maximilian von Habsburg, offiziell zum Kaiser gekürt: Die Grafschaft Tirol und das Fürstbistum Trento werden so mit dem Kaiserreich vereinigt. Die Beziehungen zwischen Maximilian und den Fürstentümern Trento und Brixen regelt das »Landlibell« (»Landbuch«) von 1511, das mit einem Bündnissystem die Verteidigung des Bistums sichert. Der Kaiser wiederum verpflichtet sich, die Rechte der Provinzialstände zu respektieren. Die Bande zwischen Trento und Tirol werden immer enger, aber die Souveränität der kirchlichen Fürstentümer steht nicht mehr zur Debatte.

Hirtenstab des Bischofs Hack

Bernhard von Cles

Von 1514 bis 1539 ist er Bischof, eine herausragende Figur in der Kirchengeschichte, großer Diplomat und mutiger Verteidiger der Autonomie des Fürstentums. Sein Werk sind der Codex Clesianus (1527), der bis 1807 gültig ist, sowie die Förderung der humanistischen Wissenschaften und der Künste in der Region. Wie ein echter Renaissancefürst lässt er durch Künstler aus allen Teilen Italiens Stadt und Land mit neuen Burgen und Kirchen verschönern. Er bereitet Trento für das berühmte Konzil (1545–63) vor, mit dem auf die Auswirkungen der Reformation reagiert wird und das nicht nur die Kirchengeschichte Europas prägt. Trento ist für einige Zeit eine Art religiöser Hauptstadt Europas, in der die höchsten Repräsentanten der römischen Kirche zu Gast sind, die im Kampf mit der lutherischen Häresie liegen.

Porträt des Bischofs Bernhard von Cles

riedrich von Wangen
vird zum Bischof von
Trento gewählt

1349–1440
Die Scaligeri, die Visconti und Venedig streiten um die Kontrolle über den Gardasee

1487 Niederlage der Venezianer in Calliano bei Castel Beseno

Kardinalswappen des Bernhard von Cles

1200 **1300** **1400** **1500**

rich von Wangen,
r Bischof, der den
ı Dom von Trento
in Auftrag gibt

1363
Unterzeichnung der »compattate«

Das Landlibell

1511
Unterzeichnung des Landlibells

1514–39
Bernhard von Cles Fürstbischof von Trento

Das Konzil von Trento

ES WIRD 1545 von Paul III. einberufen, um die durch die protestantische Reform verletzte religiöse Einheit wiederherzustellen und das klerikale Leben zu reformieren, und schließt mit einer Spaltung, die die Kultur und Politik der nächsten vier Jahrhunderte bis zum Zweiten Vatikanischen Konzil prägt. Die Kirche setzt ihre Autorität durch, verzichtet aber auf das Ideal eines universalen Christentums.

Die Schauplätze
Das Konzil, am 15. März 1545 nach Trento einberufen, einer Stadt mitten zwischen katholischer und protestantischer, päpstlicher und kaiserlicher, lateinischer und germanischer Welt, wird mehrmals unterbrochen und für eine Zeit nach Bologna verlegt. Es beendet seine Arbeit 1563.

Der Dom von Trento ist Ort zahlreicher Sitzungen des Konzils

Unter den Bischöfen ist die Mehrheit offen für einen Dialog mit den Protestanten

Himmelfahrt Mariä **von Carracci (Pinacoteca Nazionale von Bologna)**

Die Kunst im Dienst der Lehre
Das künstlerische Leben wird zutiefst vom Klima der Gegenreformation beeinflusst. Der didaktische Gehalt des Werkes wird für die Verbreitung des rechten Glaubens zum zentralen Punkt. Das Konzil erarbeitet auch eine Liste empfohlener und einen Index der verbotenen Bücher.

DER JESUITENORDEN

Das Konzil reformiert das Leben des Klerus, dessen unmoralische Praktiken es rügt, doch angesichts der dogmatischen Kontroversen, die beim Streit mit der protestantischen Welt zutage getreten sind, entscheidet es sich für das Festhalten an den Formen der Tradition. Entgegen der Idee des freien Studiums der Bibel z. B. wird die zentrale Rolle der römischen Kirche und ihrer Diener bekräftigt. Unter den zahlreichen Orden, die in diesen Jahren entstehen, verkörpert der 1540 von Ignatius von Loyola gegündete Jesuitenorden in seiner Militanz zweifellos am besten die neuen Gebote.

Ignatius von Loyola, **Gemälde von Daniel Zeghers**

Die *Geschichte des Tridentinums* von Paolo Sarpi

Paolo Sarpi, Servitenmönch, Theologe des Senats Venedigs, Schriftsteller, Historiker, Freund Galileis und bereits in den Streit um sein Interdikt verwickelt, verdanken wir die berühmte Istoria del concilio tridentino, *die unter dem Pseudonym Pietro Soave Polano 1619 in London erschien. Sie analysiert mit äußerster Klarheit die Kontroversen des Konzils, aus denen der Wille der Kirche hervorgeht, die Gesellschaft politisch zu dominieren, indem sie ihr die eigenen kulturellen Vorbilder aufzwingt.*

Das majestätische Innere des dreischiffigen Doms

Martin Luther, Porträt von Lucas Cranach d. Ä.

Luther und das Reformverlangen

Der große Feind des Konzils von Trento ist Martin Luther, der mit den 95 Thesen von 1517 der protestantischen Reform den Weg öffnet. Dennoch sind in der Kirche schon lange Reformbestrebungen nicht nur in Moralfragen, sondern auch in dogmatischen Fragen im Gang. Sie reichen freilich nie an die extremen, von Luther geforderten Konsequenzen heran, der deswegen vom Papst exkommuniziert wird. Und auch aus dem Konzil geht die Reformrichtung nicht als Siegerin hervor.

Die Stadt des Konzils

Das Tridentinum ist ein Ereignis, das Trento tief beeinflusst, die Stadt aus ihrem Rhythmus reißt und ihre wirtschaftliche und kulturelle Entwicklung fördert. Sie wächst von 10 000 auf 14 000 Einwohner an, und der Bau von Villen am Stadtrand erfährt bemerkenswerte Impulse.

HRONOLOGIE DES KONZILS VON TRENTO

3.12.1545 Eröffnung es Konzils in Trento

13.1.1547 Verurteilung des Heils allein aus dem Glauben (6. Sitzung)

11.3.1547 Umzug des Konzils nach Bologna und anschließende Unterbrechung der Arbeit

4.12.1563 Schließung des Konzils

1.5.1551 Wiederaufnahme des Konzils in Trento mit Julius III.

25.1.1552 Die Protestanten erscheinen beim Konzil, ziehen sich aber sofort wieder zurück (15. Sitzung)

1545	1546	1547	1551	1552	1562	1563

17.6.1546 Moralreform der Kirche (5. Sitzung)

8.4.1546 Erarbeitung der katholischen Traditionsdoktrin (4. Sitzung)

26.2.1562 *Index librorum prohibitorum* (18. Sitzung)

15.3.1545 Paul III. beruft das Konzil ein (Bulle *Laetare Hierusalem*)

28.4.1552 Zeitweilige Auflösung des Konzils

18.1.1562 Wiedereröffnung des Konzils in Trento mit Pius IV.

Wappen der Familie Madruzzo

Die Dynastie der Madruzzo

Nachfolger Bernhards von Cles ist Cristoforo Madruzzo (1539–78), der erste einer regelrechten Dynastie von Regenten des Fürstentums. Er ist der Promoter des Konzils und eifriger Unterstützer des Plans Karls V., ein universales christliches Kaisertum zu schaffen. Dem Neffen Ludovico fällt die Durchsetzung der festgelegten Bestimmungen vor allem in dem der Orthodoxie wenig geneigten deutschen Gebiet zu. Die letzten zwei Madruzzo, nicht in Trento geboren, erleben nicht nur den Niedergang der Familie, sondern auch den der Institution selbst, der sich immer entschiedener die Mitglieder des Kapitels und anderer städtischer Behörden widersetzen. Aber die Zeiten sind dunkel: Der Dreißigjährige Krieg zieht herauf, der indirekt die Pest von 1630 zur Folge hat. Ausgerechnet in diesen Jahren legt der Hof den größten Prunk an den Tag. Die Äußerlichkeiten des Kults mit ihrer Pracht üben dadurch, dass sie zugleich die geistliche und weltliche Macht verherrlichen, großen Einfluss auf die Bevölkerung aus. Nun greifen Vertreter verschiedener geistlicher Orden ein, die in einer von fürstbischöflicher Autorität beherrschten Stadt wie Trento bis dahin ungern gesehen wurden. Zu den aktiveren gehören die Jesuiten, hier wie überall religiöses Sprachrohr der Nachkonzilszeit: Ihnen verdankt man die Erziehungs- und Bildungsarbeit der führenden Schichten bis 1773.

Der Kardinal Cristoforo Madruzzo, Porträt von Tizian

Die Epigonen fürstbischöflicher Regierung

Nach den Madruzzo besteigen verschiedene Vertreter lokaler Familien den Bischofsthron, die im politischen und kriegerischen Wirrwarr des 18. Jahrhunderts wenig ausrichten. Dieses beginnt mit dem Spanischen Erbfolgekrieg, in dem Trento von den Franzosen besetzt wird, und sieht später die große Kaiserin Maria Theresia sich durchsetzen, die verlangt, dass das Trentino genauso wie die anderen Provinzen der Monarchie durch die Anwendung der in Wien erprobten organisatorischen, wirtschaftlichen und kulturellen Reformen regiert wird. Letzter Fürstbischof ist Peter von Thun (1776–1800), dessen absolutistische, aber aufgeklärte Regierung sich mit den anderen städtischen Autoritäten kaum einigen kann, die für die Reformen Maria Theresias wenig Neigung haben.

Peter von Thun

Zwischen Revolution und Restauration

Die Zeit ist inzwischen reif für die Säkularisierung des Fürstentums: Die französische Revoltion und Napoleon wälzen alles um. Die Gebiete der Bistümer Trento

Zeitskala

1545–63 Konzil von Trento

1539–1658 Epoche der Fürstbischöfe Madruzzo

1632–1646 Regentschaft Claudias de'Medici

1773 Die Jesuiten werden aus Trento vertrieben

1500 — 1600 — 1700

Sitzung des Konzils im Dom von Trento

1618–1648 Dreißigjähriger Krieg und Pestepidemie (1630) in Trento

Prozessionsbanner für die Pest von 1630

Italienischer Soldat zertritt den österreichischen Doppeladler

und Brixen kommen durch die 1803 erfolgte Angliederung an Tirol unter habsburgische Herrschaft. Das folgende Jahrzehnt sieht das Trentino in bayerischer Hand – es ist die Zeit der Revolte Andreas Hofers, des Tiroler Volkshelden, der 1809 in Trento einzieht – und nach dem Wiener Kongress erneut im Besitz der Habsburger. In dieser Epoche bildet sich eine neue Führungsschicht mit liberalen politischen und sozialen Ideen heraus. In Rovereto setzt sich ein bei den Österreichern besonders verhasster Geistlicher und Philosoph durch: Antonio Serbati Rosmini.

Das Trentino in der Umarmung des kaiserlichen Wien

Das Trentino bleibt bis 1918 Teil Österreichs. Diese Epoche ist geprägt durch die nationalistische Bewegung der italienischsprachigen Bevölkerung, die die Trennung von den deutschsprachigen Gebieten anstrebt. Die Schaffung des italienischen Staates 1866 verschärft diese Tendenz und den Wunsch, sich von Innsbruck und Wien zu lösen, nur noch mehr. Der bekannteste Vertreter dieser Bewegung ist Cesare Battisti (1875–1916), 1911 Parlamentsabgeordneter in Wien, der beim Ausbruch des Ersten Weltkriegs der italienischen Armee beitritt und wegen Hochverrats verurteilt wird: Am 11. Juli 1916 wird er zusammen mit Fabio Filzi im Graben des Castello del Buonconsiglio gehenkt.

Vom Grossen Krieg zur Autonomie

Nach dem Krieg wird die Nordgrenze des Königreichs Italien entlang der Alpen 1918 neu gezogen und das Trentino der Krone angegliedert. Nach dem Zweiten Weltkrieg ist das Datum des 27. Juni 1947 *(siehe S. 47)* bedeutungsvoll, als das Parlament in Rom die Region Trentino-Südtirol gründet; mit diesem Beschluss ist die deutschsprachige Bevölkerung in Südtirol nicht einverstanden, die darin eine Verletzung des Abkommens De Gasperi-Gruber von 1946 sieht. Die Geschichte des Nachkriegs-Trentino ist eng mit Südtirol verknüpft; es gibt hier keine Autonomieansprüche, auch wenn im Laufe der Jahre die Bindung an Tirol wiederentdeckt wird, von dem das Trentino unter dem Namen *Welsch Tirol* einst ein Teil war.

Cesare Battisti

1815 Das Trentino wird Teil des österreichischen Tirol

1918 Das Trentino fällt an Italien

1947 Es entsteht die Region Trentino-Südtirol

Der Schmetterling – Symbol des Trentino

0 | 1900 | 2000

0 ularisierung Fürstbistums nto

Armando Diaz, Chef des Generalstabs, in der Endphase des Ersten Weltkriegs

1972 Das besondere Autonomiestatut für Trentino-Südtirol wird gebilligt

Das Autonomiestatut der Region Trentino-Südtirol

Südtirol stellt sich vor

Südtirol auf der Karte

Die gebirgige autonome Provinz Südtirol hat atemberaubende Gipfel zu bieten. Im Norden erheben sich die Zentralalpen mit den Ötztaler, den Stubaier und den Zillertaler Alpen. Wo die Berge eine Überquerung erlauben, finden sich seit jeher wichtige Pässe: der Brenner (1375 m) und der Reschenpass (1507 m). Das Etschtal stellt die natürliche Verbindung zum Süden dar; das Pustertal ist der Verbindungsweg in Richtung Osten. Im Westteil der Provinz ragen die höchsten Massive auf, die der Ortlergruppe (3905 m), im Südosten die Gipfel der Dolomiten: Der Rosengarten (3002 m), der Langkofel (3179 m) und die Sellagruppe liegen zum Teil im Trentino, die Dolomiti Ampezzane und die Dolomiti di Sesto, weiter östlich, zum Teil im Veneto.

Legende

- Flughafen
- Bahnhof
- Autobahn
- Hauptstraße

0 Kilometer 15

Die Seiser Alm

Eine Hochebene, die zum Teil im Naturpark Schlern liegt, für den privaten Autoverkehr geschlossen ist und dem Landschaftsschutz unterliegt. Bei Schnee wird sie zum Langlaufparadies.

Das Eisacktal
(auf dem Foto von der Rittener Alm aus gesehen) zieht sich vom Brenner in Richtung Brixen weiter nach Bozen; auch deshalb war es einer der Hauptverbindungswege für Kulturgüter und Waren zwischen Nord und Süd, der germanischen und der mediterranen Welt.

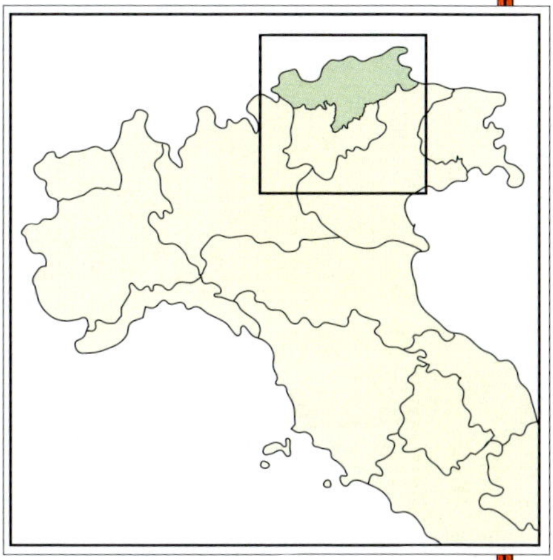

Die Provinz Bozen
Sie nimmt eine Fläche von 7400 km² ein und hat ca. 450 000 Einwohner. Im Norden grenzt sie an das österreichische Tirol, im Westen an das schweizerische Graubünden, im Südwesten an die Lombardei, im Süden ans Trentino und im Osten an das Veneto.

Ein Porträt Südtirols

Alto Adige oder Südtirol? In dieser Doppelbezeichnung ist die ganze Geschichte der autonomen Provinz mit Sonderstatut enthalten. Eigentlich stellt sie den südlichen Ausläufer Tirols dar, sie ist aber inzwischen auch etwas mehr, etwas anderes.

Ein Gesicht aus dem Pustertal

Die Bewohner des Alto Adige haben sich mittlerweile ein starkes Selbstbewusstsein zugelegt: Sie sind nicht mehr einfach »Südtiroler« oder Italiener, sondern eine Verbindung aus diesen beiden, vielmehr drei Identitäten (mit dem Ladinischen). Endlich hat man einen optimalen Modus vivendi erreicht, nach Jahren der Spannung. Den verdankt man zweifellos auch dem Wohlstand, begünstigt durch das hohe Maß der errungenen Autonomie, aber auch der Kultur und Politik, die die Unterschiede nicht einebnen, sondern hervorheben.

Offiziell die eigene Zugehörigkeit zur deutschen oder italienischen Sprachgruppe zu erklären, mag unnatürlich erscheinen (1991 hatten 68 Prozent für Deutsch, 28 Prozent für Italienisch und 5 Prozent für Ladinisch optiert), und die Berechnung »ethnischer Anteile«, nach der die Posten in öffentlichen Einrichtungen verteilt werden, mag kompliziert sein. Trotzdem wird so das zivile Miteinander garantiert, was nicht wenig ist, wenn man bedenkt, welche Schwierigkeiten die Südtirolfrage den Menschen und den italienischen Regierungen seit 1919 bereitet hat.

Unmittelbar nach dem Anschluss ans Königreich der Savoyer war die Bindung an Innsbruck stark. Die nicht immer glückliche Italienisierung der Ortsnamen wurde als moralische Ohrfeige empfunden; und Mussolini verschärfte den ethnischen Dünkel derart, dass das Deutsche in vom Regime verbotenen ge-

Trachten und Volkstänze im Grödner Tal

◁ Ein Bergbauernhof in der Nähe von Antermoia im Gadertal

heimen Schulen unterrichtet wurde. Die Phase der »Option« war noch schmerzlicher: Für die Südtiroler bedeutete sie die Zwangsauswanderung nach Deutschland, wo Hitler Arbeitskräfte brauchte.

Der Krieg stoppte diesen Prozess, und viele kehrten später wieder heim; aber die Bewohner behielten eine tiefe Wunde zurück, da sie sicher nicht aus ideologischen Gründen weggegangen waren, sondern nur, um sich ihre sprachlich-kulturelle Identität zu bewahren. Nach dem Krieg hofften viele auf eine Rückkehr in ein vereintes Tirol: Groß war die Enttäuschung über den Pariser Vertrag, der die Grenze zwischen Österreich und Italien am Brenner bestätigte. Es folgten schwierige Jahre, die Attentate der »Südtiroler Aktivisten«, die langwierigen Verhandlungen über das »Paket«, seine Billigung und das Ende der Streitigkeiten 1992.

Trotz der günstigen Lage heute muss man über die Zukunft der Region nachdenken, die vielleicht ihre Autonomie dynamischer gestalten muss, mit Projektion auf ein Europa, in dem die Grenzen von gestern nur noch auf den Landkarten existieren.

Weinberge bei Kaltern

Der Pragser Wildsee im Pustertal

Die Wirklichkeit zeigt Südtirol als eine wirtschaftlich vitale Region. Es blüht die Landwirtschaft, die Obst und Trauben produziert und sich durch ihre genossenschaftliche Organisation auszeichnet, die die lokalen Produkte weltweit vermarktet.

Vom Bergbau zum Tourismus

Der Industriesektor ist nicht zu verachten, der seit eh und je im Gebiet von Bozen, aber auch in den Nebentälern angesiedelt und stark in der Holzverarbeitung ist, dem Reichtum der Provinz. Bedeutend sind auch der Erz- und Bergbau, vor allem Porphyr ist in großen Mengen im Bozener Becken zu finden. Stark vertreten ist der Dienstleistungssektor, beherrscht von den Angestellten der öffentlichen Verwaltung. Von größter Bedeutung ist der Tourismus, gestützt durch ein riesiges Netz an Unterbringungs- und Wintersportmöglichkeiten, die aus dem Naturgut dieses »Landes zwischen den Bergen« das Beste machen.

Die Achtung vor dem Land hat zur Einrichtung zahlreicher Naturparks geführt. Der älteste ist der Nationalpark um das Stilfser Joch und die Ortlergruppe, der 1931 eingerichtet wurde und in die Lombardei und das

Trentino hineinreicht; nicht weniger bekannt ist der an Flora und Fauna reiche Naturpark Schlern. Auch der Naturpark Fanes-Sennes-Prags und der der Sextener Dolomiten ist nicht zu vergessen, zu dem mit den Drei Zinnen die berühmtesten Dolomitengipfel gehören.

Fest zur Rückkehr der Herden von den Hochalmen

»Zwei Seelen«

Kulturell gesehen ist Südtirol Treffpunkt verschiedener künstlerischer Richtungen und Grenzland zugleich. Seit der Antike haben die weltlichen und sakralen Werke etwas von diesen »zwei Seelen«. Eine Stereotype ist, die Südtiroler Kunst sei nichts als eine Unterform der österreichischen. Aber sie ist etwas mehr und etwas anderes. Den Begriff »tirolerisch« kann man auf Traditionen, Sitten und Gebräuche anwenden, die Ausdruck dieses Volkes sind: für die in jedem Dorf vorhandene Blaskapelle, die Pflege der Tracht, das Begehen der religiösen Feste.

Mit der Gründung der Universität Bozen hat man den Studenten eine Alternative zu bieten versucht, die zur Fortsetzung des Studiums früher nach Innsbruck oder in die italienischen Städte gegangen sind. Die Zweisprachigkeit der Provinz hat überdies eine Vielzahl an Bibliotheken und kulturellen Initiativen ins Leben gerufen; der Verlag Athesia hat das Monopol für die deutschsprachigen Publikationen der Südtiroler Erfahrungen und Kenntnisse.

Tageszeitungen auf deutsch, italienisch und ladinisch werden eifrig gelesen, und es gibt zahlreiche Fernseh- und Radioprogramme in den drei Sprachen, auch über österreichische und deutsche Kanäle. Südtirol hat im italienischen Panorama seinen Platz gefunden, der über das Nationale hinaus auf Europa weist.

Der Grünsee auf der Fanesalm

Die Landschaft Südtirols

Der Königsadler lebt in größeren Höhen

LAND ZWISCHEN DEN BERGEN wurde seit dem Mittelalter dieser Teil Tirols genannt. Und wirklich werden fast zwei Drittel seiner Fläche von über 1500 m hohen Gipfeln eingenommen: Im Westen erstrecken sich hohe Alpengipfel mit ausgedehnten Gletschern, und im Osten erheben sich die Dolomiten. Die unterschiedlichen Gesteine dieser Gebirge verraten deren verschiedene geologische Herkunft, die zu einer grandiosen landschaftlichen Vielfalt geführt hat. Ihr Erhalt ist durch die drei bestehenden Schutzgebiete gewährleistet, aber auch durch den in der Bevölkerung weit verbreiteten Respekt vor der Natur.

Die Pyramiden von Ritten
Diese Kegel aus Moränenmaterial wurden von Wind und Regen geformt.

Die Seen
Alle Seen in Südtirol sind von großem Reiz. Der Karersee (oben, überragt vom Latemar), der Antholzer See und der Pragser Wildsee gehören zu den schönsten Beispielen, auch und gerade wegen ihrer Bergkulisse. Der Reschensee wirkt durch den aus dem Wasser ragenden ehemaligen Kirchturm des Dorfes Graun etwas geisterhaft.

Die Parks
Mehr als ein Drittel des Territoriums ist geschützt. Das älteste Schutzgebiet ist der Nationalpark Stilfser Joch, das größte der Naturpark Texelgruppe, der sich vom Schnalstal bis zum Passeiertal erstreckt und bis zum Timmelsjoch (oben) die Grenze zu Österreich bildet.

DIE DOLOMITEN
Der Rosengarten mit seinem gezackten Profil, das sich beim Sonnenuntergang eindrucksvoll rot färbt, ist wohl die bekannteste Dolomitengruppe Südtirols. Der so poetische deutsche Name geht auf eine alte Legende zurück, wonach der mythische König Laurinus in verzweifelter Liebe seinen Rosengarten zu Stein verwandelt hat. Nördlich dieser Bergkette liegen der markante Schlern, dessen frei stehende Türme über dem Eisacktal thronen, der Langkofel und die berühmte Hochfläche der Seiser Alm. Dieses über 50 km² große Becken in einer mittleren Höhe von 1850 Metern war vor 250 Millionen Jahren ein Meeresbecken mit Riffen und Atollen, wie Fossilien belegen. Die Seiser Alm am Rande des Naturparks Schlern unterliegt dem Landschaftsschutz und entfaltet im Sommer eine atemberaubende Pflanzenvielfalt.

Die Ortlergruppe

Das Herz des Nationalparks Stilfser Joch liegt im Zentrum der Rätischen Alpen und verbindet den Vinschgau im Norden mit dem Valtellina im Süden auf lombardischem Gebiet durch das Stilfser Joch (2758 m). Der Nationalpark wurde 1935 gegründet und umfasst eine Fläche von ca. 1350 km². Hier liegen viele Gletscher, dazu einige sehr hohe und alpinistisch bedeutende Gipfel wie Ortler (3905 m), Königsspitze (3851 m) und Zufallspitze (3757 m). Spektakulär sind aber auch die Täler des Nationalparks: das Suldental, das Trafoier Tal, das Martell- und das Ultental.

Die Flüsse

Die Etsch entspringt am Reschenpass, durchfließt den Vinschgau und nimmt die Passer (oben) und die Eisack auf. Die Eisack enspringt am Brenner, windet sich nach Süden und hat die Rienz als bedeutendsten Nebenfluss. Der italienische Teil der Drau, die bei Toblach entspringt, ist hingegen nur relativ kurz.

Flora und Fauna

Die typische Vegetation von Südtirol ist im wesentlichen alpin. Im Gebiet von Bozen und Meran sowie im Etschtal, wo ein relativ mildes Klima herrscht, trifft man auf Weinberge, Zypressen und Kastanien. An der Grenze zum Trentino ist die Vegetation fast mediterran. In den höheren Lagen wachsen Nadelbäume wie Fichten und Lärchen, und an der Waldgrenze prägen Latschenkiefern das Bild. Zahllos sind die Blumenarten, vor allem in den Naturparks: Hierzu zählen Steinbrech, Lilien, Enzian, Edelweiß, Anemonen, Alpenrosen sowie weitere seltene und geschützte Pflanzenarten.

Gämsen bevölkern viele geschützte Gebiete

Während man in den Wäldern häufig Hasen, Füchse und Eichhörnchen zu Gesicht bekommt, ist der Tierreichtum in den Naturparks deutlich spektakulärer: Hirsche, Murmeltiere, Rehe, Gämsen, Hermeline, Steinmarder und Steinböcke. Bemerkenswert sind insbesondere die Königsadler. Gut vertreten sind aber auch Auerhähne und Rebhühner. Im Naturpark Monte Corno trifft man öfters auf den Wiedehopf.

Kunst und Kultur

Denkmal der Kaiserin Sissi in Meran

Der Volksheld Andreas Hofer

Autonomes Fürstbistum, Südteil des Herzogtums Tirol, Randregion des Kaiserreichs Österreich-Ungarn, Provinz Italiens mit Sonderautonomie: Das ist Südtirol, Land besonderer Gegensätze zwischen der nordisch-deutschen und der mediterran-italienischen Welt. Die mehr als 80 Jahre Zugehörigkeit zu Italien haben die typischen Tiroler Traditionen nicht ausgelöscht, so dass sich, wenn man nicht bemerkt, dass man den Brenner überquert hat, fast spontan die Frage erhebt: Sind wir schon in Südtirol oder noch im österreichischen Tirol?

Zweisprachiges Schild

Alto Adige oder Südtirol?

Die zweisprachigen und mancherorts dreisprachigen Ortsnamen erinnern an die Herkunft und Zusammensetzung der Bevölkerung Südtirols. Im Laufe der Jahrhunderte haben vor allem die deutsche und die ladinische Sprachgemeinschaft politisch-kulturelle Glanzphasen erlebt, angeregt durch die verschiedenen historischen Ereignisse, die auch die Grenzen der jeweiligen Regionen bestimmten. Der italienische Einfluss gen Norden wurde jedoch immer stärker, bis er schließlich in den 1920er Jahren mit der von Mussolini gewünschten Zwangsitalienisierung des Gebietes eine bis heute andauernde Präsenz erlangte: Ettore Tolomei wurde für die italienische Umbenennung der Südtiroler Orte bekannt, die vor der Angliederung an Italien deutsche Namen trugen. 1923 war er außerdem der Förderer eines aggressiven Faschistisierungs- und Italienisierungsprogramms für die Region. Der in Rovereto geborene Geograf, Befürworter des Brenners als italienischer Nordgrenze und Senator auf Lebenszeit übernahm begeistert die ihm von Mussolini persönlich übertragene Aufgabe, »die Südtiroler zu Italienern« zu machen. Das Verbot des Namens Südtirol, die Abschaffung der deutschsprachigen Schulen, die Aufhebung deutscher Vereine, die Vergabe öffentlicher Aufträge nur an Italiener und die Einführung italienischer Ortsnamen waren die Hauptpunkte des Programms. Für die italienischen Ortsnamen bediente sich Tolomei bisweilen mehr oder minder getreuer Übersetzungen (aus Burg wurde Fortezza), des öfteren vager Gleichklänge (aus Kastelruth wurde Castelrotto) oder Fantasienamen (Taufers wurde zu Tubre oder Tures). In diesem Sinne »übersetzte« Tolomei auch die Familiennamen, so dass Stein sich im Italienischen zu Pietro verwandelte.

Der alte Tiroler Kern des Landes, der eine Sprache mit Dialektmerkmalen spricht, die der Sprache von Innsbruck und Bayern verwandt sind, wird durch den Nationalhelden Andreas Hofer verkörpert. Der aus dem Passeiertal stammende Gastwirt setzte sich 1809 an die Spitze der Tiroler und Trentiner Aufständischen gegen die Regierung Bayerns, zu dem Tirol nach der Niederlage der Österreicher gegen Napoleon gekommen war. Der charismatische Führer der Schützen vereinigte diese und führte sie gegen das französisch-bayerische Heer. Nicht weniger als drei Mal wurde die Tiroler Hauptstadt Innsbruck auf dem Berg Isel zurückerobert: In diesen Schlachten kämpften deutschsprachige und Tren-

Siegesdenkmal in Bozen: Der Faschismus erfasste auch die Architektur

tiner Bauern gemeinsam. Doch am 1. November 1809 wurden Hofer und seine Männer, wieder auf dem Berg Isel, schwer geschlagen. Hofer floh in die Berge seines Heimattals, wurde verraten, verhaftet, nach Mantua geschafft und dort am 20. Februar 1810 erschossen.

Sakralkunst

Wenn man kleine Kostbarkeiten der vorromanischen Kunst wie die karolingische Kirche St. Benedikt in Mals im Vinschgau ausnimmt, ist wenig oder nichts aus frühchristlicher Zeit erhalten geblieben; das erste große, glanzvoll romanische Werk ist die Stiftskirche in Innichen im Pustertal. Um 1300 kam die Gotik auch in Südtirol an: Der Dom von Bozen ist vielleicht ihr bedeutendstes Zeugnis. In den beiden folgenden Jahrhunderten erreichte sie ihre höchste Blüte im Bau zahlreicher Kirchen, die später meist barockisiert wurden. Alle waren mit den typischen aus Deutschland stammenden Flügelaltären ausgestattet, Altären mit Reliefschnitzereien, deren Flügel in Tempera bemalt waren. Künstler wie Michael Pacher, Hans Schnatterpeck oder Jörg Lederer wussten die gotische Tradition grandios mit

Die Kirche St. Benedikt in Mals, Vinschgau

Teilansicht des imposanten Flügelaltars in der Pfarrkirche Mariä Himmelfahrt in Niederlana, ein Werk von Hans Schnatterpeck (um 1510)

der beginnenden Mode der Renaissance zu verbinden. Der Bauernkrieg von 1525 zog die Schließung vieler Künstlerwerkstätten und den Niedergang des Flügelaltars nach sich, auch wenn er später von der Neogotik des 19. Jahrhunderts wiederentdeckt wurde, die hier und da wertvolle Imitationen schuf. Die Flügelaltäre stellen einen bedeutenden Augenblick in der Kunst Südtirols dar, die, nachdem sie in der Zeit der Renaissance nichts Originales zustande gebracht hatte, erneut eine äußerst lebendige Periode in der Hochzeit des Barock erlebte (ab der zweiten Hälfte des 18. Jahrhunderts). Die Ausstattung der Kirche des Klosters Neustift in der Nähe von Brixen oder der Dom von Brixen weisen sogar bereits auf das spätere Rokoko voraus.

Kreuzgang des Doms von Brixen

Malerei

Eine hervorragende künstlerisch-historische Bedeutung haben die Fresken der Kirche St. Prokulus in Naturns (wahrscheinlich aus dem Jahr 800) und die der bereits genannten Kirche St. Benedikt in Mals, die eindrucksvoll im Stil der karolingischen Renaissance ausgeführt sind. Aber vor allem im späteren Mittelalter ist es, dass die Südtiroler Malerei ihre besten Werke hervorbringt. Dabei handelt es sich nicht nur um sakrale Kunst: Der berühmte *Iwein-Zyklus* (von etwa 1220) auf Schloss Rodeneck im Pustertal ist eines der ältesten Beispiele weltlicher Freskenkunst. Im 14. Jahrhundert entwickelte sich als Nachahmung der gotischen Kunst à la Giotto eine lokale Richtung, die sich bis in die Zeit der Spätgotik erhielt und bemerkenswerte Werke hervorbrachte: von der Dominikanerkirche in Bozen bis hin zum Kreuzgang des Doms in Brixen (den ein lokaler Künstler schuf, Hans von Bruneck) oder dem von Kloster Neustift. Auch die Burgen, oft Herrensitze, werden mit Fresken in einem vergnüglichen weltlichen Realismus verschönt. In der anderen Hochzeit der Kunst, dem Barock, sind in Südtirol Freskenmaler aus Österreich, wie etwa Adam Mölk, und aus Bayern tätig. Unter den lokalen Künstlern erinnert man sich an Paul Tröger aus Welsberg, Professor und Direktor der Wiener Akademie. Ihm verdanken wir u. a. das Deckengemälde des Doms von Brixen.

Das Jahr in Südtirol

Die Besonderheit Südtirols im Vergleich zu den übrigen Regionen Italiens drückt sich vor allem in seinen Trachten und seiner Folklore aus. Die Südtiroler haben zwar einen etwas verschlossenen, reservierten Charakter, der eher typisch für die nordischen Völker ist. Trotzdem hat man hier Spaß am Feiern von Ereignissen der Vergangenheit nach jahrhundertealten Regeln und Ritualen sowie an der Wiederentdeckung alter gastronomischer Spezialitäten. Besonders dieses Traditionsbewusstsein fasziniert an Südtirol, dessen Weihnachtsmärkte und Oktoberfeste weltberühmt sind.

Typische Weihnachtsmarktbude

Ritterspiele und Turniere

Frühling

Erst ab Mai kann man sagen, jetzt wird's Frühling in Südtirol. In den Tälern und auf den Bergen feiern dann die Bewohner das Wiedererwachen der Natur.

März

Scheibenschlagen im Vinschgau (erster Fasten-So). Brennende Holzscheiben werden zur Feier der Rückkehr des Frühlings über die Felder geschleudert.

Come sciavano i nostri nonni, Seiser Alm (15.–31. März). Die verschiedenen Arten Ski zu laufen sind der Vorwand für dieses Fest.

April

Bauerngalopp in Meran (Ostermontag). Hauptdarsteller sind die berühmten Haflinger-Pferde.
Historischer Ritt in Eppan an der Weinstraße (Ende Apr). Zu Pferd geht es von Burg zu Burg.

Mai

Weinprobe in Bozen (zweite Maihälfte). Im Schloss Maretsch findet die Verkostung der in Südtirol produzierten Weine statt.

Sommer

Zahlreich die Anlässe, die die heißeren Monate des Jahres auflockern: Viele haben historische Hintergründe, andere feiern typische Erzeugnisse; auf allen sind Tiroler Eigenheiten und Trachten zu sehen.

Probe der DOC-Weine

Juni

Oswald-von-Wolkenstein-Ritt in Seis (erstes Wochenende im Juni). Reiterturnier in mittelalterlichen Kostümen mit Trupps aus je vier Reitern auf Haflingern oder Arabern.

Oswald-von-Wolkenstein-Ritt

Settimane dei Krausen in Kastelruth (erste Junihälfte). Gastronomieschau zur Wiederentdeckung alter Hofrezepte.
Almauftrieb im Schnalstal (Mitte Juni). Zwischen den Feiern zieht das Vieh auf die Alm, und die Schafe werden ins Venter Tal getrieben.

Juli

Hexennächte auf der Seiser Alm. Zur Erinnerung an den mittelalterlichen Glauben, der in der Alm einen Sammelplatz von Hexen sah.

August

Ladinischer Volksumzug in Corvara (erste zehn Tage im Aug).
St. Bartholomäus in Ritten (24. Aug). Feier zur Rückkehr des Viehs von den Almen.
Altstadtfest in Brixen (Ende Aug). Drei Tage mit Volkstänzen und -liedern, die an alte Traditionen erinnern.

Herbst

Vor der Rückkehr von Kälte und Frost ist dies noch einmal der Moment für Feste und Jahrmärkte, die oft an bestimmte Anlässe im bäuerlichen Leben oder an Erzeugnisse der Jahreszeit gebunden sind.

September

Fest im Sarntal (erstes Wochenende im Sep). Hier kann man die Talbewohner in ihren typischen Trachten bestaunen.
Almfest im Gsieser Tal (2. So im Sep).

Oktober

Herbstfest in Meran. Umzug mit Musikkapellen, allegorischen Wagen und Trachtengruppen mit anschließendem Weinlesefest.
Törggelen (aus dem Lateinischen: »torquere« bedeutet Wein pressen) in Brixen. Ein Ritus par excellence zum Herbstbeginn, Spaziergänge in den Wäldern nahe der Stadt und Verzehr gerösteter Kastanien unter Lauben oder in den typischen »Stuben«. In ganz Südtirol wird nun auch der junge Wein verkostet.
Fiera di Stregona in Bruneck (Ende Okt). Ihre Ursprünge sind uralt, und vielleicht ist sie das größte Fest in Tirol.

November

Sealamorkt in Glurns (1. Nov). Traditioneller Viehmarkt im Herzen des mittelalterlichen Ortes.

Winter

In der gebirgigen nördlichsten Provinz Italiens ist diese Jahreszeit natürlich mit Schnee verbunden. Er verleiht den Festen großen Zauber, insbesondere den Christkindlmärkten, die in den historischen Zentren fast aller Orte abgehalten werden.

Dezember

Nikolausumzug in Sterzing (5. Dez). Nach einem typisch germanischen Brauch feiert man Sankt Nikolaus und seinen schrecklichen Gehilfen namens Krampus: Der läuft auf den Straßen im Zentrum hinter den Kindern her und lärmt mit Peitschen und Ketten; hinter ihm erscheint dann besänftigend der Heilige und verteilt kleine Geschenke.
Festa del Klosen in Stilfs (5. Dez). In der Bergwelt des Nationalparks Stilfser Joch ist das Fest mit urtümlichen Riten verbunden geblieben, deren Hauptdarsteller die »Klaubaufs« (die bösen Geister), die Esel (die unschuldigen Geister) und Santa Klos (Sankt Nikolaus) sind, der von den Weisen begleitet wird.
Notti dei Klöcklen im Sarntal (Advent). Trommelnde Sänger in Kostümen und mit traditionellen Instrumenten, die unter Zweigen und Fellen versteckt sind, ziehen von Hof zu Hof, um das neue Jahr günstig zu stimmen, wobei sie die bösen Geister mit symbolischen Holzschwertern vertreiben.

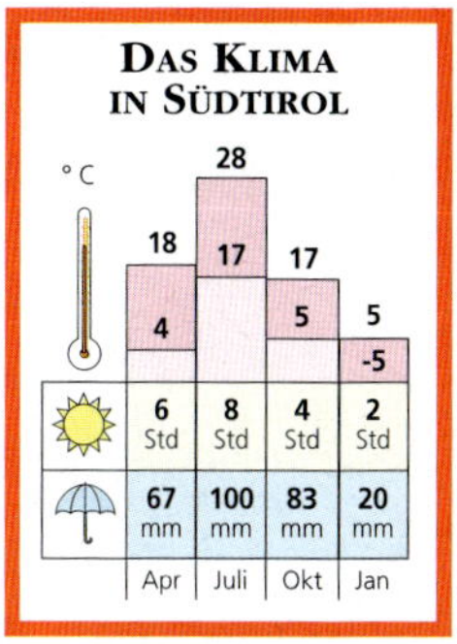

Festa del Klosen, Stilfs

Januar

Bauernhochzeit in Kastelruth (2. Januarwoche). Das Trachtenfest enthält auch eine gastronomische Schau, die mit einem Hochzeitsbankett verbunden ist.

Februar

Karneval von Brixen. Maskiert läuft man auf der nahen Plose (2504 m) Ski und feiert.

Törggelen, traditionelles Fest zu Herbstbeginn

DISCIPLINA
PACIS NOSTRAE
SUPER EUM,
ET LIVORE EIUS
SANATI SUMUS.
ISA: 53: V: 5:

DIE GESCHICHTE SÜDTIROLS

SCHON BEVOR AUS DEM SIMILAUNGLETSCHER *Ötzis Leichnam auftauchte, wusste man, dass die Alpen kein unüberwindliches Hindernis für die Kontakte zwischen den Nord- und den Südhängen des Gebirges gewesen waren. Die ältesten Menschenspuren stammen aus dem 8. Jahrtausend v. Chr. Von nun an war Südtirol sicherlich eine der »verkehrsreichsten« Regionen Europas.*

ÖTZI, DER MANN VOM SIMILAUN

Die ersten archäologischen Zeugnisse menschlicher Anwesenheit in den Hochregionen der Provinz verlieren sich im Dunkel der Zeit. Sie reichen in die Vorgeschichte zurück, aus der auch der mumifizierte Leichnam eines Hirten stammt, der 1991 auf der italienischen Seite des Similaungletschers entdeckt wurde: Ötzi, von Forschern auf 3000 v. Chr. datiert, der auch dank der Gegenstände, die bei ihm gefunden wurden, wertvolle Informationen über das Leben und die Sitten und Gebräuche der Alpenbewohner vor 5000 Jahren geliefert hat. In der späten Bronzezeit nehmen die Völker ligurisch-mediterranen und balkandonauländischen Ursprungs, von den Römern Räter genannt, keltische und etruskische Einflüsse auf. Die Kulturen von Lugen und Melaun bei Brixen entstammen dieser Zeit, einige Jahrhunderte jünger ist dagegen die kulturelle Einheit Sanzeno-Fritzens: jene im trentinischen Val di Non, diese im Inntal, entlang der antiken Bernsteinstraße.

Nachbildung des Mannes vom Similaun

DIE RÖMER

Im 1. Jahrhundert v. Chr. sehen sich die Römer genötigt, die Nordostgrenze ihres Reiches gegen die Einfälle der Räter zu schützen. Die Expedition von Drusus, Adoptivsohn des Kaisers Augustus, 15 v. Chr. hat die Eroberung der Region zum Ziel: Sie gelingt, und schon bald werden die Gebirgsregionen in die römischen Provinzen eingegliedert. Ein Großteil des heutigen Südtirol wird der *X Regio Venetiae et Histriae* einverleibt, das Pustertal kommt zu Noricum und Vinschgau und Eisacktal zu Raetia. Die Römer, die sich der militärischen, strategischen und kommerziellen Bedeutung des Gebiets bewusst sind, eröffnen die Via Claudia Augusta, die von Ostiglia am Po nach Augsburg an der Donau führt. Sie ahnen die Möglichkeit, den Brenner passieren zu können, und trassieren eine zweite Straße: von Verona nach Augsburg eben über jenen Pass. Zwischen dem 4. und 5. Jahrhundert n. Chr. kommen schließlich die ersten christlichen Missionare, unter ihnen Korbinian und Valentin.

ZEITSKALA

Um 3000 v. Chr. Erste belegte transalpine Kontakte

2. Jahrtausend v. Chr. Kulturen von Lugen, Melaun und Sanzeno-Fritzens

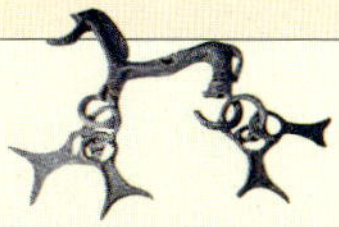

Bronzetrense eines Pferdegeschirrs aus der Eisenzeit

4.–5. Jahrhundert Christianisierung Südtirols

3000 v. Chr. | **2000** | **1000** | **1 n. Chr.** | **500 n. Chr.**

Primitive Waffen des Mannes vom Similaun, auf etwa 3000 v. Chr. datiert

15 v. Chr. Expedition von Drusus, dem Adoptivsohn des Augustus.

46 n. Chr. Eröffnung der Via Claudia Augusta

Kaiser Augustus

◁ **Skulptur des Propheten Jesaja im Dom von Brixen**

Das Hochmittelalter

Nach dem Fall des Römischen Reiches erlebt die Region im Rahmen der Völkerwanderung um 555 den Durchzug barbarischer Stämme auch slawischer Herkunft: Von Süden kommen die Langobarden, von Norden drängen die germanischen Bajuwaren herein, lassen sich in Tirol nieder, mischen sich mit den lokalen Stämmen und erreichen so, dass ihre eigene Sprache, eine althochdeutsche Mundart, sich durchsetzt. Im Jahr 774 verleibt Karl der Große das Gebiet dem Heiligen Römischen Reich ein, aber nach seinem Tod fällt der Südteil ans Herzogtum Trento, der Rest an die Herzöge von Bayern.

Im Bewusstsein der enormen strategischen Bedeutung dieser Region als Durchgang in Richtung Süden vertrauen die Bayern das Gebiet Fürstbischöfen an, die sichere und getreue Verbündete in der Verteidigung ihrer imperialen Interessen sind.

Die Krönung Karls des Großen in der Christnacht des Jahres 800

Das Fürstbistum Brixen

Und so erhält der Bischof von Brixen im Jahr 1027 vom salischen Kaiser Konrad II. das Eisack- und das Pustertal sowie das Inntal jenseits des Brenners als Lehen, während dem Bischof von Trento die Grafschaften Bozen und Vinschgau zufallen. Da die Bischöfe die weltliche Macht offiziell nicht ausüben dürfen, stützen sie sich auf Adelsfamilien, die in den Rang von »Vögten« erhoben werden, der mit der Zeit erblich wird. Unvermeidlich ist, dass diese Adeligen, die nur nominell bischöfliche Vasallen sind, alles daran setzen, die eigenen Besitzungen ständig zu erweitern. Vor allem die Grafen von Eppan, Andechs und Tirol geraten darüber untereinander in Streit: Die von Tirol erringen am Ende die Oberhand, und Albrecht III. bringt die Regentschaft über große Teile der bischöflichen Territorien von Brixen und Trento an sich.

Burg Tirol, um 1140 von den Vinschgauer Grafen erbaut, die seitdem Grafen von Tirol hießen

Zeitskala

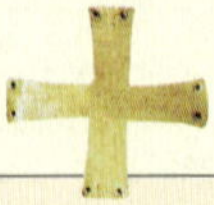

Goldenes Kreuz aus langobardischer Zeit

774 Anschluss Südtirols ans Heilige Römische Reich Kaiser Karls des Großen

901 Brixen (noch Prichsna genan[nt]) wird dem Bischof des Kloster[s] Säben geschenkt

600 | 700 | 800 | 900

555 Einfall »barbarischer« Stämme

7. Jahrhundert Die Bajuwaren siedeln in Südtirol

Münze aus karolingischer Zeit

9. Jahrhundert Anschluss ans Herzogtum Bayern

102[7] Der Salier Konrad [II.] belehnt den Bisch[of] von Brix[en]

Maximilian I. von Habsburg mit seiner Familie

Die Grafen von Tirol

Meinhard II., ein Enkel Albrechts III., festigt die Macht der Familie weiter, indem er 1282 von Kaiser Rudolf von Habsburg die Anerkennung seines Gebiets als Grafschaft erhält, d.h. als vom Heiligen Römischen Reich unabhängiges Territorium. Auf die Weise konstituiert sich das Land Tirol als ein mit Grundrechten und eigenen Grenzen ausgestattetes Gebilde, das bis 1918 praktisch unverändert bleiben sollte. Meinhard ist ein guter Administrator: Er setzt einen rudimentären Verwaltungsapparat ein und reorganisiert die Münze von Meran, womit er die Basis für eine unabhängige politisch-administrative Organisation legt, die die Geschichte dieses Landes prägen wird. Die Abhängigkeit der Grafen von Tirol als Vasallen der Fürstbischöfe ist reine Formalität, doch die Vorherrschaft des Hauses hat keine Dauer: 1363 übergibt die Letzte des Geschlechts, Margarethe Maultasch, nach dem Tod des einzigen Sohnes die Grafschaft dem Herzog Rudolf IV. von Habsburg als Erbe. Von dem Moment an teilt Tirol das Schicksal des Hauses Habsburg und bleibt bis 1918 an dieses gebunden.

Statue auf dem Kenotaph Maximilians I. in Innsbruck

Tirol unter den Habsburgern

Es ändern sich die politischen Perspektiven der Region, die gleichwohl autonomes habsburgisches Fürstentum bleibt. Auf Betreiben Friedrichs IV. »mit den leeren Taschen« wird 1420 statt Meran Innsbruck die Hauptstadt, und die Münze prägt auf Befehl seines Sohnes Sigismund ab 1477 in Hall. Sigismund liegt im offenen Streit mit dem humanistischen Bischof Nikolaus von Kues, der plant, die verlorenen Gebiete vom Bistum Brixen zurückzuerwerben. Nach außen brechen die Konflikte mit Venedig und Graubünden auf; Tirol, von Graubünden im Vinschgau besiegt, verliert das Engadin. Als ein Herzog von Tirol, Maximilian I. von Habsburg, König und dann deutscher Kaiser wird, drängt die Region mit Gewalt in die große europäische Politik. Maximilian erweitert die Grenzen, garantiert aber eine gewisse Autonomie mit dem *Landlibell* (1511), einem Bündnis zwischen den Fürstbistümern, dem Reichstag und dem Grafen von Tirol zur Verteidigung des Gebiets; das *Landlibell* bezeichnet außerdem das Datum der Gründung der Schützen, lokaler Korps, die sich von da an der Verteidigung ihres Vaterlandes widmen.

Wappen der Habsburger

1282
Das Haus Tirol erhält für seine Gebiete von Kaiser Rudolf die Anerkennung des Status einer Grafschaft

1363
Nach Erlöschen der Linie der Grafen von Tirol kommt die Grafschaft an die Habsburger

1100 | **1200** | **1300** | **1400**

1180
Weihung des Doms von Bozen

Ansicht von Innsbruck mit den Türmen des Doms und St. Jakobs

1420
Verlegung der Hauptstadt von Meran nach Innsbruck

Darstellung des Bauernkriegs (1525)

Die glücklichen Jahrhunderte der Regierung Wiens

Der Bauernkrieg und das Konzil von Trento prägen das 16. Jahrhundert. Vor allem der Krieg, in den Südtirol verwickelt ist: Die Bauern, der sozialen und wirtschaftlichen Quälereien der Gutsherren und des Klerus überdrüssig und beseelt von den Grundsätzen der beginnenden Reformation, erheben sich 1525 unter Führung Michael Gaismairs; bald weitet sich der Aufstand auf die Fürstentümer Trento und Brixen aus, doch nach den ersten Erfolgen kommt die blutige Niederschlagung, befohlen vom künftigen Kaiser Ferdinand I.

Im 17. Jahrhundert verschwindet Tirol aus der internationalen Politik. Auch der wirtschaftliche Ausbau Bozens als wichtiges Handelszentrum stagniert. Mit Claudia de' Medici (1632–46) stirbt die Tiroler Linie der Habsburger aus, und ab 1665 wird Tirol vom Kaiser in Wien regiert; in Innsbruck wird ein »Gubernator« eingesetzt.

Anfang des 18. Jahrhunderts kehrt das Land mit dem Spanischen Erbfolgekrieg auf die Weltbühne zurück. Die Schützen schlagen die Franzosen und ihre bayerischen Verbündeten. 1740 besteigt Maria Theresia den Kaiserthron, deren aufgeklärte Reformpolitik auch hier durch eine Gliederung spürbar wird, die die föderative Seite der Union Tirols mit dem Kaiserreich hervorhebt. Es entstehen Streitigkeiten mit örtlichen Kirchenführern, insbesondere mit dem Bischof von Brixen, dessen Amt als Fürstbischof nur noch nominell besteht und der sich den kaiserlichen Reformen strikt widersetzt.

Von Napoleon zur Restauration

Das Ende des Jahrhunderts wird durch Napoleon bestimmt, der nach dem Sieg über die Habsburger 1796 in Tirol einzieht. Der Frieden von Lunéville (1801) bestätigt offiziell die Säkularisierung der Bistümer Trento und Brixen, die an Österreich fallen. Jedoch bereits 1805 muss Österreich nach der Niederlage bei Austerlitz Tirol an Napoleons Alliierten Bayern abtreten. 1809 erhebt sich die gesamte Region gegen die bayerische Administration, die Tirol für einen neuen Krieg zwischen Frankreich und Österreich zu gewinnen sucht: Die Schützen unter Andreas Hofer weigern sich, gegen die Habsburger zu kämpfen, an die sie seit 1511 (dem

Andreas Hofer auf dem Berg Isel

Zeitskala

1511 Unterzeichnung des *Landlibells*

1525 Bauernkrieg

1545–63 Konzil von Trento

1632–46 Regentschaft der Claudia de' Medici

1 Thronbes gung M There

1500 | 1550 | 1600 | 1650 | 1700

1517 Luther schlägt in Wittenberg seine 95 Thesen gegen den Ablass an. Beginn der Reformation

Der Ablasshandel, der Luthers Reaktion auslöst

1665 Leopold I. von Habsburg übernimmt die Regierung Tirols

Maria Theresia von Österreich (1717–1780)

Jahr der Ratifizierung des *Landlibells*) durch einen Treueeid gebunden sind; nach anfänglichen Siegen werden die Österreicher 1809 bei Innsbruck geschlagen. Erst nach der endgültigen Niederlage Napoleons und dem Wiener Kongress kehrt Tirol zu Österreich zurück, doch die Rückkehr ist bitter. Trotz erwiesener Kaisertreue werden die alten regionalen Rechte nicht wiederhergestellt, die Tiroler werden in die Gestaltung des neuen Staates nicht einbezogen, und ihre Volksvertretungen erhalten keinerlei politischen Einfluss. Erst 1860, mit der Änderung der Wiener Verfassung, erhält auch Tirol ein neues Gesetz, und sein Landtag bekommt endlich reale Machtbefugnisse. In dieser Zeit (1867) wird die Brenner-Eisenbahn eröffnet, die die ersten Touristen ins Land lockt, vor allem englische Bergsteiger.

Kaiser Franz Joseph

Der lange Weg zur Autonomie

Die Niederlage Österreichs 1918 und der Friedensvertrag von Saint-Germain 1919 ziehen die Teilung Tirols nach sich, wobei der Teil südlich der Alpen an Italien fällt: es bildet sich eine einheitliche Provinz, die das Trentino und Südtirol umfasst. Nach dem Krieg scheinen die italienischen Regierungen diesem deutschsprachigen Land die Autonomie garantieren zu wollen, aber Mussolini zerstört alle Hoffnungen. Erst verbietet er deutsche Ortsnamen; dann untersagt er den Unterricht der deutschen Sprache und ihren Gebrauch im öffentlichen Leben; er fördert die Italienisierung vor allem Bozens, indem er durch die Schaffung einer Industriezone die italienische Zuwanderung ankurbelt; 1939 führt ein Übereinkommen mit Hitler zur so genannten »Option«, bei der die Südtiroler wählen können, ob sie mit der Auswanderung nach Deutschland ihre deutsche Identität bewahren oder mit dem Verbleib im Land Italiener werden wollen. Von den 200 000 deutschsprachigen Südtirolern stimmen fast 90 Prozent für die Auswanderung. 75 000 wandern im Zweiten Weltkrieg tatsächlich aus. Der Pariser Gruber-De-Gasperi-Vertrag von 1946 bestätigt den Verbleib Südtirols bei Italien, sieht aber dessen Autonomie vor. Die italienischen Regierungen lassen sich jedoch Zeit damit, was die Spannungen verschärft: Die Attentate in den 1960er Jahren sind Ausdruck des tiefen Unbehagens. 1969 wird endlich das berühmte Autonomie-»Paket« geschnürt, das 1992 endgültig in Kraft tritt.

Ein Plakat bejubelt den Gewinn der »irredenten Gebiete«

1809 Anschluss ans Königreich Bayern

1815 dem Wiener Kongress fällt zurück an die Habsburger

Soldat des österreichischen Heeres

1860 Änderung der Wiener Verfassung und neue Verfassung Tirols

1919 Südtirol wird italienisch

Der Staatsmann Alcide De Gasperi

1946 Pariser Abkommen Gruber-De Gasperi

1969 Billigung des Autonomie-»Pakets«

1992 Erfüllung des Autonomiestatuts

1800 · 1850 · 1900 · 1950

Das Trentino

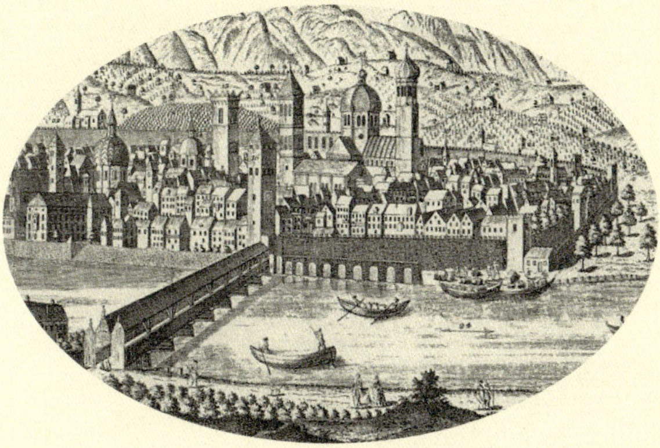

Das Trentino im Überblick

Das Valle dell'Adige ist so etwas wie das Rückgrat des Trentino, das von diesem Fluss in zwei fast symmetrische Teile zerlegt wird. Im Zentrum liegt die Hauptstadt Trento, die Stadt des Konzils, die nach dem Zweiten Weltkrieg Sitz der autonomen Provinz wurde. Westlich des Flusslaufs bildet die Brentagruppe ihrerseits einen Kernpunkt, um den herum sich eine Reihe von Tälern gruppiert, die seit eh und je auch mit der nahen Lombardei verbunden sind und ab der zweiten Hälfte des 19. Jahrhunderts vom Tourismus entdeckt wurden. Die Gebirge östlich des Valle dell'Adige gehören zu den Dolomiten, berühmt für ihre bizarren Konturen, die sie in den Himmel zeichnen. Sie sind wohl die am häufigsten besuchte Region des Trentino. Hier befinden sich auch einige Täler, in denen die Bevölkerung noch Ladinisch spricht.

***Castel Cles**, Ergebnis wiederholter Eingriffe in verschiedenen Epochen, war auch Herrschaftssitz Bernhards von Cles; das Schloss erhebt sich nahe dem gleichnamigen Ort* (siehe S. 79).

***Die Dolomiti di Brenta** liegen als einzige Dolomitengruppe westlich des Valle dell'Adige. Sie gehören zum Gebiet des Naturparks Adamello-Brenta* (siehe S. 82f).

***Die Burg von Arco**, im 13. Jahrhundert an einer von alters her befestigten Stelle errichtet, wurde 1703 von Vendôme zerstört. Von den Ruinen bietet sich einen herrlicher Blick von der Paganella bis zum Gardasee* (siehe S. 68).

Die Marmolada – la regina, *die Königin genannt – ist mit ihren 3343 Metern der höchste Gipfel der Dolomiten. Der Gletscher der Porta Vescovo (rechts) liegt an ihrem Nordhang. Früher markierte die Marmolada die Grenze zwischen Italien und Österreich (Schauplatz schwerer Kämpfe im Ersten Weltkrieg), heute ist sie Teil der Grenze zwischen Trentino und Veneto* (siehe S. 96f).

Der Lago di Caldonazzo *im Valsugana ist künstlich angelegt und der größte der trentinischen Seen. Dank seiner Nähe zu Trento ist er viel besucht und bietet eine gute touristische Infrastruktur* (siehe S. 88).

Die Piazza Duomo in Trento *ist das Zentrum des städtischen Lebens; das Nebeneinander von Dom und Palazzo Pretorio gewährt ein eindrucksvolles Bild von hohem künstlerischem Reiz* (siehe S. 58–61).

Trento und die Täler im Süden

Eine Stadt, die *während der Reformation eine Hauptrolle spielte und von der im 16. Jahrhundert die Gegenreformation ihren Ausgang nahm. Ein See, der Gardasee, der seit mehr als 200 Jahren eines der berühmtesten Touristenziele ganz Europas ist. Gebirge, die sich allmählich von Voralpen in Alpen verwandeln. Ein Fluss, die Adige, an dem sich seit den ältesten Zeiten die Wege des Handels und künstlerischer Ideen und Formen kreuzen.*

Trento, das Val Lagarina und der Gardasee sind von der autonomen Provinz Trentino jener Teil, in dem in perfektem Gleichgewicht Elemente versammelt sind, die sich auf den ersten Blick einige widersprechen: Während man im historischen Zentrum der Konzilsstadt zwischen Häusern mit bemalten Fassaden und uralten Kirchen herumspaziert, ragen im Hintergrund Gipfel auf, die oft mehr als 2000 m hoch sind; dasselbe in Rovereto oder zwischen Arco und Riva del Garda, wo an den Hängen Zypressen und Oliven Pinien- und Fichtenwäldern den Platz streitig machen. Weitere scheinbare Gegensätze findet man bei den Monumentalbauten: In Trento liegen in geringer Entfernung die eleganten Formen des Castello del Buonconsiglio und die experimentelle Silhouette des Museo di Arte Moderna e Contemporanea di Trento e Rovereto nebeneinander; das Innere der uneinnehmbaren Burg von Riva del Garda ist kostbaren Gemälden von der Gotik bis zum Klassizismus vorbehalten. Diese Kontraste spiegeln sich auch in der langen und wechselvollen Geschichte der Region wider, die Menschen schon in der Vorzeit besiedelten (Pfahlbaudorf am Lago die Ledro) und um deren Besitz sie lange kämpften: An der Wende vom 15. zum 16. Jahrhundert versuchten Venedig und Mailand sie den Fürstbischöfen und den Habsburgern zu entreißen. Und an die Kämpfe zwischen Österreichern und Italienern im 19. und 20. Jahrhundert erinnern die vielen gut erhaltenen Kriegsbauten im Gebiet des Pasubio.

Das Zentrum von Trento. Die vielen Türme erinnern an seine tausendjährige Geschichte

◁ **Zwischen Weinbergen thront das massige Castello di Avio aus dem 11. Jahrhundert**

Überblick: Trento und die Täler im Süden

Von der Konzilsstadt zum »mediterranen« Gardasee und den Voralpen reist man im Süd-Trentino durch Regionen, um die stets gestritten wurde: Daran erinnern die Burgen und die Orte, die mit dem Risorgimento und dem Ersten Weltkrieg verknüpft sind. Seit fast 200 Jahren ist dies Land eine Touristenattraktion wegen des milden Klimas am Gardasee, das auch der Adel und berühmte Dichter aus dem Norden zu schätzen wussten, aber auch wegen seiner Natur, die zum Skilaufen und Wandern einlädt.

Castel Toblino im Valle dei Laghi

Legende

- Autobahn
- Hauptstraße
- Nebenstraße
- Panoramastraße
- Fluss

0 Kilometer 5,5

In Trento und den Tälern im Süden unterwegs

Die Hauptverkehrsader bildet die Brenner-Autobahn A22, die von Avio durch das Val Lagarina nach Trento führt, wobei sie an vielen Punkten parallel zur Staatsstraße 12 Abetone–Brenner und zur Eisenbahnlinie Verona–Brenner verläuft. Gute Hauptstraßen führen von Rovereto zum Gardasee, von wo man auf ebenfalls bequemen Landstraßen ins Valle dei Laghi und Valle di Ledro gelangt.

Doss Trento, das Mausoleum Cesare Battistis (1935)

SIEHE AUCH

- ***Übernachten*** S. 170f
- ***Restaurants*** S. 178f

Auf der Hochebene von Lavarone

SEHENSWÜRDIGKEITEN AUF EINEN BLICK

Im Detail: Trento ❶

Adler am Brunnen der Piazza Duomo

Die Stadt wurde 23 v. Chr. von den Römern unter dem Namen *Tridentum* gegründet. Nach der Langobardenherrschaft gelangte sie unter germanischen Einfluss. Im 13. Jahrhundert begann sie erneut zu wachsen und erlebte ihre Hochzeit Anfang des 16. Jahrhunderts: Zwischen 1516 und 1539 war Bernhard von Cles der erste einer Reihe von Fürstbischöfen. Ab 1545 war sie Sitz des berühmten Konzils. Im 17. Jahrhundert fiel sie erst an die Franzosen, dann an die Habsburger. Italienisch wurde sie erst nach dem Ersten Weltkrieg. 2002 eröffnete auf dem Areal der römischen Stadt das Museo Tridentum.

Nicht versäumen

- ★ **Museo Diocesano Tridentino**
- ★ **Dom**
- ★ **Palazzo Alberti-Colico**

★ Palazzo Alberti-Colico
In der Via Belenzani 32 entstand im 16. Jahrhundert aus zwei Gebäuden hinter einer neuen Fassade dieser Palazzo.

0 Meter 100

Torre Vanga
Der im 13. Jahrhundert von Bischof Federico Vanga erbaute Turm war Wachstation an einer nicht mehr existierenden Adige-Brücke. Hier wurde Georg I. von Liechtenstein gefangen gehalten.

★ Museo Diocesano Tridentino
Das Museum wurde 1903 als Unterrichtshilfe für die Kurse des Priesterseminars gegründet und 1963 in den Räumen des alten Palazzo Pretorio (Gericht) untergebracht; zu sehen sind Werke der Malerei, Skulptur und Kirchenkunst aus Beständen des Domschatzes. Unter den Fundamenten kann man die Reste des römischen Tridentum besichtigen.

INFOBOX

Straßenkarte B4.
103 000.
Piazza Dante, 0461 824 181.
APT Trento e Trentino
Via Manci 2, 0461 983 880, Fax 0461 984 508.
www.apt.trento.it
Do vormittags.
Feste Vigiliane (26. Juni); Blumenmesse und Marktschau (16./17. März); Santa-Lucia-Jahrmarkt (13. Dez).

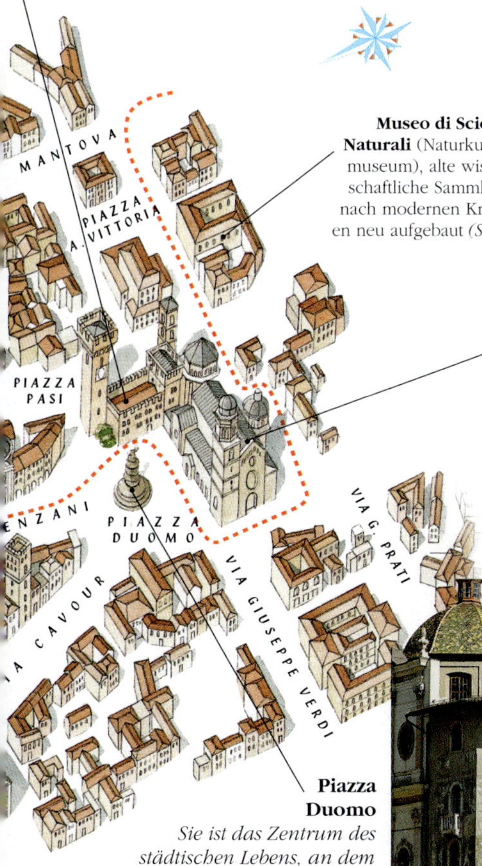

Museo di Scienze Naturali (Naturkundemuseum), alte wissenschaftliche Sammlung, nach modernen Kriterien neu aufgebaut *(S.64)*.

★ Dom
Der imposante romanische Bau von Adamo d'Arogno ist das Sinnbild von Trento, der Stadt des Konzils.

LEGENDE

Routenempfehlung

Piazza Duomo
Sie ist das Zentrum des städtischen Lebens, an dem sich die meistbesuchten Bars von Trento befinden. 1769 wurde hier die Fontana del Nettuno (Neptunbrunnen) aufgestellt.

Trento: Der Dom San Vigilio

Madonna der Ertrunkenen, 13. Jahrhundert

Über einer ersten St. Vigilius geweihten Kirche des 6. Jahrhunderts (deren Reste unter der Apsis zu besichtigen sind) wurde ab 1212 auf Wunsch Federico Vangas der gegenwärtige Dom von Adamo d'Arogno erbaut. Romanisch ist das Äußere des Baus, mit reichem Dekor an der linken Flanke, die eine der Seiten der Piazza Duomo schließt, und im Bereich der Apsis, die eine Zwerggalerie umläuft; hier sieht man gut das so genannte Castelletto, auf dem sich die Torre di San Romedio erhebt: Einer Legende nach begann die Glocke dieses Turmes ganz von selbst zu läuten, um Vigilius den Tod des hl. Romedius zu verkünden.

★ Porta del Vescovo
Das Bischofsportal (16. Jahrhundert) an der nördlichen Flanke schmückt ein meisterliches Relief des thronenden Christus.

★ Die Fensterrose des nördlichen Querhauses
enthält in ihrem Zentrum eine Statue der Fortuna, deshalb wird die Rose Glücksrad genannt.

★ Legende des hl. Giuliano
Im nördlichen Querhaus kann man die von Giotto beeinflussten Fresken (um 1380) bewundern, auf denen die Legende des hl. Giuliano erzählt wird.

Nicht versäumen

- ★ Legende des hl. Giuliano
- ★ Porta del Vescovo
- ★ Fensterrose des linken Querhauses

Säulengänge
Treppen unter Bogengängen führen an den Wänden der Seitenschiffe zu den Glockentürmen.

Der Glockenturm ist aus dem 16. Jahrhundert, die Zwiebelkuppel wurde erst im 19. Jahrhundert hinzugefügt.

INFOBOX

Piazza Duomo.
☎ *0461 980 132.*
🕒 *tägl. 6.30–12.30 Uhr, 14.30–20.30 Uhr.*
📷 *ohne Blitzlicht.* ♿

Vorhalle an der Ostpartie
Die Figuren, die samt der Darstellung eines Löwen diesen Portikus schmücken, sollen angeblich die Söhne des Adamo d'Arogno darstellen.

Im Innern finden sich u. a. Gräber, Grüfte und Grabmäler aus der Zeit zwischen der Renaissance und dem 18. Jahrhundert.

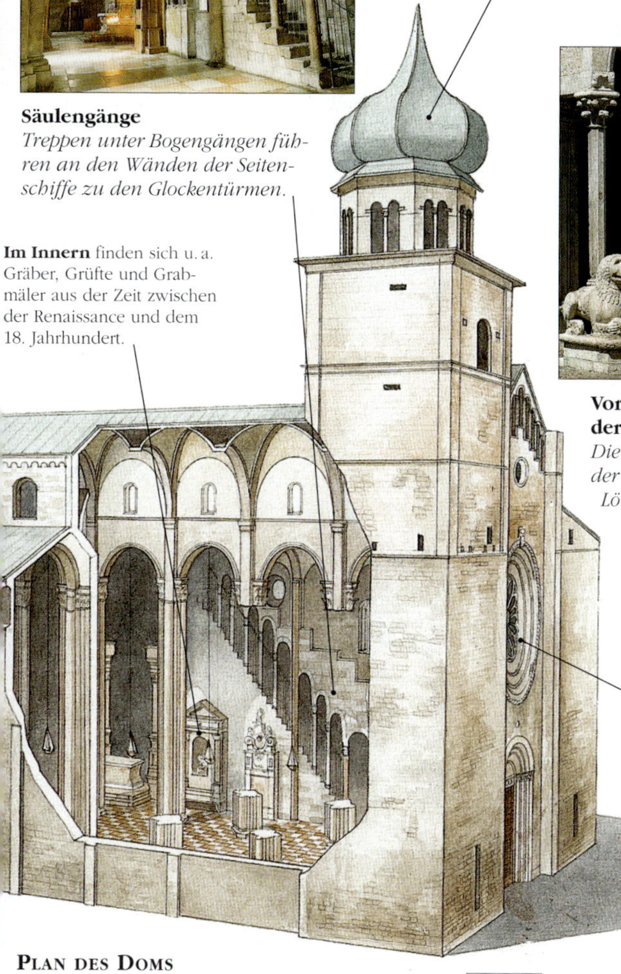

Fensterrose mit Reliefs des 13. Jahrhunderts

PLAN DES DOMS

Absidiolen mit röm. Reliefs ⑤
Cappella del Crocefisso ⑨
Fresken der Legende des hl. Giuliano ④
Grabmäler des 15./16. Jh. ⑦
Grabplatte des Bernhard von Cles ②
Hochaltar ⑧
Porta del Vescovo ①
Statue der Madonna der Ertrunkenen (degli Annegati) ③
Vorhalle ⑥

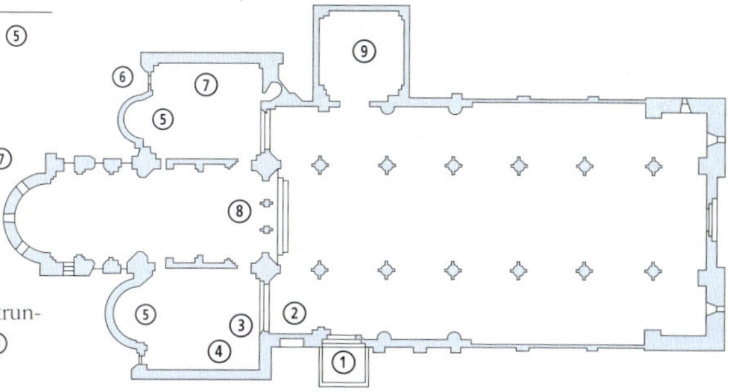

Piazza Duomo mit Palazzo Pretorio und Neptunbrunnen

Hier führte die Via Claudia Augusta aus Verona vorbei. Vom antiken monumentalen Zugang zur Stadt sind die Basen der Pfeiler, ein Teil der Straßenpflasterung und Reste eines der Wachttürme zu sehen, die ihn flankierten. Im ersten Stock des Museums wird eine Reihe von Gemälden gezeigt, die das Konzil von Trento darstellen, außerdem Malerei des 15. und 16. Jahrhunderts. Im zweiten Stock finden wir außer den Räumen mit Gemälden der folgenden Jahrhunderte – die die Gleichzeitigkeit venetischer, österreichischer und lombardischer Einflüsse in der Stadt dokumentieren – eine grandiose Sammlung gotischer Holzplastiken mit Statuen und Altarretabeln. Sehr interessant ist auch die Serie flämischer Gobelins, die im 16. Jahrhundert in Brüssel entstanden sind und von Bernhard von Cles als Schmuck des Konzilssaals erworben wurden. Die Themen dieser »Stoffbilder« geben gut den Geist der Zeit wieder, denn sie feiern die *Passion Christi* in den verschiedenen Episoden *Fußwaschung, Christus vor Kaiphas, Christus vor Pilatus, Kreuztragung, Kreuzabnahme* und *Auferstehung*. Im dritten Stock schließlich wird der Domschatz gezeigt, eine Reihe wirklich bemerkenswerter Gegenstände der Gold- und Silberschmiedekunst und Paramente, die zwischen dem 12. und 19. Jahrhundert entstanden. Ein besonderer Blickpunkt ist der Hirtenstab des Bischofs Georg Hack, eine Arbeit aus Gold, Silber und Edelsteinen aus dem 15. Jahrhundert. Nicht übersehen sollte man unter den verschiedenen Reliquiaren die des hl. Vigilius und der hl. Maxentia, beide aus dem 14. Jahrhundert. In einem Raum in der Torre Civica sind illuminierte Bücher zu sehen, darunter eine Bibel des 14. Jahrhunderts.

Piazza Duomo

Im modernen Trento sind noch die Achsen der Hauptstraßen der römischen Stadt erhalten: Es handelt sich um die im rechten Winkel aufeinander stoßenden Straßen Via Belenzani und Via Manci. Die mittelalterliche Stadt wuchs dagegen um die Piazza Duomo herum (wo sich einst der Friedhof befand, auf dem der Stadtheilige St. Vigilius begraben liegt), die noch heute der Brennpunkt des städtischen Lebens ist. Der riesige Platz, in dessen Mitte 1769 die **Fontana del Nettuno** des Bildhauers Francesco Antonio Giongo errichtet wurde, wird an den Seiten durch den Dom, den Palazzo Pretorio und eine Reihe bemalter Häuser geschlossen, darunter die **Case Cazuffi** an der Ecke der Via Belenzani. Sie erhielten ihre heutige Gestalt im Laufe des 15. Jahrhunderts, die Fresken kamen zwischen 1531 und 1533 hinzu. Nummer 24, gegenüber den anderen zurückgesetzt, ist die mittelalterliche **Casa Balduini**, teils mit Girlanden und Arabesken bemalt, teils mit noch älteren Fresken geschmückt. In einem der Häuser der Piazza Duomo, durch eine Gedenktafel gekennzeichnet, wurde Cesare Battisti geboren.

Miniatur aus dem Lektionar des Bischofs Vanga, Museo Diocesano

Dom San Vigilio
Siehe S. 58f.

Museo Diocesano Tridentino
Piazza Duomo 18.
0461 234 419.
Mo–Sa 9.30–12.30, 14.30–18 Uhr.
25. Dez, 1. Jan, Ostern. *nach Voranmeldung.*

Der Palazzo Pretorio, der den Großteil des Mittelalters als Sitz der höchsten städtischen Autoritäten diente, so der Bischöfe, die ihm die Ehrenbezeichnung *Palatium Episcopatus* gaben, enthält die interessanten Sammlungen des Museo Diocesano (Diözesanmuseum). Unter dem Palazzo ist die Ausgrabung der *Porta Veronensis* zu besichtigen, die im 1. Jahrhundert n. Chr. erbaut wurde.

***Martyrium* von Beato Simonino im Museo Diocesano**

Der Palazzo Geremia, erbaut am Ende des 15. Jahrhunderts

Via Belenzani

In der Antike hieß die Straße Via Larga (Breite Straße). In der Epoche des Konzils von Grund auf umgestaltet, wurde sie Teil einer Verbindung zwischen Dombereich, Palazzo Pretorio und Castello del Buonconsiglio. An dieser lebendigen Straße finden sich die Fassaden einiger der interessantesten Palazzi Trentos aus dem 16. Jahrhundert. Das ist beim **Palazzo Alberti-Colico** (Nr. 32) der Fall, der zwei Bauten hinter einer Fassade vereint, die ein dreibogiges Fenster krönt, oder beim **Palazzo Geremia** vom Ende des 15. Jahrhunderts, dessen Fassade Fresken zieren, die Szenen des Besuchs Kaiser Maximilians in Trento zeigen, der zwischen 1508 und 1509 stattfand. Auch das Innere des Palazzo Geremia verdient einen Besuch: Hinter der Vorhalle mit einer herrlichen Holzdecke führt eine monumentale Treppe in einen Innenhof. Auf Wunsch Sigismunds von Thun wurde der **Palazzo Thun** (16. Jahrhundert) erbaut, heute Sitz der Stadtverwaltung und im 19. Jahrhundert im Stil des Klassizismus tiefgreifend umgestaltet: Er hat eine strenge Fassade mit zwei Fensterordnungen und zeigt im bemerkenswerten Inneren interessante Gemälde und Fresken. An der Kreuzung mit der Via Manci wird die Via Belenzani durch eine Kirche geschlossen, die Symbol der Gegenreformation ist: **San Francesco Saverio**, Anfang des 18. Jahrhunderts nach einem Entwurf von Andrea Pozzo geschaffen, die der höchste Ausdruck der Kunst des Barock in der Stadt ist.

Via Manci

Die Straße (in der Antike Lange Straße genannt) folgt der wichtigsten Ost-West-Verbindung im römischen *Tridentum*. Zu den bedeutendsten Bauten gehört der **Palazzo Galasso**, auch Palazzo del Diavolo genannt, weil er angeblich in einer einzigen Nacht entstand. In Wirklichkeit wurde er vom Architekten Bagnadore im Auftrag des Bankiers Georg Fugger erbaut und 1602 vollendet. Später erwarb ihn der General Mattia Galasso. Monumental ist das Portal, das vier Säulen tragen. Aus dem 16. Jahrhundert stammt der nahe **Palazzo Saracini Pedrotti**, Sitz des **Museo della SAT**. Ein paar Schritte weiter liegt die Barockkapelle der Heiligen Martyrius, Sisinnius und Alexander, die eine prachtvolle Stuckdekoration aufweist.

Museo della SAT

Via Manci 57. *0461 980 211, FAX 0461 986 462. Sa 10–12, 16–19 Uhr. www.sat.tn.it*

Das Museum von 1984 zeigt eine Sammlung von Karten, Fotografien, Dokumenten und Ausrüstungsgegenständen aus der Alpingeschichte. Im ersten Stock befindet sich eine Fachbibliothek.

Via del Suffragio

Sie folgt der antiken Straße nach Bozen und hat trotz der tief greifenden Veränderungen noch heute etwas Antikes. Gleich am Anfang links steht die **Casa Anesi** aus dem späten 15. Jahrhundert. An ihrem Ende zeigt eine mit grünen Kacheln verkleidete Turmspitze die **Torre Verde** an. Rechts davon Adalberto Liberas **Scuole Sanzio** (1932) im Stil der Sachlichkeit.

Castello del Buonconsiglio

Siehe S. 62f.

Das Innere der Kirche San Francesco Saverio

Trento: Das Castello del Buonconsiglio

Gewicht in Schweinsform, 1. Jahrhundert n. Chr.

Das Castello entstand 1240 rund um einen alten Stadtturm und wuchs im Laufe der Zeit zu einem äußerst komplizierten Bau an. Im 15. Jahrhundert gestaltete Georg von Liechtenstein die Ringmauer um, legte im Inneren einen Garten an und errichtete die Torre dell'Aquila, womit er den Castelvecchio genannten Teil der Festung vollendete. Bernhard von Cles erbaute ab 1528 den Magno Palazzo, der den Cortile dei Leoni umgibt. Die Giunta Albertiana, in der zweiten Hälfte des 17. Jahrhunderts vollendet, vereint die neuen und alten Teile des Castello in sich. In der Festung befinden sich die Collezioni Provinciali (mit Gemälden und Skulpturen). Die Torre dell'Aquila (Adlerturm) enthält die Fresken des *Monatszyklus* (um 1400), die zu den grandiosesten Beispielen der internationalen Gotik zählen.

★ Loggia gotico-veneziana
Von der gotisch-venezianische Loggia (1475) hat man einen atemberaubenden Panoramablick auf die Stadt Trento.

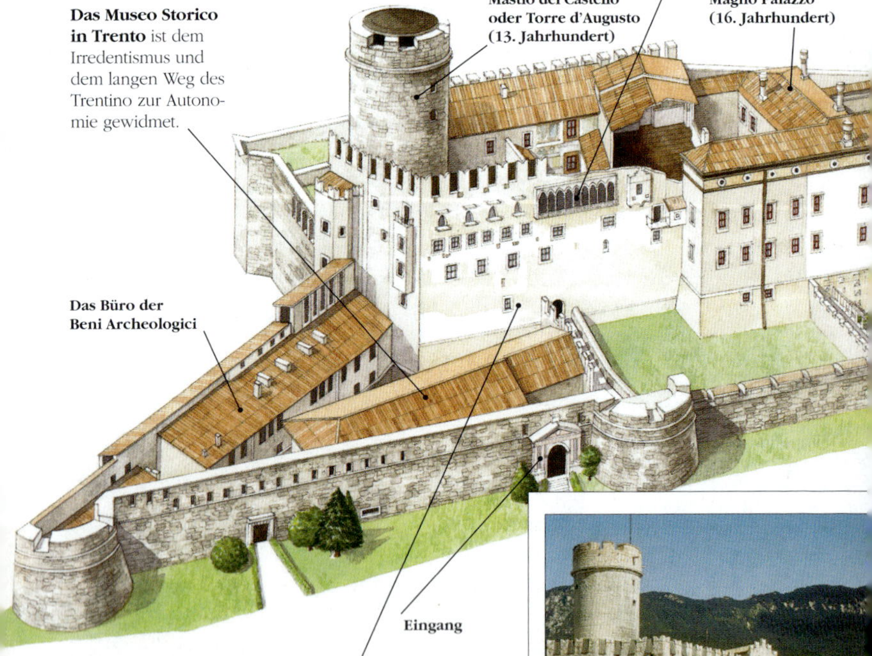

Nicht versäumen

- **★ Adlerturm**
- **★ Loggia des Romanino**
- **★ Gotisch-venezianische Loggia**

Der älteste Teil des Castello (13.–15. Jahrhun

Camera delle Udienze
Romanino hat sie mit Fresken ausgemalt: Über der Tür sehen wir die Bildnisse des Bernhard von Cles (links), Karls V. und Ferdinands I. von Habsburg

INFOBOX

Castello del Buonconsiglio und Museo Storico in Trento
Via B. Clesio 5. *0461 233 770.* *Mi–So 9–12, 14–17 Uhr.* *Mo, 1. Jan, 1. Nov, 25. Dez.*

★ Torre dell'Aquila
Sie ist mit den Fresken des berühmten Monatszyklus *(um 1400) ausgemalt, der das Leben der Bauern und Herren im Lauf des Jahres darstellt. Rechts das Fresko des Monats April.*

★ Loggia des Romanino
Auf den Cortile dei Leoni blickt diese Loggia von Alessio Longhi. Die Decke wurde von Romanino mit Darstellungen aus der Bibel, Mythologie und Geschichte ausgemalt.

)IE FÜRSTBISCHÖFE

Jm die Verbindungswege durch das Valle dell' ‚dige offen zu halten, statteten die Kaiser die ›ischöfe von Trento mit weltlicher Macht aus.)eren Herrschaft erstreckte sich schließlich auf as Trentino, Bozen und den Vinschgau. Frieden rachte das der Region nicht, die jahrhunderte-ıng vom Streit zwischen Papst und Kaiser und en Hegemonialansprüchen der Grafen von Tiɔl erschüttert wurde. 1514 kam in Trento Bernard von Cles auf den Bischofsthron. Es war die eit der Reformation, und auch in den Tälern es Trentino brachen Aufstände im lutherischen eist aus, die der Bischof gewaltsam unterdrück-:. Cles folgten andere Bischöfe wie Cristoforo ladruzzo: Unter ihm trat das von Papst Paul III. efordertе Konzil zusammen.

Museo Tridentino di Scienze Naturali

Via Calepina 14. 0461 270 311. Mi–So 9–12, 14.30–18 Uhr. 1. Jan, Weihn. nach Voranmeldung, 0461 270 320.

Schon im 18. Jahrhundert gab es eine Sammlung von Funden aus der Umgebung von Trento. Das ehrwürdige Naturkundemuseum ist seit 1975 in dem manieristischen **Palazzo Sardagna** untergebracht, der in einigen Räumen noch Fresken des 16. Jahrhunderts aufweist. Die paläontologische Abteilung zeigt Objekte aus Keramik, Holz und Bronze, die bei Ausgrabungen in prähistorischen und Pfahlbaudörfern der Region gefunden wurden. Die den Säugetieren gewidmeten Räume enthalten eine Schau der wichtigsten Tiere des Trentino in Nachbildungen ihrer Lebensräume (bemerkenswert der *Tridentinosaurus antiquus*, der vor über 260 Millionen Jahren gelebt hat). In den anschließenden Sälen sieht man Fische, Reptilien, Amphibien und Insekten. Besonders interessant sind schließlich die botanischen und mineralogischen Sammlungen, die durch eine kleine Abteilung komplettiert werden, die den Höhlen der Region gewidmet ist.

Santa Maria Maggiore

Piazza Santa Maria Maggiore. 0461 230 037. tägl. 7.30–12, 14.30–19 Uhr.

Sie steht an der Stelle einer Kirche aus dem 6. Jahrhundert, und wenn ihre Fassade auch Anfang des 20. Jahrhunderts unverantwortlich stillos restauriert wurde, zeichnet sie sich durch die verwandten Materialien – insbesondere den für die Stadt typischen rotweißen Stein – sowie durch ein imposantes Portal aus, das die Statuen von S. Pietro und S. Filippo Neri zieren. An der rechten Außenseite befindet sich ein zweites Portal, das aus dem 16. Jahrhundert stammt. Die Apsis ist mit den Wappen der Stadt Trento und des Fürstbischofs Bernhard von Cles geschmückt. Der Glockenturm enthält Teile eines mittelalterlichen Turms, der eine Barockkuppel erhalten hat; er ist über 50 Meter hoch und von kleinen romanischen Fenstern durchbrochen. Der Innenraum, in dem mehrere Konzilsitzungen stattfanden, hat trotz einer Reihe barocker Zufügungen viele Elemente der ursprünglichen Architektur bewahrt; aus dem Cinquecento sind die Gemälde und von 1534 die Reliefs, mit denen die Sängerkanzel geschmückt ist.

Portal (16. Jahrhundert) an der rechten Flanke der Kirche Santa Maria Maggiore

Torre Vanga

Via Torre Vanga. **Servizio Beni Culturali**, 0461 495 111. für die Öffentlichkeit.

Zum Schutz einer alten, nicht mehr existierenden Brücke wurde im 13. Jahrhundert am Etschufer ein Turm errichtet, der später den Namen des Bischofs erhielt, der ihn in Auftrag gegeben hatte. Über dem Bruchsteinmauerwerk der Untergeschosse erhebt sich der Backsteinbau, den Zinnen krönen, die sich auf dem Palazzo fortsetzen, der dem Turm angebaut ist. In einer der unsicheren Zeiten, die die Geschichte der Stadt erlebte, wurde Bischof Georg I. von Liechtenstein 1407 vom Stadthauptmann Rodolfo Belenzani verhaftet und hier gefangen gehalten.

Prähistorischer Dolch

San Lorenzo

Via A. Pozzo 2. 0461 981 569. tägl. 7–12, 15–19 Uhr.

Die zwischen Bahnhof und Busbahnhof stehende Kirche ist eine der ältesten von Trento. Sie wurde im 12. Jahrhundert als Teil einer Benediktinerabtei errichtet. Die Mönche, die in der Kultivierung der Ländereien Erhebliches geleistet hatten, gerieten wegen ihrer Macht in Streit mit dem Bischof, der sie 1235 zwang, in die Kirche Sant'Apollinare umzuziehen. Die nachfolgenden Dominikaner behielten sie bis 1778. Den heutigen Bau ohne das Kloster zeichnen sehr einfache Linien aus, seine Fassade schmücken ein Portal und zwei Fenster. Das dreischiffige Innere, das von zwei Reihen Säulen und Pfeilern gestützt wird und einen jüngst erhöhten Chor enthält, ist schlicht und ernst. Die Kirche überragt ein restaurierter romanischer Glockenturm.

Sant'Apollinare

Piazzetta Sant'Apollinare. 0461 235 625. tägl. 8.30–12, 15.30–18.30 Uhr.

Die Kirche Sant'Apollinare wurde 1320 am rechten Etschufer von Benediktinern aus der nahen Abtei San Lorenzo errichtet. Auf den ersten Blick erscheint sie fast fehl am Platz: Tatsächlich sieht sie wegen der enormen Steile ihrer Dächer weniger wie eine romanische Basilika, sondern eher wie eine Kirche aus Nordeuropa aus. Viele der zum Bau verwandten Materialien entstammten den Resten der römischen

Palazzo delle Albere, Sitz des Museo di Arte Moderna e Contemporanea di Trento e Rovereto

Stadt: Überall stößt man im Mauerwerk auf Inschriften und Fragmente bearbeiteter Steine. An der Basis des Glockenturms dagegen ist ein riesiger Sarkophag des 14. Jahrhunderts aufgestellt. Das zweijochige Innere mit Kreuzgewölben, das im 18. Jahrhundert durch die Erhöhung des Fußbodens stark verändert wurde, besitzt durch den Aufwärtssog, den das Spitzdach auslöst, einen ganz eigenen Reiz. Auf dem Hochaltar findet sich das Bildnis des *hl. Apollinaris* (1517) von Albrecht Altdorfer, an dessen Rückseite sich die *Kreuzigung* befand, die jetzt an der Innenfassade hängt; auf dem Altar links sehen wir eine *Madonna mit Kind* von Nicolò da Padova, die aus einer Außennische stammt.

Die Kirche Sant'Apollinare, Anfang des 14. Jahrhunderts von Benediktinern erbaut

Doss Trento

Auf eine hohe Felsenspitze hinter der Kirche Sant'Apollinare flüchteten sich früher bei Gefahr die Bewohner der Stadt. Heute erhebt sich dort das **Mausoleum Cesare Battistis**, ein weißer Bau in Form eines Rundtempels, der 1935 errichtet wurde und hinter dem sich die Überreste einer frühchristlichen Basilika verbergen sowie das **Museo Storico delle Truppe Alpine** in einem ehemaligen Pulvermagazin der Österreicher.

Fortunato Depero, *Ballerina Idolo* (1917)

MART – Museo di Arte Moderna e Contemporanea di Trento e Rovereto di Palazzo delle Albere

Via R. Da Sanseverino 45. *0461 234 860.* *Di–So 10–18 Uhr.* *1. Jan, Ostern, 1. Mai, Weihn.* *nach Voranmeldung.*

Die Bäume, auf die sich der Name des Palazzos bezieht, sind die Pappelreihen, die rechts und links der Allee standen, die das von Cristoforo Madruzzo in Auftrag gegebene Gebäude mit dem Stadtzentrum verband. Der alte Besitzer würde heute seine Villa »vor den Toren« sicher nicht mehr wiedererkennen, denn sie ist von anonymen modernen Bauten umringt. Der Bau des 16. Jahrhunderts auf quadratischem Grundriss mit vier Ecktürmen und Wassergraben war damals die Sommerresidenz der Fürstbischöfe, woran die in einigen Räumen entdeckten Freskenfragmente erinnern. Der Palazzo beherbergt heute das MART, das Museo di Arte Moderna e Contemporanea di Trento e Rovereto, eine der größten Kultureinrichtungen der Region. In den neun Ausstellungssälen werden neben Werken von Künstlern aus der Zeit des Sezessionismus (Ende des 19., Anfang des 20. Jahrhunderts), wie Giovanni Segantini, Luigi Bonazza, Tullio Garbari und Umberto Moggioli, auch zahlreiche Werke gezeigt, die unter anderem aus der Dauerleihgabe Giovanardi stammen und einen Querschnitt der besten italienischen Malerei des 20. Jahrhunderts bieten: Werke von Giorgio Morandi (darunter eine äußerst seltene futuristische Komposition von 1914 und einige der bedeutendsten Stillleben der 1950er Jahre), Carlo Carrà, Mario Sironi, Massimo Campigli und Filippo De Pisis. Interessant sind auch die Arbeiten aus der Zeit nach dem Zweiten Weltkrieg zwischen abstrakter Kunst und Informel, u. a. von Fontana, Vedova, Tancredi, Afro, Melotti und Licini.

Monte Bondone, sommers wie winters ein beliebtes Reiseziel

Monte Bondone ❷

Straßenkarte C4. **Pro Loco Tre Cime Monte Bondone** *Località Piazza, Garniga Terme, 0461 842 586.* **Pro Loco Monte Bondone** *0461 947 128.*

Die Nähe zu Trento (22 km) hat dieses Gebirge zu einem Urlaubsgebiet im Sommer wie im Winter gemacht. Sehr interessant ist der **Giardino Botanico Alpino** mit über 2200 Gebirgspflanzenarten aus aller Welt.

Giardino Botanico Alpino
Viotte di Monte Bondone. *0461 948 050.* *Juni, Sep 9–12, 14–17 Uhr; Juli, Aug 9–12, 14–18 Uhr.*

Castel Beseno ❸

Straßenkarte C4.

Mindestens seit dem 12. Jahrhundert schützt diese Festung den Eingang zum Val Lagarina. Die Trapps errichteten sie auf dem Felsen und umgaben sie mit einer zinnenbewehrten Ringmauer, die sie uneinnehmbar erscheinen lässt. Im Inneren der Wehranlage sticht unter den teilweise zerstörten Bauten der Palazzo dei Mesi hervor, der nach den Monatszyklus-Fresken (15. Jahrhundert) in seinem Innern benannt ist.

Castel Beseno
0464 834 600. *März–Mai, Okt Di–So 9–12, 14–17.30 Uhr; Juni–Aug 10–18 Uhr.* *1. Jan, 1. Nov, 25. Dez.*

Hochebenen von Folgaria, Lavarone und Luserna ❹

Straßenkarte C4/5. **APT degli Altipiani di Folgaria, Lavarone e Luserna** *Via Roma 67, Folgaria, 0464 721 133.* *Mo–Sa 9–12, 16–19 Uhr; So, Feiertage 10–12.30 Uhr.*

Dichte Buchen- und Fichtenwälder bedecken die Berge im südöstlichen Trentino, einer idealen Wandergegend. **Folgaria** ist zudem besonders bei Skifahrern beliebt. Auf den Hochebenen gibt es außerdem zahlreiche Beispiele traditioneller Architektur der zimbrischen Bevölkerung, die im 13. Jahrhundert von nördlich der Alpen kam und **Luserna** besiedelte. Und zahlreich sind auch die Erinnerungen an den Ersten Weltkrieg, als hier schwere Kämpfe stattfanden. In der Nähe von **Lavarone** ist z. B. das Fort Belvedere erhalten, das 1908–14 erbaut wurde.

Fort Belvedere
Lavarone.
Comune *0464 783 179.*
APT Fraz. Gombi *0464 783 226.*
Turismo Lavarone *0464 783 335.* *Ostern–Okt 9–18 Uhr.* *Mo, außer Juli, Aug.*

Rovereto ❺

Straßenkarte C4. *33 100.* *Piazzale Orsi, 0464 433 644.* **APT** *Corso Rosmini 6a, 0464 430 363.* *Di.*

Das Zentrum von Kunst und Kultur, Rovereto, im Mittelalter als *Roboretum* gegründet, wuchs zunächst unter der Herrschaft der Castelbarco, später Venedigs (1416 bis 1509) heran. Das Tor Venedigs nach Europa spezialisierte sich auf die Seidenraupenzucht und Seidenverarbeitung. Unter habsburgischer Herrschaft wurde 1750 die Accademia degli Agiati gegründet, und wenige Jahre später gab Mozart hier seine ersten zwei Konzerte in Italien. Das **Museo Civico**, 100 Jahre später gegründet (und eines der ersten in Italien), zeigt erdkundliche, paläontologische, numismatische und archäologische Sammlungen. Die Hauptstraße der Stadt ist der Corso Rosmini, benannt nach dem Philosophen Antonio Rosmini (1797–1855), der hier geboren wurde. Auf derselben Straßenseite wie sein Geburtshaus steht das moderne Gebäude des **Archivio del '900**, eine der zwei Filialen des Museo di Arte Moderna e Contemporanea di Trento e Rovereto (MART) in dieser Stadt. Hier wird im Rah-

Das Kastell in Rovereto, Sitz des Museo della Guerra (Kriegsmuseum)

Das Kastell in Avio (11. Jahrhundert)

men von Themenausstellungen die futuristische Sammlung des Museums mit Werken von Balla, Depero, Dottori, Crali und Prampolini gezeigt. Von der Piazza Rosmini gelangt man in die Altstadt: An der Via della Terra liegen die Kirche **San Marco** (15. Jahrhundert) mit barockem Inneren und das **Casa-Museo Fortunato Depero** in einem Palazzo, dessen Einrichtung mit Werken aus allen Epochen seines Schaffens (Malerei, Theater, Werbung, Kunstgewerbe) der Künstler selbst besorgte. Von hier kommt man zur Piazza del Municipio und sieht rechter Hand die lange Front des **Palazzo Pretorio** von 1417 mit Umbauten aus dem 16. (Fenster) und 18. Jahrhundert (Eingangsportal). Von der Piazza sieht man in der Höhe das **Kastell**, zu dem sich ein schöner Stufenweg hinaufwindet. Sein Äußeres stammt aus der Zeit der Herrschaft Venedigs, dem es den polygonalen Grundriss, die Wachtürme und das Glacis verdankt, erbaut aber haben es die Castelbarco aus Resten einer Festungsanlage des 12. Jahrhunderts. Das **Museo della Guerra** (Kriegsmuseum) in seinem Inneren zeigt seit 1921 Schaubilder von Schlachten, Waffen jeder Art und Erinnerungsstücke.

Museo Civico
Borgo Santa Caterina 41.
0464 439 055.
Di–So 9–12, 15–18 Uhr. *1. Jan, 5. Aug, 2. Nov, Ostern, Weihnachten.* *nach Voranmeldung.*

MART Archivio del '900
Corso Rosmini 58.
0464 438 887.
Di–So 9–12.30, 14.30 bis 18 Uhr. *1. Jan, 1. Mai, Ostern, Weihnachten.*

MART Casa-Museo Fortunato Depero
Via della Terra 53.
0464 434 393.
wegen Renovierung.

Castello
Piazza del Podestà.
0464 438 100.
März–Juni 8.30–12.30, 14–18 Uhr; Juli–Sep Di–Fr 10–18 Uhr, Sa, So 9.30–18.30 Uhr. *nach Voranmeldung.*

Museo della Guerra
Via Castelbarco 7. *0464 438 100.* FAX *0464 423 410.* *März–Juni, Okt–Nov 8.30–12.30, 14–18 Uhr; Juli–Sep Di–Fr 10–18 Uhr, Sa–So 9.30–18.30 Uhr.*

Ala ❻

Straßenkarte B5. *7200.* FS *0464 671 063.* *ab Trento.* *Di, Sa.*

SAMTSTOFFE MACHTEN diesen Ort reich, der heute auch wegen des Marzemino-Weins bekannt ist, der von den Weinbergen der Umgebung stammt. In der Höhe ragt die Kirche **Mariä Himmelfahrt** auf, die wie das ganze historische Zentrum barock ist. Eine Kuriosität ist das **Museo del Pianoforte Antico** (Klaviermuseum).

Museo del Pianoforte Antico Via Santa Caterina 1.
0464 670 636. *1. So im Monat 17 Uhr.* *nach Vereinbarung.*

Avio ❼

Straßenkarte B5. *3900.* *ab Trento.* *Fr vorm.*

AVIO, IM ZENTRUM eines Weinbaugebiets gelegen, war seit je das »Südtor« des Trentino. Beweis dafür ist das riesige Ausmaß des Kastells, das – 1053 gegründet – die Festung der Castelbarco war und später zu einem Wehr- und Wohnbau umgestaltet wurde. Einen Besuch des **Kastells** und des Bergfrieds lohnen sowohl die Räume als auch die Fresken: Von diesen sind hochbedeutend die Zyklen der Casa delle Guardie und der Camera dell'Amore, beide von etwa 1310–20, möglicherweise von einem gotisch beeinflussten Veroneser Maler.

Castello di Avio
Via al Castello (Sabbionara).
0464 684 453.
Feb–Sep Di–So 10–13, 14–18 Uhr; Okt–16. Dez Di–So 10–13, 14–17 Uhr. *17. Dez–Jan.* *nach Vereinbarung.*

MONTE PASUBIO

Einige wichtige Schlachten des Ersten Weltkriegs tobten im Gebirge im Südosten des Trentino an der Grenze zum Veneto auf zwar relativ niedrigen, aber strategisch wichtigen Erhebungen, denn von hier konnte man die Po-Ebene beherrschen. Wie der Krieg in diesem Gebiet aussah, daran erinnern die Schanzen, die zwischen 1914 und 1918 entstanden: der Havet-Tunnel und die Straße der Helden, die man vom Pian delle Fugazze durchquert.
Der Opfer gedenkt der Sacrario Ossario del Pasubio, wo die sterblichen Überreste von mehr als 5000 österreichischen und italienischen Soldaten ruhen.

Kriegerdenkmal auf dem Monte Pasubio

Das Innere der Stiftskirche Mariä Himmelfahrt in Arco

Torbole ❽

Straßenkarte B5. *2300.* *ab Rovereto, Trient und Arco.* **APT del Garda Trentino** *Via Lungolago Verona 19, 0464 505 177.* *Di.*

DIESES DORF ist in ganz Europa berühmt, und zwar wegen des Nordwindes, der im Sommer regelmäßig ab Mittag zur Freude der Segler und Surfer über den Gardasee bläst. Auf diesem berühmten Gewässer besiegte 1440 Venedig die Mailänder Visconti derart vernichtend, dass diese ihr Ziel, den See zu beherrschen, endgültig aufgaben.

Arco ❾

Straßenkarte B5. *14 000.* **APT del Garda Trentino** *Viale Palme 1, 0464 516 161, 0464 532 255.* *www.gardatrentino.it, www.gardaqui.it* *1. Mi im Monat; Sommer: 1. und 3. Mi im Monat.* *Großer Karneval von Arco.*

ARCO, VON DEN Römern gegründet, dann langobardisches und karolingisches Zentrum, entwickelte sich um die Burg der Grafen d'Arco herum. Ihre Glanzzeit waren das 14. und 15. Jahrhundert. Im 19. Jahrhundert begann dagegen die Entwicklung des Städtchens als Luftkurort, den der Hof der Habsburger gern besuchte und woran das Gebäude des ehemaligen **Casinos** erinnert. Das **Rathaus**, das aus dem 17. Jahrhundert stammt, erhebt sich an der Piazza 3 Novembre; davor steht der barocke **Mosesbrunnen**.

Ebenfalls an diesem Platz befinden sich der **Palazzo Marchetti** aus dem 16. Jahrhundert und die reich im palladischen Geschmack verzierte **Stiftskirche Mariä Himmelfahrt (dell'Assunta)** aus der ersten Hälfte des 17. Jahrhunderts mit ihren sehenswerten Barockaltären. Die **Burg**, 20 Minuten über eine steile, zwischen Oliven und Zypressen verborgene Straße vom Ort entfernt, beherrscht das Sarcatal und den Gardasee, auf die sie einen hinreißenden Blick bietet. Die Feste, im 12. Jahrhundert zuerst erwähnt – die Torre Renghena stammt allerdings bereits aus dem 6. Jahrhundert –, wurde von den Herren d'Arco schon im 16. Jahrhundert aufgegeben, doch erst die Franzosen zerstörten sie 200 Jahre später. Gotische Freskenreste sind in der Sala dei Giochi erhalten.

Valle dei Laghi ❿

Straßenkarte B5. **Pro Loco Valle dei Laghi** *Via Roma 61/1, Vezzano, 0461 864 400.*

EINE REIHE kleiner Seen liegt nördlich von Arco. Sie verdanken ihre Entstehung der letzten Eiszeit und verleihen der Landschaft, die von hohen Bergen umschlossen und mit zahlreichen Burgen besetzt ist, etwa Liebliches. Die erste Burg, auf die wir stoßen, ist die von **Drena**, einem der ältesten befestigten Orte des Trentino. Anfang des 18. Jahrhunderts von den Franzosen zerstört, wird sie vom Bergfried überragt, der eine herrliche Aussicht bietet.

In einem anderen See spiegelt sich **Castel Toblino**, schon im 12. Jahrhundert auf einer Halbinsel erbaut, im Auftrag Bernhards von Cles im 16. Jahrhundert umgebaut, dann im Besitz der Madruzzo. Einige Bauelemente verweisen auf Architektur, die von nördlich der Alpen stammt, z. B. das stumpfe Turmdach und die Galerien aus Holz im Innenhof; andere wieder sind italienischer, wie die Form der zinnenbesetzten Mauern und die auf Säulen ruhende Loggia im Hof.

Castel Drena
0464 541 220. *Nov–März Sa, So 10–18 Uhr; Apr–Okt Di–So 10–18 Uhr.*

Castel Toblino *0461 864 036.* *für die Öffentlichkeit.*

Das Kastell von Arco, hoch über dem Gardasee und dem Sarcatal

Der Hafen von Riva del Garda mit Burg und Laubengängen

Riva del Garda ⓫

Straßenkarte B5. *14 000.* **APT del Garda Trentino** *Giardini di Porta Orientale 8, 0464 554 444.* *2. Mi im Monat; Sommer: 2. und 4. Mi im Monat.*

DAS IN GANZ EUROPA berühmte touristische Zentrum war in der Vergangenheit das Ziel vieler Protagonisten der internationalen Literaturszene: Goethe, Stendhal, Th. Mann, Nietzsche und D. H. Lawrence hielten sich hier längere Zeit auf. Der von Römern gegründete Ort wurde Lehen der Bischöfe von Trento, lockte durch die wachsende Bedeutung des Hafens das Kapital der Renaissancebanken an und weckte das Interesse Venedigs und Mailands. Brennpunkt von Riva ist der Seehafen, hinter dem sich eine Reihe venetischer und lombardischer Gebäude, teils mit Laubengängen, erheben. Das **Rathaus** von 1482 ist durch den Bogen der Porta Bruciata mit dem Palazzo Pretorio (1375) verbunden. Davor ragt die Torre Apponale auf, von alters her Stützpunkt der Händler, die im Hafen anlegten. Im Zentrum der Bucht von Riva steht die mächtige **Burg** von 1124, die mehrmals umgebaut und schließlich habsburgische Kaserne wurde. Ihre Uneinnehmbarkeit wird noch heute deutlich: Nur eine Brücke verbindet sie mit dem Ufer, und hohe Mauern spiegeln sich in einem Wassergraben, der mit dem Burgfried und den vier Ecktürmen zur Verteidigung beitrug. Das Innere, in dem es nur noch wenige Reste der Freskenmalereien des 16. Jahrhunderts gibt, nimmt zum Teil das **Museo Civico** ein, genauer gesagt die Gemäldegalerie mit Werken vom 15.–20. Jahrhundert, darunter vielen klassizistischen Gemälden von Giuseppe Craffonara. Die **Pfarrei Mariä Himmelfahrt** am Rande des alten umwehrten Ortes und nahe der mittelalterlichen **Porta San Michele** ist vor 1100 erbaut worden. Ihr heutiges Aussehen verdankt sie Umbauten des 18. Jahrhunderts. Am Ende der Via Roma steht die kleine barocke **Kirche dell'Inviolata**, ab 1603 auf Wunsch der Fürstbischöfe von Trento, der Madruzzo, errichtet, um ein sehr verehrtes Fresko zu schützen. Der achteckige Innenraum hat in der Wölbung und den Nischen Fresken. Einige Altarbilder sind von Palma il Giovane.

Museo Civico
Piazza Battisti 3. *0464 573 869.* *Winter: Di–So 9.30–17.30 Uhr; 15. März–3. Nov Di–So 9.30–12.30, 14.30–18 Uhr.* *1. Jan, Ostern, 2. Nov, Weihn.*

Valle di Ledro ⓬

Straßenkarte B5. *ab Riva del Garda.* **Pro Loco Valle di Ledro** *Piazza Garibaldi 14, Bezzecca, 0464 591 222.*

IN DAS WASSERKRAFTWERK, das man von der Seepromenade in Riva del Garda aus sehen kann, fließt das Wasser des höher gelegenen Lago di Ledro, der am Ostausgang des gleichnamigen Tales liegt. Dieses hängt gleichsam über dem Gardasee, und die Berge, die es umgeben, haben einen alpinen Charakter. Auf den Lago di Ledro stößt die Straße bei **Molina di Ledro**, das 1929 durch die Entdeckung eines Pfahlbaudorfs aus der Bronzezeit berühmt wurde. Eines dieser Häuschen ist am Seeufer rekonstruiert worden, während die bei den Grabungen gefundenen Objekte (aus Keramik, Bronze und Knochen) zum Teil im **Museo delle Palafitte** zu sehen sind. Hier kann man sich ein Bild vom Leben im 2. Jahrtausend v. Chr. machen. Eine der vielen berühmten Handlungen Garibaldis im italienischen Risorgimento fand im nahen **Bezzecca** statt. Hier sprach der Held der Einigung Italiens das schicksalhafte Wort: »Obbedisco« (ich gehorche), mit dem er sich dem königlichen Befehl beugte, die Operationen gegen die Österreicher einzustellen. Im Ort erinnern der Name des Hauptplatzes, das Garibaldi-Museum und das Gefallenendenkmal in der ehemaligen Kirche Santo Stefano (16. Jahrhundert) an diese Ereignisse.

Museo delle Palafitte
Molina di Ledro. *0464 508 182.* *Mitte Sep–Mitte Juni Di–So 9–13, 14–17 Uhr; Mitte Juni–Mitte Sep Di–So 10–13, 14–18 Uhr; Dez Sa, So.* *1. Jan, 1. Nov, Weihn.*

Museo Garibaldino
Bezzecca. *0464 590 047.* *Juni–Sep 10–18 Uhr; Okt–Mai nach Voranmeldung.* *Jan–Feb.*

Pfahlbauten im Valle di Ledro

DAS WESTLICHE TRENTINO

Hier das mondäne und exklusive Madonna di Campiglio, dort die einsamen Wanderungen zu den Gipfeln der Dolomiti di Brenta. Hier die Fresken des bergamaskischen Malers Baschenis, dort die Orte der blutigen Schlachten des Ersten Weltkriegs. Hier die eindrucksvollen Wasserfälle von Nardis, dort das glasklare Wasser der Seen von Andalo und Molveno.

Die Valli Giudicarie, das Val di Non und das Val di Sole bieten ein äußerst buntes und vielgestaltiges Bild der autonomen Provinz. Und das ist nicht anders zu erwarten, da alle drei zwar durch eiszeitliche Gletscherbewegungen entstanden sind, aber recht unterschiedliche historische Schicksale erfahren haben; und erst seit dem 19. Jahrhundert stellt der Fremdenverkehr ein verbindendes Element dar. Das unterschiedliche Los haben sie zum Teil ihrer Lage zu verdanken. Die Valli Giudicarie und das Val di Sole sind seit eh und je die Kontaktstelle schlechthin zwischen dem Trentino und der Lombardei; das belegen in der Kunst und Architektur die hier tätigen Handwerker aus Bergamo und dem Veltlin, die Kirchen bauen und sie innen und außen mit Fresken bemalen. Das Val di Non dagegen hat seit ewigen Zeiten Tirol als Bezugspunkt: Die heutige Grenze zwischen Trentino und Südtirol z.B. folgt der zwischen den Herrrschaftsgebieten der Habsburger und der Fürstbischöfe von Trento. Bis auf die frühe Besiedlung und die Kontrolle durch Rom verlief auch ihre Geschichte unterschiedlich. So wurden die Valli Giudicarie von Trento durch Gerichtspfarreien gelenkt, während die Valli di Non und di Sole andere Herren kannten. Während erstere auch vom Handel mit der nahen Lombardei lebten, waren die beiden letzteren Täler lange Durchgangsgebiete für das Eisen, das in den Bergen gewonnen wurde. Erst im 18. Jahrhundert tauchten die ersten Apfelgärten auf, heute dank einer immer spezialisierteren und umweltverträglicheren Produktion einer der Schwerpunkte der landwirtschaftlichen Produktion in den Tälern.

Eine Ansicht des Val Rendena: Wiesen, Wälder und Dolomitengipfel der Brentagruppe

◁ **Der Lago di Tovel, den das einst sich rot färbende Wasser berühmt gemacht hat**

Überblick: Das westliche Trentino

Die Adamello-Brenta-Gruppe bildet den geografischen Mittelpunkt des Westteils der Provinz. Das Gebirge trennt das Valle dell'Adige vom Sarca-Tal. Es weist viele majestätische Gipfel und zahlreiche wildromantische Täler auf. In dieser alpinen Region gibt es dichte Wälder neben endlosen Obstgärten. Außerdem kann man hier viele Meisterwerke der Kunst entdecken, und auch Bräuche sowie Traditionen aus der Vergangenheit sind im westlichen Trentino äußerst lebendig.

Almen und Wälder des Val Rendena, die von den Dolomitengipfeln der Brentagruppe überragt werden

Legende

- Autobahn
- Hauptstraße
- Nebenstraße
- Panoramastraße
- Fluss

Im westlichen Trentino unterwegs

Das recht gute Straßennetz beruht auf den (Staatsstraßen) SS 237 und SS 239, die durch die Valli Giudicarie bis nach Madonna di Campiglio hinaufführen, auf der SS 42 (Tonalepass), die sich durch das Val di Sole windet, auf der SS 43, die von der Piana Rotaliana das Val di Non bis nach Cles durchläuft, und auf der SS 421 zum Altopiano della Paganella. Zugreisenden steht die Strecke Trento–Malè zur Verfügung, die erste elektrifizierte Italiens (1909). Auch das Busnetz ist recht vielfältig.

Die Wallfahrtskirche San Romedio, eine faszinierende Stilmischung

Sehenswürdigkeiten auf einen Blick

Der verschneite Altopiano della Paganella, ideal für den Skilanglauf

Siehe auch

- ***Übernachten*** S. 170f
- ***Restaurants*** S. 178f

Das Castel Santa Barbara (12. Jahrhundert) nahe Lodrone

Valli Giudicarie ❶

Straßenkarte A/B4/5. *ab Trento.* **Pro Loco Val del Chiese** *Via XXIV Maggio 115, Lodrone, 0465 685 033;* **Pro Loco Alta Val Giudicarie** *Via Brescia 62, Lardaro, 0465 901 217;* **Pro Loco Giudicarie Centrali** *Via D. Chiesa 3, Tione di Trento, 0465 323 090.*

Mit Valli Giudicarie bezeichnet man den Teil des südwestlichen Trentino, der als Hauptachsen die Flüsse Chiese und Sarca hat; der Name stammt von den Richtern *(giudici),* die das Land im Namen der Fürstbischöfe in Trento verwalteten. Hier herrschen die Berge vor, auch wenn sich im Tal weite, mit Getreide bestellte Ebenen öffnen; und hier liegen auch die Gemeinden, die von jeher auch vom Handel und den Kontakten mit der nahen Lombardei leben. Der Name des Ortes **Lodrone** an der Südwestspitze der Valli Giudicarie, fast an der Grenze zur Lombardei, erinnert an eine der Familien, die im Mittelalter das Trentino beherrschten: die Lodrón, denen das **Castel Santa Barbara** gehörte, das auf einer Felsspitze thront. Der Bau, schon im 12. Jahrhundert erwähnt, wurde von den Franzosen und später von den Truppen Garibaldis zerstört. Dass die Malerfamilie Baschenis hier durchzog, zeigen die Fresken in der **Pfarrkirche dell'Annunciazione** (1499) im Ortszentrum. Für den Schutz der Einmündung des Val d'Ampola in das Val del Chiese sorgt **Storo**, das genau dort liegt, wo die Ampola sich zu einer schmalen, tiefen Klamm verengt. Ein Glockenturm zwischen den Häusern zeigt die **Pfarrkirche San Floriano** an, 1199 errichtet, aber mehrmals umgebaut: so im 16. Jahrhundert, aus dem das Bildnis des San Floriano auf dem Hochaltar stammt, möglicherweise ein Werk von Romanino, sowie die *Fußwaschung,* vielleicht von Veronese, rechts im Chor. Etwas außerhalb des Ortes liegt die **Kirche San Lorenzo** von 1515, deren Chor und Apsis von den Baschenis mit Fresken ausgemalt wurden. Im Flecken **Condino** hatte im Mittelalter die gleichnamige Pfarrei *(pieve)* ihren Sitz, einer der Gerichtsbezirke, deren Verwaltung die Valli Giudicarie unterstanden. Condino war damals ein wichtiger Ort, was einige Bauernhäuser mit Holzgalerien und breiten Dächern und seine Kirchen belegen. In der Ortsmitte steht die **Kirche San Rocco** (Ende 15. Jahrhundert), an der zuerst das kuriose Glockentürmchen aus Stützmauerwerk und dann das große *San-Cristoforo*-Fresko an der Fassade auffallen, ein Werk der Baschenis. Ein wenig isoliert am Ortsausgang steht die **Pfarrei Maria Assunta**, eine der interessantesten Sakralbauten des Trentino, insofern als er die enge künstlerische und architektonische Bindung der Valli Giudicarie an die Lombardei belegt. Von dort kamen sowohl die Architekten, die 1505 die schon früher bestehende Kirche wiederaufbauten (bedeutend das Marmorportal in der Fassade, das Heiligenköpfe zieren und das mit einem Relief bekrönt ist), als auch die Künstler, die größtenteils Schöpfer der Bilder im Inneren sind, unter ihnen Moretto aus Brescia, von dem vielleicht das Fresko *Madonna mit Heiligen* an der Innenfassade stammt. Von den Ortsteilen, die die weit verstreute Gemeinde **Pieve di Bono** bilden, auch sie im Mittelalter Sitz einer Gerichtspfarrei, ist **Creto** der künstlerisch reichste. Ehe man dorthin

Die *Kreuzigung* in der Kirche Santa Giustina in Pieve di Bono

gelangt, bemerkt man rechts im Gebirgspanorama die Ruine einer weiteren Burg: das Castel Romano, schon im 12. Jahrhundert erwähnt und im Besitz der Lodrón. Im Ort selbst ist die **Pfarrei Santa Giustina** sehenswert, deren Äußeres spätes 16. Jahrhundert, die aber selbst viel älter ist; aus dem 18. Jahrhundert sind die Bilder von Franz Sebald Unterperger im Längsschiff, aus dem 15. das Kreuzigungs-Fresko in der Apsis, das möglicherweise von Giovanni Badile stammt. Die wichtigste der sieben Gerichtspfarreien der Valli Giudicarie hatte ihren Sitz in **Tione di Trento**, das an der Stelle liegt, wo das Val del Chiese in das Val Rendena und das ostwärts verlaufende Sarca-Tal mündet. Diese Position hat den Ort seit seiner Gründung zu einem Handelszentrum bestimmt und daher reich gemacht, was wiederum die Kirchen belegen, wie im Ortszentrum die Pfarrei Mariä Himmelfahrt aus dem 12. Jahrhundert (öfter umgestaltet). Im Inneren verdienen hier besondere Aufmerksamkeit das Marmortaufbecken von 1496, die hölzerne Skulptur *Madonna mit Kind* (16. Jahrhundert) von Matteo Olivieri und, auch wenn es etwas beschädigt ist, das Fresko *Madonna mit Kind* von Simone II Baschenis aus der gleichen Zeit. An der Kirche San Vigilio, etwas außerhalb des Ortes, belegen der Campanile und die Freskenreste deren Ursprung im 15. Jahrhundert.

Die Kirche San Vigilio (15. Jahrhundert) in der Nähe von Tione

Das Castel Stenico (12. Jahrhundert) bewacht die Valli Giudicarie

Stenico ❷

Straßenkarte B4. *1000.* FS *ab Trento.*

AUCH DER HERRSCHER der Giudicarie-Täler bewegte sich einst durch die Räume der **Burg**, die den Ort inmitten einer Gebirgslandschaft voller Wälder und Obstgärten beherrscht. Diese Feste, die wie ein uneinnehmbares Adlernest wirkt, wird bereits 1163 in Urkunden erwähnt. Für alle Fürstbischöfe von Trento war sie ein so wichtiger Außenposten zur Kontrolle der Valli Giudicarie, dass sie den Beinamen »Auge des Fürsten« erhielt. Wichtiger als sie war nur das Castello del Buonconsiglio in Trento. Ihr Inneres, im Auftrag Bernhards von Cles im 16. Jahrhundert mit Renaissancefresken ausgemalt, enthält verschiedene Sammlungen: Gemälde des 16.–18. Jahrhunderts, Waffen, Wäsche, Gerätschaften des 16.–19. Jahrhunderts und prähistorische Funde aus Fiavè.

UMGEBUNG: In **Fiavè**, etwa elf Kilometer südwestlich am gegenüberliegenden Talhang, ist ein prähistorisches Dorf entdeckt worden, das sich unter einer Torfschicht erhalten hat. Die Siedlung, heute Teil eines archäologischen Parks, war von etwa 2100–1200 v. Chr. bewohnt. Der Park ist wegen seines großen Artenreichtums an Pflanzen und Tieren auch naturwissenschaftlich interessant.

Castel Stenico
0465 771 004. *Okt–März Di–So 9–12, 14–17 Uhr; Apr–Sep 9–12, 14.30–17.30 Uhr.* *Mo, 1. Jan, 1. Nov, Weihn.*

Parco archeologico di Fiavè
Centro Interattivo Visitatori: *Piazza San Sebastiano 24, Fiavé.*
APT *0465 702 626.*
Juli, Aug Di–Sa 9–12, 15–18.30 Uhr; So 9–12.30 Uhr; in anderen Monaten nur nach Voranmeldung.
Pfahlbauten: *immer geöffnet.*

Der alte Glockenturm der kleinen Kirche San Zeno in Fiavè

Das Val Rendena, von Sant'Antonio di Mavignola aus gesehen

Val Rendena 3

Straßenkarte B4. *ab Trento.*
APT Madonna di Campiglio-Pinzolo-Val Rendena
Via Pradalago 4, Madonna di Campiglio, 0465 442 000.
www.campiglio.net
info@campiglio.net
www.valrendena.com
info@valrendena.com
Piazzale Ciclamino 36, Pinzolo, 0465 501 007.
apt.pinzolo@trentino.to
Pro Loco Carisolo *Via Campiglio 9a, 0465 501 392.*

Der Name des Tals, das von der jungen Sarca durchflossen wird, soll vom deutschen Begriff *Rand* abgeleitet sein. Im Gegensatz zum Rest der Valli Giudicarie, von denen es eine der Gerichtspfarreien war, steht hier ausnahmsweise keine Burg. Die Bergwelt des Naturparks Adamello-Brenta *(siehe S. 82f)* weist dichte Nadelwälder und fast grenzenlos erscheinende Almen auf, beispielsweise um Pinzolo und, weiter oberhalb, nahe dem überfüllten und mondänen Madonna di Campiglio. Verlässt man Tione di Trento, führt die Straße über eine wellige Ebene zunächst am rechten Ufer der Sarca entlang, wo man auf eine Reihe kleiner Orte stößt, hinter denen das Gebirge aufragt. Die Malerfamilie Baschenis war auch in diesem Teil der Valli Giudicarie aktiv. Zum ersten Mal begegnet man ihr in **Iavrè** in der Kirche Mariä Himmelfahrt – am Ortseingang –, in der Simone II Baschenis tätig war. Nahe dem Friedhof von **Pelugo** hat die Kirche Sant'Antonio von ihrer romanischen Gründung nur den Glockenturm bewahrt, der Rest wurde im 15. Jahrhundert umgebaut und innen wie außen von Cristoforo I und Dionisio Baschenis mit Fresken geschmückt. Im Nachbarort **Spiazzo**, in dem der hl. Vigilius, Bischof und Beschützer Trentos, den Märtyrertod erlitt, steht die Gerichtspfarrei San Vigilio, kurz nach dem Tod des Geistlichen (405) gegründet, aber im 16. Jahrhundert umgestaltet und mit Fassadenmalereien von Simone II Baschenis verziert; im Ort lohnt auch die **Mostra della Guerra Bianca Adamellina 1915–18** einen Besuch, die (mit Waffen, Uniformen und verschiedenen Objekten) an den Ersten Weltkrieg erinnert. In **Caderzone** beweist nur der kleine Campanile, dass die Pfarrkirche San Biagio (19. Jahrhundert) viel ältere Ursprünge hat. Auch die Kirche Santa Lucia in **Giustino** wurde im 19. Jahrhundert restauriert, ohne jedoch die älteren Werke wie den monumentalen Altar des 16. Jahrhunderts und die Fresken von Simone Baschenis aus der gleichen Zeit gänzlich zu tilgen. Dieser Maler war 1534/35 auch in der kleinen Kirche San Giovanni im nahen **Guardia** und in der Kirche San Giovanni Battista in **Massimeno** tätig.

Die Hotels am Ortseingang von **Pinzolo** sind sehr alt. Tatsächlich kamen schon im 19. Jahrhundert die ersten Besucher in diesen Teil des Val Rendena, angelockt von einer Gebirgslandschaft, in der die Gipfel über 3000 m in den Himmel ragen. Davor waren die Fürstbischöfe von Trento die Herren dieser Region gewesen, unter denen die Baschenis bis hier vordrangen, um wohl eines ihrer größten Meisterwerke zu schaffen. Um es zu sehen, muss man durch das ganze Dorf bis zur Drahtseilbahn spazieren. Hier steht auf einer grünen Wiese direkt am Friedhof die **Kirche San Vigilio**, vor 1000 gegründet – wie der steinerne Glockenturm belegt –, aber im 15. Jahrhundert umgebaut und 1515 erweitert. Mehr als 21 Meter lang erstreckt sich über die Außenmauer das Fresko *Totentanz* (1539) von Simone II Baschenis, der das Werk siegelte, das mit dem Motto »io sont la morte che porto corona« (Ich bin der Tod, der die Krone trägt) die

Teil des Freskos *Totentanz* von Simone II Baschenis in der Kirche San Vigilio in Pinzolo

Eitelkeit alles Irdischen verdeutlichen sollte. Dieses Thema nimmt aber nur eines der drei Freskenbänder ein; auf den anderen dagegen sind die sieben Todsünden und einige Heilige dargestellt. Das Ganze zählt mehr als 40 Figuren, außerdem einige Textbänder. Simone II arbeitete zusammen mit seinem Bruder Angelo auch im Inneren, wo in der Apsis auf 26 Feldern das *Leben des hl. Vigilius* erzählt wird; Aufmerksamkeit verdient insbesondere die *Auferstehung Christi*, auf der der Hahn, die Lanze und der Krug die Symbole des Weges zur Seligkeit sind. In Pinzolo steht außerdem ein Bronzedenkmal, dass an die Scherenschleifer erinnert, die von hier auswanderten, um woanders ihr Glück zu suchen.

Die Kirche Santo Stefano am Eingang des Val di Genova

Das bedeutendste Bauwerk im Dorf **Carisolo** an der Mündung des wilden und majestätischen Val di Genova in das Val Rendena ist nicht die **Kirche San Nicola** (äußerlich 18. Jahrhundert, jedoch tatsächlich viel älter), die man links am Ortseingang am Campanile erkennt, sondern die **Kirche Santo Stefano**, zu der ein schöner Spaziergang in Richtung Friedhof führt. Sie wurde auf einem Felsen über der Mündung des Val di Genova im romanisch-gotischen Stil errichtet und hat trotz der vielen Umgestaltungen die hinreißenden Fresken bewahrt, die Simone II Baschenis 1519 und 1534 gemalt hat; eines der Themen ist erneut der *Totentanz,* während der Heilige, dessen Leben geschildert wird, hier der hl. Stephan ist. Der legendäre Zug Karls des Großen über den Passo Campo Carlo Magno erscheint in der Taufszene im Kircheninneren.

Mostra della Guerra Bianca Adamellina 1915–18

Spiazzo. *0465 801 760.*

wegen Umzug bis 2004. Neue Adresse und Öffnungszeiten tel. erfragen.

Madonna di Campiglio ❹

Straßenkarte B3. *ab Trento.*

APT Madonna di Campiglio-Pinzolo-Val Rendena

Centro Rainalter, Pinzolo, 0465 442 000.

www.campiglio.net

info@campiglio.net *Di.*

Bis zum Jahr 1872 war das einzige Bauwerk im Bereich der Ortschaft ein im 12. Jahrhundert erbautes Hospiz für die Wanderer, die die Berge der Umgebung erkundeten. In jenem Jahr ließ Giovan Battista Righi das Haus, das er gekauft hatte, abreißen und ersetzte es durch ein Hotel. Zugleich baute er eine Straße nach Pinzolo. So entstand Madonna di Campiglio, das zu einem der berühmtesten Ferienorte des Trentino wurde und heute völlig modern erscheint, umgeben von Bergen, die ein Paradies für Skiläufer und Wanderer sind. Etwas vom Alten ist aber geblieben. Die **Kirche Santa Maria Antica** zum Beispiel stammt aus dem Jahr 1895 und enthält ein Triptychon aus der zweiten Hälfte des 15. Jahrhunderts und ein Kruzifix aus dem 12. Jahrhundert. Außerdem ein paar alte Hotels, wie das berühmte **Hotel Des Alpes** (eben jenes von Righi erbaute) und das **Hotel Posta** (1899).

Die Brentagruppe am Osthang des Campiglio-Tals

Mondänes Flair in Madonna di Campiglio

Piana Rotaliana ❺

Straßenkarte C4. FS *in Mezzocorona.* ☎ *0465 605 002.*

Ein Grossteil der Weinproduktion des Trentino entstammt den Weinbergen, die fast lückenlos die Ebene bedecken, auf der der Wildbach Toce in die Adige mündet. Es handelt sich vorwiegend um die Rebsorten Chardonnay und Teroldego, die hier erst seit der zweiten Hälfte des 19. Jahrhunderts angebaut werden, nachdem ein sumpfiges Gebiet kultiviert worden war, das jahrhundertelang perfekt als Grenzgebiet zwischen italienischen und Tiroler Besitzungen gedient hatte. Aus südöstlicher Richtung bietet **San Michele all'Adige** einen ersten Blick auf die weiten Anbauflächen. Ein guter Aussichtspunkt ist der Kirchplatz vor dem Augustinerkloster, das im 12. Jahrhundert von Mönchen der Abtei Neustift/Novacella gegründet wurde. Die Klosterkirche dagegen ist nach ihrem vollständigen Umbau 1687/88 barock. Das Kloster wird zum Teil vom **Museo degli Usi e Costumi della Gente Trentina** (Volkskundemuseum) eingenommen, einem der bedeutendsten ethnologischen Museen Europas wegen seiner genauen Rekonstruktion der Lebensräume und -umstände in der Region. Als Schutz der Ebene dienten in der Vergangenheit die heutigen Zentren **Mezzocorona** und **Mezzolombardo**: jenes auf Seiten Tirols (ursprünglich hieß der Ort tatsächlich auch Mezzotedesco), dieses auf der der Fürstbischöfe in Trento (lombardisch war früher ein Synonym für italienisch).

Molveno und der gleichnamige See, im Hintergrund die Brentagruppe

Museo degli Usi e Costumi della Gente Trentina
Via E. Mach 1, San Michele all'Adige.
☎ *0461 650 314.*
Di–So 9–12.30, 14.30–18 Uhr.
Mo, 1. Jan, 1. Nov, Weihnachten.

Altopiano della Paganella ❻

Straßenkarte C4. *ab Trento.* **i APT Dolomiti di Brenta-Altopiano della Paganella, Sede Andalo**
Piazza Dolomiti 1, Andalo, 0461 585 836 (Fax 0461 585 570)
www.aptdolomitipaganella.com
info@dolomitipaganella.com
info@aptandalo.com
info@aptfaidellapaganella.com
i APT Dolomiti di Brenta-Altopiano della Paganella, Sede Molveno
Piazza Marconi 1, Molveno, 0461 586 221.
www.aptdolomitipaganella.com
www.aptdolomitimolveno.com
info@dolomitipaganella.com
info@aptmolveno.com

Einer über hundertjährigen Touristiktradition rühmen sich die Berge, die das Valle dell'Adige vom Sarca-Tal trennen. Die ersten, die im 19. Jahrhundert hierher vordrangen, waren Bergsteiger, die die einzigartige Dolomitengruppe westlich der Adige anlockte; später entdeckte der Skisport ihre sanften Hänge, die im Sommer ideal für Wanderungen und Spaziergänge sind. Von **Fai della Paganella** führt ein gut ausgeschilderter Waldweg zu den Überresten eines rätischen Dorfes des 5.–4. Jahrhunderts v. Chr., in dem eine Axt des späten Neolithikums und Objekte der Bronzezeit gefunden wurden. Auf einer grünen Hochebene voller Wälder und Wiesen zwischen der Paganella und den Dolomiti di Brenta bildete sich **Andalo** im Altertum um einige Bauernhäuser herum. Einer Legende zufolge legte man den Streit mit Molveno um die Grenze zwischen den beiden Territorien mit einem Vergleich bei: Sie solle dort liegen, wo die Bewohner der beiden Dörfer sich treffen würden, wenn sie im Morgengrauen zu Fuß vom jeweiligen Dorfplatz aufbrächen. Die Bewohner von Andalo feierten am Vorabend ein Fest und wachten erst vom Geschrei der Leute aus Molveno auf, die pünktlich losgegangen und bis zum Bach Lambin in Sichtweite von Andalo gekommen waren, das so einen Großteil seines Gebietes verlor. Nördlich des Ortes liegt der **Lago di Andalo** (998 m) auf karstigem Untergrund, sodass der See zeitweilig trockenfällt (er füllt sich zwischen April und Juni und in geringerem Maße mit den Herbstregenfällen). **Molveno** liegt am Nordufer des gleichnamigen **Sees** in einer Höhe von über 800 Meter. Vor etwa 3000 Jahren durch einen Erdrutsch entstan-

Die Piana Rotaliana, die fast gänzlich von Weinbergen bedeckt ist

den, ist er berühmt für sein glasklares Wasser und die Milde des Klimas sowie für die grandiose Kulisse der Brentagipfel dahinter. Mit seiner Umwandlung zum Stausee zur Stromgewinnung hat sich nach dem Krieg sein Charakter mit den stark schwankenden Wasserständen jedoch sehr verändert. Sehenswert ist die **romanische Kirche San Vigilio** (13. Jahrhundert) am Seeufer, die einen Freskenzyklus an der Fassade und ein romanisches Portal bietet. Kurz hinter Molveno liegt nahe dem westlichen Seeufer die durch ein Wasserad angetriebene Sägemühle **Taialacqua**, die um 1500 erbaut wurde und einst 6–10 mm dicke Bretter namens »Molvene« produzierte.

Eine der zahlreichen Apfelplantagen im Val di Non

Val di Non ❼

Straßenkarte C3. FS *Trento–Malè, 0463 900 125.* **APT della Valle di Non** *Via Roma 21, Fondo, 0463 830 133.*
Pro Loco *Corso Dante 30, Cles, 0463 421 376.*

Eine schroffe Klamm trennt die Piana Rotaliana vom Val di Non, dem Königreich der Äpfel, die eine eigene Qualitätsmarke schützt. Die Obstplantagen nehmen fast allen verfügbaren Raum ein und machen nur vor den von der Noce gegrabenen Felsschluchten, den kleinen Dörfern und den Schlössern und Burgen halt. Deren berühmteste ist **Castel Thun** aus dem 13. Jahrhundert (1569 umgebaut), das der 1190 erstmals erwähnten Familie Thun gehörte. Die beiden verschiedenen Bauphasen sind schon von außen gut zu erkennen: Eine Ringmauer mit Zinnen umgibt einen höheren viereckigen Baukörper, der antike Einrichtunsgegenstände, eine Bibliothek und die Kapelle San Giorgio mit Fresken des 15. Jahrhunderts enthält. Seit alters Hauptort des Tales, in dem man einen dem Ladinischen ähnelnden Dialekt spricht, ist **Cles**, Geburtsort des Fürstbischofs Bernhard von Cles, der mit dem Konzil von Trento eng verknüpft ist. Er war es, der hier ab 1522 die Kirche Mariä Himmelfahrt im Stil zwischen Gotik und Renaissance umbauen ließ; die Altäre schmücken Gemälde des 18. und 19. Jahrhunderts. An der Fassade des Palazzo Assessorile, der auf den Platz vor der Kirche blickt, hängt ein Wappen der Cles sowie eine Kopie der berühmten Tavola Clesiana, die 1869 im Ort entdeckt wurde: Eine Bronzetafel, auf der den Bewohnern des Tales im Jahr 46 n. Chr. das römische Bürgerrecht durch Kaiser Claudius zuerkannt wurde. Am nordöstlichen Ortsrand, bereits an der Straße nach Malè, steht auf einer von Wäldern umgebenen Felszunge das Castel Cles, das noch heute im Besitz von Nachfahren des Prälaten ist. Der Bau wird bereits im 12. Jahrhundert erwähnt, doch sein heutiges Äußeres verdankt er der Umgestaltung im Renaissancestil, die der Fürstbischof veranlasst hat. Einige Fresken im Inneren wurden von einem seiner Lieblingsmaler, Marcello Fogolino, geschaffen. Als Bernhard von Cles die Umbauten

Castel Cles (12. Jahrhundert)

vornehmen ließ, gab es den **Lago di Santa Giustina** noch nicht, auf den das Schloss heute blickt; der See, dessen Name von der Einsiedelei im Tal des Staudamms stammt, ist erst 1950 durch die Stauung des Noce entstanden und ist der größte künstliche See des Trentino. An Schlössern und Burgen sind neben Castel Cles das Castello di Nanno erwähnenswert, das angeblich von Palladio entworfen wurde; bemerkenswert sind außerdem Castel Valèr mit seinem charakteristischen sechseckigen Turm, Castel Bragher in einem nordischeren Stil, die eindrucksvollen Reste von Castel Belfort, Castel Màlgolo und Castelfondo.

Umgebung: In **Coredo**, neun Kilometer nordöstlich, hat der Palazzo Nero einen etwas traurigen Ruf: In ihm fanden Hexenprozesse statt. Seinen Namen aber hat er daher, dass er 1477 beim zweiten Bauernaufstand im Trentino in Brand gesetzt wurde.

Castel Thun

0461 657 816. *Juli–Sep 9–12, 14–17.30 Uhr, Di–So nur der Park.*

Das Castello di Nanno, eines der vielen befestigten Schlösser des Tales

Die 131 Stufen lange Treppe in der Wallfahrtskirche San Romedio

Wallfahrtskirche San Romedio ❽

Straßenkarte C3. FS *Trento oder Mezzocorona, dann Elektrobahn bis Dermulo mit Anschluss an den Bus nach Sanzeno oder Córedo.* *0463 536 198.* *tägl. 7–18 Uhr.* @ *s.romedio@tiscalinet.it*

Die von Franziskanern betreute Wallfahrtskirche San Romedio steht auf einem über 90 m hohen Felsen in der Schlucht, die die Wildbäche Rio Freddo und Verdés gegraben haben. Nach der Legende hat der Eremit Romedius den Bären besänftigt, der ihm sein Pferd zerrissen hatte; nach Trento, wo er den Bischof Vigilius besuchen wollte, gelangte er so auf dem Rücken des Bären. In Wirklichkeit lebte Romedius hier um das Jahr 1000: Der Spross aus bayerischem Adel entsagte dem weltlichen Leben und wurde Eremit. Die Wallfahrtskirche entstand über dem Grabmal, das dort errichtet wurde, wohin Romedius sich zurückgezogen hatte, und das sofort Ziel von Pilgerreisen wurde. Hinter dem Eingang aus dem 18. Jahrhundert gelangt man in den Hof: Von hier aus kann man den Komplex der fünf verschieden alten Kirchen und der Treppenanlage bewundern, die sie verbindet. Die 131 Stufen, an denen auch die sieben Kapellen der Passion Christi mit Holzstatuen des 18. Jahrhunderts liegen, führen zuerst zum Kirchlein der Schmerzensmutter (Addolorata), das als Dank für das Ende des Ersten Weltkriegs erbaut wurde, dann zu dem des hl. Georg aus dem Jahr 1487. Es folgen die gotische Kirche San Michele Arcangelo und die Hauptkirche mit unregelmäßigem Grundriss, die die Grafen von Thun 1536 errichten ließen; hier blickt man durch ein Gitter in die Eremitenhöhle Romedius'. Von hier gelangt man durch ein romanisches Portal in die Kapelle San Vigilio aus dem 11. Jahrhundert, die über dem Grab des Heiligen erbaut wurde: Im Heiligtum unter einem steinernen Baldachin sind die Reliquien verwahrt. An den Mauern Reste von Fresken des 12. und 13. Jahrhunderts. Am Ende der Treppe tritt man auf einen Balkon hinaus, von dem man auf den Zusammenfluss der beiden Wildbäche blickt. Im Treppenhaus bezeugen viele Votivgaben die Andacht der Gläubigen.

Votivtafel in der Wallfahrtskirche San Romedio

Val di Sole ❾

Straßenkarte B3. *Strecke Trento–Malè ab Trento.* **APT delle Valli di Sole, Pejo e Rabbi** *Viale Marconi 7, Malè, 0463 901 280.* *www.valdisole.net* @ *info@valdisole.net*

Die Entdeckung durch den Winter- und Sommertourismus hat dem Tal, das von dem noch jungen Wildbach Noce durchflossen und von einer herrlichen Fahrradstrecke gesäumt wird, keinen Schaden zugefügt. Majestätische Berge türmen sich zu beiden Seiten und schließen es am Ende ab, in größeren Höhen mit Wäldern, weiter unten mit Obstplantagen bedeckt. Dieser Wildbach, der sich u. a. gut zum Rafting eignet hat etwas Jugendliches. Bei der Abfahrt durch die eiskalten Schnellen kommt man am **Castello di Caldès** vorbei, das aus einem Wohnturm des 13. Jahrhunderts entstand und 200 Jahre später in eine Residenz umgebaut wurde. Eine Legende nach einer wahren Begebenheit des 17. Jahrhunderts erzählt, dass hier das Edelfräulein Olinda gestorben ist, das ihr Vater eingesperrt hatte, um sie an der Beziehung zu einem Spielmann zu hindern. **Malè** ist seit eh und je Zentrum und Hauptort des Tales. Von seinem modernen Äußeren darf man sich nicht täuschen lassen, es ist auf den Wiederaufbau nach einem Brand zurückzuführen, der Ende des 19. Jahrhunderts die meisten Häuser zerstörte: Die Ursprünge des Ortes sind römisch, während der Handel mit dem Eisen aus den Minen der Umgebung aufs Mittelalter zurückgeht. Die Ortsmitte ist von dem Platz geprägt, auf den die Fassade der Kirche Mariä Himmelfahrt (dell'Assunta) blickt, deren Neubau nach dem Feuer die Vorhalle aus der Renaissance, ein Portal eines lombardischen Künstlers aus dem 15. Jahrhundert sowie zahlreiche Barockgemälde und -altäre aufgenommen hat. In

Blick in das Val di Sole, das vom Noce durchflossen wird

Ein Weiler inmitten der Wälder des Val di Sole

der Kapelle San Valentino pflegte man in Pestzeiten die Messe zu feiern. Im nahen Museo della Civiltà Solandra zeigen Rekonstruktionen von Räumen und Objekten, wie das Leben im Tal vor dem Tourismus aussah. Modern sind die Skigebiete **Folgarida** und **Marilleva**: Sie sind in den 1960er Jahren entstanden und bilden mit Madonna di Campiglio ein Gebiet. Im weiteren Verlauf beginnt sich das Val di Sole bei dem Ort **Pellizzano** zu verengen, in dessen Kirche Mariä Geburt (15./16. Jahrhundert) viele Spuren der Baschenis erhalten sind, die die Vorhalle und den gesamten Innenraum (1470) mit Fresken ausgemalt haben, wobei die schöne *Madonna mit den Heiligen Antonius und Vigilius* auffällt. Die Ruinen des mittelalterlichen **Castello di Ossana** bezeichnen den Punkt, an dem die Hochebene des Val di Sole in eine Landschaft übergeht, in der die Berge dominieren. Die Straße wird kurviger und enger. Ausgesprochen gebirgig wird sie aber erst hinter **Vermiglio**, wo das Museo della Guerra Bianca an die hiesigen Kämpfe im Ersten Weltkrieg erinnert. Weitere Kehren führen zum **Tonalepass** hinauf, dem historischen Verbindungspunkt zwischen dem Trentino und der Lombardei, über den Langobarden, Franken und Friedrich Barbarossa gezogen sind. Wo man 1915–18 erbittert kämpfte, läuft man heute Ski: auch im Sommer – auf dem Presenagletscher.

Museo della Civiltà Solandra
Via Marconi 1, Malè.
0463 901 272. *Weihnachten, Ostern, Juli–Mitte Sep Mo–Sa 10–12, 16–19 Uhr; ansonsten nach Voranmeldung.*

Museo della Guerra Bianca
Vermiglio. *0463 758 144.*
8.30–11.30, 14–18 Uhr.
Di.

Valle di Rabbi ⑩

Straßenkarte B3. *ab Malè.*

WANN DIESES TAL, das in der Höhe von Malè vom Val di Sole in Richtung der Berge des Nationalparks Stilfser Joch *(siehe S. 134f)* abzweigt, besiedelt wurde, ist ungewiß. Der Tourismus hat es schon im 19. Jahrhundert wegen seiner Thermalquellen entdeckt, die heute in dem kleinen Ort **Bagni di Rabbi** sprudeln.

Valle di Pejo ⑪

Straßenkarte B3. *ab Malè.*
APT delle Valli di Sole, Pejo e Rabbi *Via delle Acque Acidule 8, Pejo, 0463 753 100.*
www.valdisole.net
info@valdisole.net

DER NAME DES TALS, das auf der Höhe von Ossana abzweigt und sich zwischen die Gipfel der Ortlergruppe des Nationalparks Stilfser Joch *(siehe S. 134f)* zwängt, ist den meisten Leuten wegen des Mineralwassers bekannt, das hier in Flaschen gefüllt wird. Die Historiker kennen die Geschichte des hiesigen Bergbaus, der lange vom nahen Veltlin kontrolliert wurde – was erklärt, warum der Großteil der Kunstwerke in den Kirchen von Lombarden geschaffen wurde. Erwähnenswert sind die einsam gelegene Kirche S. Lucia di Comasine, die den Heiligen Filippo und Giacomo gewidmete Pfarrkirche in Cogolo, das Kirchlein in Pegaia, einziger Rest einer alten Siedlung, und die Kirche San Giorgio in Pejo Paese, dessen Kirchturm von einem sieben Meter großen San Cristoforo aus dem 15. Jahrhundert geschmückt wird.

Das wildromantische und majestätische Valle di Pejo

Naturpark Adamello-Brenta ⓬

Logo des Parks

Die Idee zum größten Schutzgebiet des Trentino entstand in den 1920er Jahren, wurde aber erst 1967 realisiert. Der 1987 erweiterte Park besteht aus zwei Zonen, die sich geologisch und morphologisch unterscheiden: Die der Brentagruppe besteht aus Kalkstein, die der Adamello-Presanella-Gruppe ist aus Granit, reich an Wasser und Gletschern, Gebirgsseen (51 im ganzen Park) und Wasserfällen. Die Naturparkverwaltung in Strembo ist ganzjährig geöffnet, viele weitere Informationsstellen öffnen im Sommer. Thema sind hier die Brentagruppe und die Täler im Osten der Adamello-Presanella-Gruppe.

Val d'Agola
Der Name des Tals leitet sich von einer Dialektentstellung des Wortes »aquila« (Adler) her.

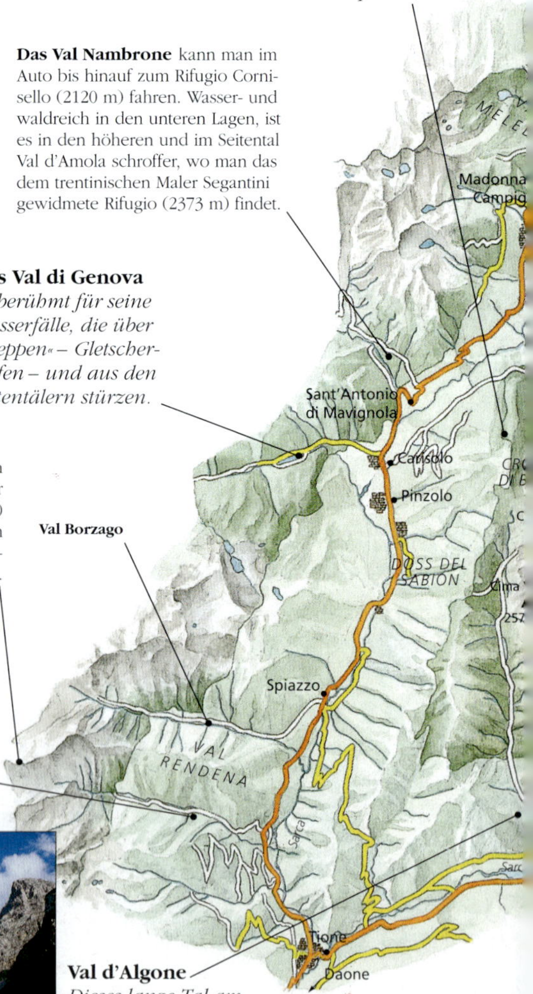

Das Val Nambrone kann man im Auto bis hinauf zum Rifugio Cornisello (2120 m) fahren. Wasser- und waldreich in den unteren Lagen, ist es in den höheren und im Seitental Val d'Amola schroffer, wo man das dem trentinischen Maler Segantini gewidmete Rifugio (2373 m) findet.

Das Val di Genova
ist berühmt für seine Wasserfälle, die über »Treppen« – Gletscherstufen – und aus den Seitentälern stürzen.

Das Val di Fumo gehört zu den eindrucksvollsten des Parks. Der Name soll sich von *finis* (Grenze) herleiten, andere meinen, vom Rauch (fumo) der Feuer, mit denen Hirten Weideplätze anlegten.

Val Borzago

Das Valle di San Valentino, alter Verbindungsweg zum Val Camonica, hat seinen Namen von einer mittelalterlichen Pfarre bei Iavré, die Fresken von Simone Baschenis enthält.

Val d'Algone
Dieses lange Tal am Südhang des Parks erstreckt sich bis zum Rifugio Dodici Apostoli, von dem man einen Blick auf die Adamello- und die Presanella-Gruppe hat.

Der Nordteil der Brentagruppe
Dieser weniger bekannte Teil des Parks bietet hinreißende Aussichten und einsame Wanderwege.

INFOBOX

Provinz: Trento.
Straßenkarte A4.
Fläche: *618 km².*
Gründung: *1967.*
Via Nazionale 12, Strembo, 0465 804 637, Fax 0465 804 649.
www.parcoadamellobrenta.tin.it
info@parcoadamellobrenta.tin.it

Museum über die Fauna des Parks Adamello-Brenta *Daone (Trento). 0465 674 989. Juli–Sep tägl. 9–12, 14–19 Uhr; Okt–Juni nur für Schulklassen nach Voranmeldung.*

Tuenno bietet im Sommer die volkskundliche Ausstellung »Valle di Non«.

Valle di Tovel

Vallesinella
Dieses Tal ist wegen seiner Wasserfälle und seiner reichen Fauna bekannt.

Spormaggiore. Hier findet sich eines der Bärengehege (das andere liegt in der Nähe der Wallfahrtskirche San Romedio).

Das Valle delle Seghe hat seinen Namen von den vielen Sägewerken *(segherie)*, die es einst hier gab; heute existiert nur noch das in Molveno *(siehe S. 79)*.

In **Stenico** kann man im Sommer den interessanten botanischen Garten »Rio Bianco« besuchen.

0 Kilometer 5

LEGENDE

- Hauptstraße
- Nebenstraße
- Sonstige Straße

Die Brentagruppe
Sie ist die einzige Dolomitengruppe westlich des Valle dell'Adige und das Herz des Parks. Das Foto zeigt den höchsten Gipfel der Gruppe, die Cima Tosa (3173 m).

Das östliche Trentino

ROT LÄSST DIE SONNE *die Felswände des Rosengartens morgens und abends aufglühen. Grün leuchten die Fichtenwälder im Val di Fiemme und im Valle del Primiero. Weiß funkeln der Schnee und die ewigen Gletscher auf der Marmolada. Im Valle dei Mòcheni und im Val di Fassa spricht man außerdem besondere Sprachen: eine mittelhochdeutsche Mundart bzw. Ladinisch.*

Spricht man vom östlichen Trentino, fallen einem sofort die Dolomiten ein, die seit Ende des 19. Jahrhunderts die vielleicht wichtigste und bekannteste Attraktion der Region sind. An diesem Gebirge, das nirgendwo in Europa seinesgleichen hat und deshalb zu einem der Touristenziele schlechthin geworden ist, faszinieren seine bizarre Form und das wechselnde Farbenspiel je nach Sonneneinstrahlung, das ihm selbst gelbe und orangefarbene Tönungen verleihen kann. Wollte man sich auf diesen freilich wichtigen Aspekt beschränken, gäbe man nur einen Teileindruck von der Region wider. Denn zwischen den Bergen, die sich bis nach Südtirol und ins Veneto um Belluno erstrecken, hat sich der Mensch lange vor der römischen Eroberung niedergelassen. Er veränderte die natürliche Gestalt des Gebirges teilweise erheblich: So gab er dem Valle di Cembra mit Terrassen für die Rebstöcke eine andere Form und schuf im Valle dei Mòcheni sowie um das Primiero-Tal herum riesige Bergwerke. Zudem waren die historischen Schicksale dieser Täler sehr unterschiedlich. Einige waren lange Zeit Streitobjekte, wie z. B. das Valsugana, auf das es außer Trento und Venedig auch Verona und die Grafen von Tirol abgesehen hatten. Andere Täler organisierten sich als autonome Gebilde: Die Regierung der Magnifica Comunità della Val di Fiemme wurde schon im Jahr 1110 anerkannt und hat sich jahrhundertelang auf lediglich sieben Gesetze gestützt, eines für jedes ihrer Dörfer. Wieder andere standen unter dem Einfluss der Grafen von Tirol: so das Valle di Cembra, das Valle del Primiero und das Val di Fassa, wo die ladinische Sprache die wichtigste Erinnerung an die rätoromanischen Ursprünge der Bevölkerung darstellt.

Der Stausee von Fedaia, im Hintergrund der Gletscher der Marmolada und der Gran Vernel

◁ **Bemalter Erker mit Spitzdach und Holzbalkon – typische Architektur im Val di Fassa**

Überblick: Das östliche Trentino

Vom grandiosen Massiv der Dolomiten ist die trentinische Seite eine der berühmtesten wegen des hinreißenden Anblicks, den sie von diesen Gipfeln gewährt. Eben diese Panoramen sind es, die Canazei, Moena und San Martino di Castrozza in den Kreis der von Wanderern und Skifahrern begehrtesten Alpenorte erhoben haben. Wunderschön sind aber auch die Landschaften des Valsugana, das schon in römischer Zeit Verbindungsweg zwischen dem Trentino und der Provinz Vicenza war, und der Täler, die in sie einmünden und im Mittelalter zum Teil von deutschen Stämmen besiedelt wurden.

Die Vajolet-Türme

Die Kirche San Leonardo in Tesero

Im östlichen Trentino unterwegs

Die touristische Bedeutung der Region hat dazu geführt, dass ihr Straßennetz hervorragend ist. Die (Staatsstraße) SS 47, an vielen Stellen Schnellverkehrsstraße, führt durch das Valsugana, die SS 612 im Valle di Cembra führt als SS 48 durch das Val di Fiemme und das Val di Fassa nach Canazei, und die SS 50 verbindet das Val di Fiemme mit dem Val del Primiero über den Passo di Rolle (Rollepass). Nur im Valsugana sind die Zugverbindungen spärlich, Busse dagegen fahren in alle Dörfer.

Siehe auch

- ***Übernachten*** S. 170f
- ***Restaurants*** S. 178f

Sehenswürdigkeiten auf einen Blick

Fichten im Wald von Paneveggio

Valsugana ❶

Straßenkarte C/D4.
FS *Strecke Trento–Bassano del Grappa–Vicenza.* *ab Trento.*
APT Terme di Levico, Vetriolo e Roncegno-Panarotta 2002-Lago di Caldonazzo *Via V. Emanuele 3, Levico Terme, 0461 706 101.*
www.valsugana.com
apturismo@valsugana.com

Das Grand Hotel Terme in Levico, ein Kurort aus dem 19. Jahrhundert

Auch wenn das Gebirge unmittelbar östlich von Trento hoch und auf den ersten Blick für Mensch und Waren schwer passierbar erscheint, führt die Hauptverbindung zum Veneto genau dorthin: Das Valsugana, in dem die Brenta fließt, ist das Tor zur Provinz Vicenza. **Pergine Valsugana** ist der erste größere Ort an der Strecke. Das Castello die Pergine aus dem 12. Jahrhundert verweist auf die mittelalterliche Vergangenheit. Der Ort war lange ein Zentrum der Metallverarbeitung der Erze aus den Minen des Val di Piné und Val dei Mòcheni. Das erklärt die Eleganz der Via Maier (mit dem Rathaus von 1697, das Eisengitter und -geländer zieren) und die vielen Kirchen, deren wichtigste die Pfarrkirche della Natività di Maria ist, Mitte des 16. Jahrhunderts von lombardischen Architekten erbaut. Eine mittelhochdeutsche Mundart und die typischen Bauernhäuser erinnern daran, dass das **Valle dei Mòcheni**, in das man aus dem Ort hinauffahren kann, im 13. Jahrhundert von germanischen Volksstämmen besiedelt worden ist. Palù del Fèrsina ist seine wichtigste Ortschaft, von wo aus man auch das nahe Pyritbergwerk besuchen kann. Die modernen Häuser am Rande von Calceranica al Lago und Caldonazzo zeigen, welchen Zuspruch der **Lago di Caldonazzo** als von Trento aus schnell erreichbares Ausflugsziel gefunden hat. Calceranica hat römische Ursprünge, was wohl Reste eines Hauses belegen, auf denen die Kirche Sant'Ermete errichtet wurde. Caldonazzo war im Besitz der Trapps, der Herren des Val di Non, die im 15./16. Jahrhundert den Wohnturm namens Magnifica Corte (13. Jahrhundert) zur eigenen Residenz umbauten. **Levico,** im sonnigeren Teil des Valsugana, ist ein bereits im 19. Jahrhundert berühmter Kurort, den Franz Joseph von Habsburg zur Stadt erhob. Der Ort am gleichnamigen See atmet Fin de siècle, das man auch in den Jugendstillinien des Grand Hotel Terme wiederfindet. In seinem Park gedeihen exotische Pflanzen wie Mammutbäume, Himalaya-Zedern und Gingkos. Die Kirche San Biagio enthält Fresken des 14.–16. Jahrhunderts, während die Ruinen des Fort delle Benne an das österreichische Verteidigungssystem erinnern. Thermalquellen gibt es auch in **Roncegno**, wo sie von Bergleuten gefunden wurden, die eigentlich Erz schürfen wollten. Die Geschichte von **Borgo Valsugana** hingegen war lange davon bestimmt, dass sich Trento, Venedig, Verona und die Grafen von Tirol um seinen Besitz stritten; das erklärt sich aus seiner Lage, auch wenn die Ursprünge des Dorfes, das so etwas wie der Hauptort des

Fresko (15. Jahrhundert) in der Kirche San Leonardo in Castelnuovo

Das schon im 12. Jahrhundert erwähnte Castello di Pergine hat eine strategische Position

Tales ist, aus römischer Zeit stammten, in der er *Ausugum* hieß. Die Ponte Romano genannte Brücke wurde allerdings erst 1498 über die Brenta gebaut. 400 Jahre älter ist die Pfarrkirche della Natività di Maria (Mariä Geburt), auch wenn sie heute innen wie außen barock erscheint. Aus dem 13. Jahrhundert – und Zeugnis des Verkehrs, der schon damals im Tal stattfand – ist der Turm des im 16. Jahrhundert erweiterten Castel Telvana. **Castelnuovo**, etwas unterhalb von Borgo Valsugana, besitzt in der Kirche San Leonardo Fresken aus dem 15. Jahrhundert und eine besondere Fassung der zehn Gebote – in vulgärem Italienisch formuliert.

Der Lago di Caldonazzo im Valsugana

Miniera-Museo Grua va Hardömbl
Palù del Fèrsina. *0461 550 053.* *Mai, Okt Sa, So, feiertags; Juni, Sep Di, Do, Sa, So, feiertags; Juli, Aug Di–So.* *10, 10.45, 11.30, 13, 13.45, 14.30, 15.15, 16.30, 17.15 Uhr nach Voranmeldung.*

Altopiano di Pinè ❷

Straßenkarte C4. *ab Trento.*
APT dell'Altopiano di Pinè e Valle di Cembra *Via C. Battisti 106, Baselga di Pinè, 0461 557 028.*

SCHON IM 14. Jahrhundert begann man in den Bergen der Hochebene nach Erz zu graben. Eine Suche, die von Erfolg gekrönt war, denn die Adern erwiesen sich als so gehaltvoll, dass sie für lange Zeit Reichtum garantierten. Von dieser Vergangenheit ist heute in der Landschaft allerdings nichts mehr zu sehen. Heute sind es die Seen und Wälder, die zusammen mit den Alpengipfeln ein Ambiente schaffen, in das die Ferienhäuser, die seit der Entdeckung des Tals durch den Tourismus gebaut wurden, sich ohne allzu großen Schaden einfügen. Auf dieser Hochebene nördlich von Pergine ist **Baselga di Pinè** der wichtigste Ort: Das Alter seiner Kirche Mariä Himmelfahrt wird durch die Fresken des 12. Jahrhunderts dokumentiert. Im Ortsteil **San Mauro**, im Tal kurz vor dem Dorf gelegen, birgt die Kirche San Mauro aus dem Mittelalter ein Triptychon aus Holzfresken, das zu den bedeutendsten Werken spätgotischer Kunst gehört. Um die wichtigste und meistbesuchte Marien-Wallfahrtskirche der Provinz zu besichtigen, muss man nur nach **Montagnana** hinauf, wo die Jungfrau 1729 mindestens fünfmal erschienen sein soll.

Spitze einer Erdpyramide bei Segonzano

Valle di Cembra ❸

Straßenkarte C4. *ab Trento.*
APT dell'Altopiano di Pinè e Valle di Cembra *Via C. Battisti 106, Baselga di Pinè, 0461 557 028.*

AUF SEINEM WEG zur Adige hat der Wildbach Avisio mit Erfolg das Valle di Cembra zu einer der eindrucksvollsten Landschaften des Trentino umgestaltet. Manchmal ist der Talgrund so schmal und unwegsam, dass er selbst der Straße kaum Raum lässt. Der mittlere Talabschnitt ist hingegen eine Aufeinanderschichtung von Terrassierungen, die für den Anbau der Reben geschaffen wurden. Hier werden aromatischste Weine (Müller Thurgau, Chardonay, Pinot Grigio) gekeltert und wohlschmeckende Trauben geerntet. Hier liegen auch einige kleine Dörfer, hinter denen hohe, bewaldete Berge aufragen. Der dem Tal den Namen gebende Hauptort **Cembra** ist schon seit der Eisenzeit bewohnt, was durch die in der Nähe gefundene Situla (Eimer) belegt ist. Das Äußere der Kirche San Pietro im Ortszentrum ist gotisch, der Turm romanisch. Die Fresken im Chor stammen aus dem 16. (*Leben Jesu*, rechts) und 18. Jahrhundert (*Weltgericht*, links) im Chor. Vor den Ruinen der mittelalterlichen Burg, die im 13. Jahrhundert zur Kontrolle des Verkehrs zwischen Valle dell'Adige und Valsugana errichtet wurde, erheben sich die Erdpyramiden von Segonzano. Das sind eindrucksvolle, kegelförmige, bis zu 20 Meter hohe Formationen – einige mit einer waagerechten Platte auf der Spitze –, die Wind und Wetter im Laufe der Jahrtausende aus dem Moränengrund erodiert haben.

Die kleinen Dörfer und Weinbergterrassen des Valle di Cembra

Überblick: Val di Fiemme

MIT DEM NAMEN Val die Fiemme bezeichnet man den Nordabschnitt des langen Tales, das der Avisio gegraben hat, wozu auch das Valle di Cembra *(siehe S. 89)* und das Val di Fassa *(siehe S. 94f)* gehören. Das Val di Fiemme windet sich zwischen zwei gewaltigen Bergketten dahin: der Catena dei Lagorai im Süden und der Latemargruppe im Norden. Sein stets unabhängiger Geist hat zur Gründung der heute noch existierenden Magnifica Comunità di Fiemme geführt, die jahrhundertelang die Gemeinden der Region verwaltet hat.

Das Val di Fiemme zwischen Lagorai und Latemar

Naturpark Monte Corno

Associazione turistica Anterivo *0471 882 077.*
Associazione turistica Trodena *0471 869 078.*
Consorzio Giardino del Sudtirolo di Egna *0471 820 196.*

Dort, wo das Val di Fiemme an den Süden der Provinz Bozen grenzt, erstreckt sich der Park über Teile der Ländereien der Gemeinden Trodena/Truden, Anterivo/Altrei, Montagna/Montan, Egna/Neumarkt und Salorno/Salurn; ihn begrenzen im Norden die Sella di San Lugano, im Osten das Valle di Cembra, im Westen die Adige und im Süden das Val di Fiemme. Der höchste Punkt ist der namensgebende Monte Corno (Hornspitz oder Trudner Horn, 1817 m). Der 1980 gegründete Park nimmt eine Fläche von 6600 Hektar ein, die zu 90 Prozent von Mischwald bedeckt ist. Das relativ milde Klima lässt submediterrane Arten wie Flaumeichen, Steinbuchen, Limetten und Thymian gedeihen, die hier ihre nördliche Wachstumsgrenze haben; häufig sieht man auch Anemonen und Orchideen. Seltene Tierarten im Naturpark sind die Smaragdeidechse, die man an sonnigen Hängen beobachten kann, und das Steinhuhn, das in Felswänden lebt. Von großer Bedeutung ist auch die geologische Beschaffenheit des Gebiets. Am Fuß des Corno Bianco haben beispielsweise die Sandsteine, die sich auf dem Porphyruntergrund abgesetzt haben, zu farbenprächtigen Schichtungen geführt. Die grandiose Natur und ihre große Pflanzen- und Tiervielfalt garantieren dem Naturpark seine Einmaligkeit in der Liste der geschützten Gebiete.

In dem Park kann man verschiedene Touren unternehmen, die zum Teil von den Fremdenverkehrsvereinen der Parkgemeinden organisiert werden. Ein hervorragender Aussichtspunkt ist die Alpe del Monte Corno (1750 m), von wo aus man das gesamte Val di Fiemme überblicken kann.

Cavalese

APT Cavalese *Via Fratelli Bronzetti 60, 0462 241 111.*

An den Hängen des Corno Nero/Schwarzhorn (2439 m) liegt dem Lagorai zugewandt die wichtigste Ortschaft des Tales. Sie ist mit ihren vielen mit Fresken bemalten Häusern zu einem wichtigen, gut ausgestatteten Sommer- und Winterferienort geworden. Zwar ist sie in den letzten Jahrzehnten sehr gewachsen, doch zwei historisch bedeutende Gebäude haben sich erhalten. Das erste sieht man rechts gleich beim Ortseingang: die **Kirche San Vigilio** (17. Jahrhundert), deren Fassade oberhalb des Portals ein Fresko des Heiligen vom Beginn des 19. Jahrhunderts ziert. Das Refektorium des Franziskanerklosters, zu dem die Kirche gehört, enthält Gemälde der Fiemmeser Schule des 17. und 18. Jahrhunderts. Kurz dahinter, ebenfalls auf der rechten Seite, erhebt sich hinter einer niedrigen, zinnenbewehrten Mauer die mit Fresken verzierte Fassade des **Palazzo della Magnifica Comunità Generale di Fiemme** aus dem 14. Jahrhundert, der Anfang des 20. Jahrhunderts restauriert wurde. Nachdem er lange die Sommerresidenz des Fürstbischofs von Trento war, diente er als Gefängnis und Speicher, bis er 1850 Sitz der Magnifica Comunità wurde. An der Fassade sieht man neben einem Fresko des thronenden hl. Vigilius auch das Wappen der Comunità: ein Kreuz über sechs weißen Streifen. Im Inneren hängen

Fresko an der Kirche San Vigilio in Cavalese

Das Franziskanerkloster in Cavalese

unter Holzdecken und Friesen die Gemälde der Pinakothek: Bilder der lokalen Malerschule (die vor allem im 17. und 18. Jahrhundert aktiv war). Sitzungsort der Comunità war der **Banc de la Reson**: halbkreisförmige Steinbänke um einen Steintisch, die heute im nahen Park zu sehen sind. In Cavalese, das viele gute Skipisten besitzt, findet alljährlich auch der berühmte 70-Kilometer-Langlauf statt, der jedesmal Tausende von Skibegeisterten anlockt.

Museo Pinacoteca della Magnifica Comunità

Piazza Cesare Battisti 2.
0462 340 365. *1. Juli bis 10. Sep; Weihnachten, Ostern nur Führungen 16.30, 17.30 u. 18.30 Uhr.*

Tesero

0461 340 365.
Auch das wichtige Holzverarbeitungszentrum Tesero (typisch sind außer Möbeln die Musikinstrumente) hat eine Altstadt mit munteren Kunsthandwerksläden und alten Häusern mit Fresken, die lokale Maler vor allem nach religiösen Themen geschaffen haben. Künstlerisch gesehen am interessantesten ist die **Pfarrkirche Sant'Eliseo** aus dem 12. Jahrhundert nahe dem Friedhof, die mehrmals umgebaut wurde (der bereits hohe romanisch-gotische Campanile wurde im 18. Jahrhundert weiter aufgestockt); das Innere mit drei Schiffen und ebenso

Die Kirche Sant'Eliseo in Tesero

Blick von Predazzo auf das Val Travignolo

vielen Apsiden zieren Fresken des 15. Jahrhunderts und Bilder der Malerschule des Val di Fiemme. Die Fresken an der Fassade der nahen **Kapelle San Rocco** entstanden 1541 und 1547; sie stellen *Die Sünden des Sonntags* dar und sind eine Art Ermahnung, am Tag des Herrn die Arbeit ruhen zu lassen. Die **Kirche San Leonardo** im oberen Ortsteil enthält Fresken aus dem Jahr 1542. Nach der finsteren Zeit des Staudammbruchs und der Schlammlawine, die 1985 auf das Städtchen niederging und die 268 Menschen das Leben kostete, steht der Tourismus heute endgültig wieder hoch im Kurs dank der künstlerischen Attraktionen des Ortes und seiner hervorragenden Wintersportmöglichkeiten.

Predazzo

Via Cesare Battisti 4.
0462 501 237.
Die Bedeutung von Predazzo, das an der Kreuzung des Val di Fiemme mit dem Val Travignolo liegt, ist außer der Tatsache, dass der Ort einer der Zugänge zum Naturpark Paneveggio-Pale di San Martino *(siehe S. 92f)* ist, mit der Geologie des Gebietes verknüpft, das einst reich an Kupfer- und Eisenminen war. Hier entdeckte der Geologe Giuseppe Marzari Pencati in der ersten Hälfte des 19. Jahrhunderts eine ganz besondere Art des weißen Marmors, der beim Kontakt von Sedimentgestein am Meeresboden mit Lavamassen auskristallisiert war und den Namen Predazzit erhielt. In diesem Zusammenhang darf man einen Besuch des **Museo Civico di Geologia ed Etnografia** nicht versäumen, in dem Mineralien der Region, aber auch Fossilien gezeigt werden: z. B. Fische aus dem Perm (vor 270 Millionen Jahren). Hier erhält man auch Informationen zu den Exkursionen, die auf die Berge der Umgebung unternommen werden, die quasi eine Art Freilichtmuseum bilden – besonders interessant, weil man hier in aller Klarheit die verschiedenen geologischen Formationen beobachten kann. Wichtig und instruktiv sind die Lehrpfade zum Doss Cappel, zur Miniera della Bedovina und zur Malgola. Noch heute kommen Forscher aus aller Welt hierher, um die berühmten Kristallisationsphänomene zu studieren. Nicht zufällig hat die Gegend um Predazzo den Beinamen »Geologischer Garten der Alpen« erhalten. Aus Predazzos Vergangenheit als Mitbegründer der Magnifica Comunità di Fiemme sind im historischen Ortskern Häuser mit Fresken verzierten Fassaden und oftmals gotischen Fenstern erhalten. Besucher locken die vielen Skilauf- und Wandermöglichkeiten her. Auch der berühmte 70-Kilometer-Langlauf »Marcialonga« führt durch den Ort.

Eines der Fossile im Museo di Geologia in Predazzo

Museo Civico di Geologia ed Etnografia

Piazza Santissimi Filippo e Giacomo 1.
0462 502 392. *wegen Renovierung 2003 nicht zugänglich.*

Naturpark Paneveggio-Pale di San Martino ❺

Logo des Parks

Der Park im östlichen Trentino an der Grenze zum Veneto wird im Osten vom Valle del Travignolo und dem Val Cismon (mit dem Wald von Paneveggio und dem westlichen Ausläufer der Catena dei Lagorai) begrenzt und schließt die Dolomitengruppe der Pale di San Martino im östlichen Teil ein. Er bietet die unterschiedlichsten Milieus: Felswände, Grassteppen, Almen, reißende Bäche und stille Wasserflächen, Fichtenwälder und Mischwälder, Gletscher und Torflager. Die reiche Tierwelt ist gekennzeichnet durch die Adler, die auf den Pale di San Martino nisten, und die Hirsche des Waldes von Paneveggio.

Bellamonte
Die vielen »tabià«, die typischen Heuschuppen auf den Almen südlich des Lusia-Passes, zeugen von der langen und intensiven Nutzung der Region.

Val Venegia
Interessant wegen der Wasserfälle, Almen, Geröllhalden, Felswände und der herrlichen Panoramen. Es wird vom Travignolo, der unter dem Cimon della Pala entspringt, durchflossen.

Der Wald von Paneveggio
Mit seinen 3500 Hektar, die von Rottannen bedeckt und von Hirschen bewohnt sind, ist er das größte zusammenhängende Waldgebiet in den italienischen Alpen.

Catena dei Lagorai
Die Bergkette im östlichen Teil des Parks besteht aus porphyrischem, nicht dolomitischem Gestein, wie es an sich typisch ist für diese Alpenregion. Das Foto zeigt das Gebiet um den Monte Cavallazza (2324 m).

Durch das **Valle del Vanoi** führt der »ethnografische Weg des Vanoi«.

Der Geigenwald

Im Wald von Paneveggio herrscht die Rottanne vor, deren Holz für seine Resonanz berühmt ist. Seit dem 17. Jahrhundert sind die venezianischen Geigenbauer, so auch Stradivari, hier heraufgestiegen, um die besten Bäume für den Bau von Geigenkörpern auszusuchen, die einen vollkommenen Klang garantierten. Das Holz des »Geigenwaldes« wurde auch für den Bau von Schiffen und Häusern in Venedig verwandt, wohin es auf dem Wasserweg gelangte.

Rottannen im Wald von Paneveggio

Infobox

Provinz: Trento.
Straßenkarte D4.
Gründung: *1967.*
Fläche: *19 711 Hektar.*
Villa Welsperg, Verwaltungssitz und Besucherzentrum: *Loc. Castelpietra 2, Val Canali, Tonadico, 0439 648 54, Fax 0439 762 419.*
Centro di San Martino di Castrozza *Via Laghetto, 0439 768 859.*
Centro di Paneveggio *Staatsstraße zum Rollepass, 0462 576 283 (auch Fax).*
www.parcopan.org
info@parcopan.org

Rollepass
Der Pass in 1984 m Höhe ist wegen seiner Bedeutung als Verbindungsweg bekannt und wegen des Blicks auf den Cimon della Pala, der von hier gesehen den Beinamen »Matterhorn der Dolomiten« wirklich verdient.

Die **Pale di San Martino***, eine der berühmtesten, dazu eine der größten Dolomitengruppen, überragt im Osten das Val Cismon. Die Möglichkeiten zum Klettern und Wandern, welche die Bergkette bietet, sind nahezu unbegrenzt.*

Das Val Canali ist der Südzugang zum Park; grandios ist der Blick auf den Sass Maor, die Lastei und den Sass d'Ortiga.

Der Lago di Calaita, von Wäldern umgeben, ist einer der schönsten Seen des Parks. Ab hier führen Wanderwege zu den Gipfeln der Umgebung oder nach San Martino di Castrozza.

Legende

- Hauptstraße
- Nebenstraße
- Sonstige Straße

Überblick: Val di Fassa

Hauswappen in Canazei

Bei Moena nimmt das Tal des Wildbachs Avisio, das bis hierher Val di Fiemme *(siehe S. 90f)* hieß, den Namen Val di Fassa an und wird zum Eingang des trentinischen Teils der Dolomiten mit der Sellagruppe, dem Langkofel und der Marmolada. Die Wirtschaft des Tals kreist um den Fremdenverkehr: Das Skigebiet Dolomiti Superski und die Loipen, dazu einige der beeindruckendsten Wandermöglichkeiten der Alpen locken die Besucher sozusagen magisch an.

Die Gipfel des Rosengartens von Vigo di Fassa aus gesehen

Moena

APT Val di Fassa *Piazza Cesare Battisti 1, 0462 573 122.*

infomoena@fassa.com

Moena, an der Grenze zwischen dem Val di Fiemme und dem Val di Fassa gelegen, gehört wohl zu beiden: Sprachlich dem Val di Fassa zugehörig, ist es historisch Mitglied der Magnifica Comunità di Fiemme, mit der es noch heute verbunden ist. Seine Lage hat dem Ort den Beinamen »Fee der Dolomiten« eingebracht: Aus seiner Senke hat man einen Rundblick auf die schönsten Gipfel der Region (Rosengarten und Langkofel), und nicht weit entfernt liegen die Pässe Costalunga (Karerpass, 1740 m), der nach Bozen bzw. ins Etschtal führt, und San Pellegrino (1919 m), über den man zum Südhang der Marmolada (Valle del Biois) gelangt. Das wichtigste Bauwerk in Moena ist die **Pfarrkirche San Vigilio** mit ihrem gotischen, mit Zwillings- und Drillingsfenstern durchbrochenen Glockenturm. Die Kirche, bereits 1164 geweiht und 1533 wieder aufgebaut, ist mehrmals umgestaltet worden (letzte Renovierung 1929/30). In ihrem dreischiffigen Inneren findet man interessante Barockaltäre und Fresken sowie Gemälde des 18. und 19. Jahrhunderts. An die linke Flanke der Pfarrkirche lehnt sich die Kirche des Patrons der Holzfäller San Volfango (St. Wolfgang), die 1025 gegründet wurde und im Inneren unter einer bemerkenswerten Holzdecke ein intaktes Fresken-Ensemble mit der *Passion Christi*, der *Verkündigung*, *Heiligen* und einer *Madonna der Barmherzigkeit* enthält. Auch das Zentrum von Moena ist einen Besuch wert, durch das man ohne Ziel schlendern kann, wobei man sich mit den alten Stadtvierteln vertraut macht, deren Namen entlegene Traditionen und Zeiten wieder wachrufen: Ciajeole, Turchia, Ischiacia.

Eisbrunnen in Moena

Blick auf Moena, dahinter der Rosengarten

Vigo di Fassa

APT Valle di Fassa *Via Roma 16, 0462 764 093.*

infovigo@fassa.com

Zum Gebiet von Vigo gehört bereits der Ortsteil San Giovanni mit der gleichnamigen Kirche aus der zweiten Hälfte des 15. Jahrhunderts, die sich gotisch gibt, aber in der Krypta Reste ihrer romanischen Vorgängerin bewahrt. Die Darstellungen der Kämpfe gegen die Türken auf der Fassade der nahen **Casa Soldà** sind indes aus dem 16. Jahrhundert. Das interessante **Istituto Culturale Ladino**, 1975 gegründet und mit einem umfassenden historischen Archiv, Bibliothek, Foto- und Filmarchiv ausgestattet, sitzt in einem Tobià de la Pieif genannten Heuschuppen. Vigo di Fassa, vielleicht die älteste Siedlung des Tals (sie liegt zu Füßen der Roda di Vael – 2806 m – und gegenüber von Sasso delle Undici – 2557 m – und Valacia – 2637 m), war bis 1934 Sitz der Gerichts-, Verwaltungs- und Militärbehörden des Tales und ist heute mit den wichtigsten Ski- und Wandergebieten der Region zusammengeschlossen. Vich, wie es auf ladinisch heißt, rühmt sich des ersten Kirchenbaus der Gegend: der nahen Kapelle San Maurizio, die 1297 gegründet und immer wieder umgebaut wurde. Sehenswert ist auch die Kirche S. Giuliana (12. Jahrhundert, mit gotischem Äußeren), die die älteste Glocke des Tales besitzt (1496) und in der Wölbung und der Apsis mit Fresken im Südtiroler Stil geschmückt ist.

Pozza di Fassa im Winter

Pozza di Fassa

APT *Piazza del Municipio 1, 0462 764 136.*

infopozza@fassa.com

Wo einstmals Wiesen, Almen und Felder waren, liegen heute die Viertel dieser Gemeinde, deren jüngste Entwicklung auf den Massentourismus in den Dolomiten zurückzuführen ist. Etwas von früher hat aber im Ortsteil Pera di Fassa überlebt: der **Molin de Pezòl**, als neuer Sitz des Museo Ladino di Fassa Teil des Istituto Culturale Ladino, in dem Sitten, Gebräuche, Traditionen und Lebensformen dieser Gemeinde vorgestellt werden. Neben seinen Skimöglichkeiten wird Pera di Fassa gern besucht, weil es ein hervorragender Ausgangspunkt für Wanderungen und Klettertouren auf die berühmten Vajolet-Türme, die Croda di Re Laurin und den Rosengarten ist.

Molin de Pezòl

Via Jumela 6, Pera di Fassa.

0462 764 089. *Mitte Juni bis Mitte Sep Mo–Sa 10–12, 15–19 Uhr; ansonsten nach Voranmeldung.*

Hochtal di Fassa

APT *Via Roma (Gries) 24, Canazei, 0462 601 113.*

infocanazei@fassa.com

Je weiter man im Tal aufsteigt, desto grandioser und eindrucksvoller wird der Blick auf die Berge. Atemberaubend ist er bereits von **Mazzin** aus, wo man den Langkofel, die Sellagruppe und den Gran Vernel in der Marmoladagruppe überschaut. Das Netz der Seilbahnen ist hier äußerst dicht: Von **Campitello di Fassa** führen u. a. Bahnen zum Col Rodella (2484 m) oberhalb des Sellajochs und von hier zur Sellagruppe hinauf. Der Ort selbst rühmt sich mit der Kirche der hl. Filippo und Giacomo des dritten der wichtigsten Gotteshäuser des Tales: Im 13. Jahrhundert erwähnt, doch völlig umgebaut, enthält es stark tirolerisch beeinflusste Fresken des 15. Jahrhunderts. Am Ende der Biegung, die der Avisio in nordöstlicher Richtung beschreibt, liegt **Canazei**, bereits im 16. Jahrhundert erwähnt, dessen Charakter als Dorf mit weit auseinander liegenden Häusern der Tourismus praktisch zerstört hat. Heute ist der Ort ein Fremdenverkehrszentrum wie aus dem Bilderbuch mit einer schier wahnwitzigen Gebirgskulisse, zu welcher der Col Rodella, die Sellagruppe, die Marmolada und die Crepa Neigra (2534 m) gehören. In den nahen Weilern Alba und Penia am Fuße der Marmolada starten beliebte Wanderungen zum höchsten Gipfel der Dolomiten (3342 m).

Die Seilbahn Campitello–Col Rodella

In der Loipe des »Marcialonga«

Seit 1974 findet Ende Januar in den Tälern Fassa und Fiemme ein Skilanglauf statt, der zum berühmtesten der Welt geworden ist, Stelldichein für alle Enthusiasten dieser Disziplin, seien sie Amateure oder anerkannte Meister. Wenn der Schnee geschmolzen ist, kann man auf einer langen Wanderung durch das Val di Fassa die Route verfolgen. Man startet in Moena auf dem Platz der Kirche San Rocco und spaziert durch die Via Fassa aus dem Dorf hinaus. Von hier führt eine Panoramastraße nach Soraga, wo es zum Avisio hinabgeht. Eine ebene Straße mit einigen Steigungen führt zum »Pont de Lejia« (Kirchbrücke) und von hier nach Vigo. Die Strecke verläuft dann an den Hängen der Wälder der Cima Dodici entlang. Man bleibt stets am linken Ufer des Avisio: Bei der Brücke in Mazzin schlägt man den Weg nach Fontanazzo ein. Ihm folgt man bis nach Campestrin, von wo ein bequemer Weg nach Campitello und dann nach Canazei führt.

Skilangläufer beim »Marcialonga«

Die Marmolada ❼

MIT IHREN 3343 METERN ist »die Königin« der höchste Gipfel der Dolomiten. Ein Berg mit seltsamer Form, durch den Gletscher an der Nordseite abgerundet, aber zugleich schroff, steil und unzugänglich an der legendären Südwand, an der sich einige wichtige Augenblicke der Geschichte des Alpinismus zugetragen haben. Die Marmolada, inzwischen zum Paradies des Skisports sommers wie winters geworden, ist auch historisch gesehen ein gigantischer Grenzstein zwischen Veneto und Trentino – mit tragischen Momenten zwischen Italien und Österreich zur Zeit des Ersten Weltkriegs.

Seilbahn der Marmolada
Sie klettert von der Malga Ciapela (1467 m) zur Punta Rocca (3280 m) hinauf.

Museo della Guerra
Das 1990 eröffnete Kriegsmuseum ist das höchste Museum Europas in der Seilbahnstation Serauta (2950 m). Es zeigt Erinnerungsstücke, Fotos und Dokumente der Zeit. Ein Modell bildet die »Stadt aus Eis« nach: ein Netz aus Gängen unter dem Gletscher, die den österreichischen Soldaten Deckung gaben.

Die **Punta Rocca (3280 m)** ist bei Skifahrern beliebt, weil der Gletscher das ganze Jahr befahrbar ist. Von der Bergstation der Seilbahn blickt man auf die Madonna delle Nevi.

Die **Punta Serauta (2962 m)** ist Ausgangspunkt verschiedener Bergtouren zu dem Gletscher.

DAS HÖCHSTE PANORAMA DER DOLOMITEN

Wie man auf diesem 360°-Foto sehen kann, bietet die Marmolada einen der spektakulärsten Rundblicke der gesamten Alpen. Der Blick schweift über alle Dolomitengipfel hinweg bis zur Adamellogruppe im Westen, zu den Zillertaler Alpen und dem Großglockner im Norden sowie dem Monte Grappa im Osten. Der Gipfel selbst ist auf einer recht anstrengenden Tour erreichbar, die vom Rifugio Contrin (2016 m) startet und dem Pfad 606 folgt, auch Teilstück

Die Südwand
ist eine der schwierigsten Wände der Dolomiten, mit langen Kletterstellen im VI. Grad. Sie wurde am 6. September 1929 von Luigi Micheluzzi bezwungen, der in der 500 Meter hohen Wand nur sechs Haken schlug.

INFOBOX

Straßenkarte D3.
Anfahrt: *von Süden: Autobahn A27 Belluno, Straße 203 bis nach Rocca Pietore, Straße 641; von Norden: Autobahn A22 Chiusa, dann Straße 242 bis nach Passo Pordoi, dann auf der Staatsstraße 48 bis nach Arabba.*
www.marmolada.com
info@marmolada.com

Punta Penia (3343 m), der höchste Gipfel der Dolomiten, wurde zum ersten Mal von Paul Grohmann am 28.September 1864 zusammen mit den Führern Angelo und Fulgenzio Dimai aus Cortina bestiegen.

Picol Vernel (3098 m)

Gran Vernel (3210 m)

Der Gletscher schwindet
Wegen der heißen Sommer und schneearmen Winter schmelzen z. Zt. alle Gletscher der Dolomiten ab. Auf der Marmolada ist das Phänomen besonders deutlich zu bemerken. Die Aufnahme oben stammt vom Sommer 2000.

des Dolomitenhöhenweges Nr. 2. Erster Halt ist die Forcella Marmolada (2986 m), danach wird der Weg alpin und ist nur für erfahrene und gut ausgerüstete Bergwanderer geeignet! Man geht auf dem Westgrat weiter, wobei man hier und da über den Gletscher steigt, und gelangt auf die 3343 Meter hohe Punta Penia. Beim Abstieg kann man den Weg über den Gletscher nehmen und bis zum Lago di Fedaia absteigen, von wo Busse nach Canazei fahren.

Dolomitengipfel über dem Valle del Primiero

Valle del Primiero ❽

Straßenkarte D3. *ab Feltre.* **APT San Martino di Castrozza** *Via Passo Rolle 165, San Martino di Castrozza, 0439 768 867, Fax 0439 768 814.* **APT Primiero** *Via Dante 6, Fiera di Primiero, 0439 624 07, Fax 0439 629 92.*

Bergbegeisterte Besucher waren es, die im 19. Jahrhundert die trentinische Seite der Pale di San Martino für sich entdeckten. Seither ist **San Martino di Castrozza** einer der bekanntesten Orte der Dolomiten. Früher gab es am Fuß des Rollepasses nur ein Hospiz für Wanderer und Geistliche, das kurz nach 1000 errichtet, aber im 15. Jahrhundert nach dem Konstanzer Konzil geschlossen wurde. Das erklärt zum Teil das moderne Äußere des Ortes, der im Ersten Weltkrieg zerstört wurde und nach dem Zweiten Weltkrieg aufgrund des Sommer- und Wintertourismus stark gewachsen ist; modern sind das Denkmal für Cesare Battisti (er nannte den Kreis der Berge um den Ort »das stolzeste Amphitheater der dolomitischen Alpen«) und die Pfarrkirche, von deren mittelalterlichen Ursprüngen nur im Turm Überreste erhalten sind. Die Pale di San Martino bilden den Hintergrund von **Fiera di Primiero**, dem wegen des Jahrmarkts *(fiera)* historisch bedeutenden Dorf, der dem Ort auch seinen Namen gegeben hat. Fiera, im Besitz der Bischöfe von Feltre, die es den Tiroler Welspergs zu Lehen gaben, lebte, bevor es vom Ski- und Wandertourismus entdeckt wurde, vom Handel, aber auch vom Erzbergbau in den nahen Tälern (Silber am Monte Bedolé, Kupfer im Valle del Vanoi, Eisen in der Gemeinde Transacqua). Und so erklären sich die eleganten Gebäude der Altstadt, in der die Pfarrkirche Mariä Himmelfahrt (dell'Assunta) im 15. Jahrhundert im gotischen Stil errichtet wurde; aus dieser Zeit sind auch in ihrem Inneren das Fresko *Die hl. Anna und Madonna mit Kind* und das Chorgestühl. Der Minenverwalter residierte im rückwärtigen Palazzo delle Miniere, ebenfalls aus dem 15. Jahrhundert (woran die Zinnen auf den Außenmauern erinnern), der im 16. Jahrhundert umgebaut wurde, wie man an der Außentreppe mit Doppelrampe sieht. Im Innern sind Gerätschaften des Bergbaus, handwerklicher Berufe und der Landwirtschaft neben Erinnerungen an den Ingenieur Luigi Negrelli zu sehen, den Projekteur des Suezkanals.

Säule in der Pfarrkirche in Fiera di Primiero

Palazzo delle Miniere
Piazza Dazio, Fiera di Primiero.
0439 62 515. Juli–Sep 9–12, 15–19 Uhr u. nach Voranmeldung.

Valle del Vanoi ❾

Straßenkarte D3.
ab Fiera di Primiero.
Consorzio Turistico Valle del Vanoi *Piazza Vittorio Emanuele III 6, Canal San Bovo, 0439 719 041 (auch Fax).*

Das Tal, das sich in die Lagorai-Kette vorschiebt und vom Valle del Primiero durch den Passo di Gobbera (988 m) getrennt ist, bildet einen langen Halbkreis um den Monte Cima d'Asta (2847 m). Auch deswegen führt es drei verschiedene Namen: Val Cia im oberen, Canal San Bovo im mittleren und Val Coltella im unteren Teil. Kommt man von Fiera di Primiero, liegt am Taleingang **Canale San Bovo**, heute ein ruhiger Ferienort, doch einst ein wichtiger Umschlagplatz für die im Tal produzierten Rohstoffe: Das Kupfer wurde nach Fiera transportiert, das Holz dagegen setzte seinen Weg auf verschiedenen reißenden Flüssen in Richtung Veneto und Venedig fort, für dessen Werften es unter anderem bestimmt war. Und einer dieser Flüsse, der Vanoi, war es, der den Ort mehrmals mit sich fortriss; besonders groß waren die Zerstörungen durch die Überschwemmung 1828, nach der die Pfarrkirche im klassizistischen Stil wiedererrichtet wurde. Ein anderer wichtiger Ort des Tales ist **Caoria**, das vom Bach Valsorda in zwei Hälften geteilt ist; das Museo

Der Palazzo delle Miniere in Fiera di Primiero; dahinter die Pfarrkirche

della Grande Guerra sul Lagorai erinnert mit Fund- und Erinnerungsstücken an den Ersten Weltkrieg, der auf den Bergen der unmittelbaren Umgebung erbittert geführt wurde. Noch heute stößt man dort auf Spuren der blutigen Schlachten.

Museo della Grande Guerra sul Lagorai
Via Ghiaie, Caoria.
0439 710 139. *Weihnachten, Ostern, Mitte Juni–Mitte Sep Sa–So 14–18 Uhr u. nach Voranmeldung.*

Canale San Bovo am Eingang zum Valle del Vanoi

Altopiano del Tèsino ⑩

Straßenkarte D4. *ab Trento.*
APT Lagorai della Valsugana Orientale e del Tesino Via Dante 10, Castello Tesino, *0461 593 322.*

Erst 1908 wurde die Straße eröffnet, die von Canale San Bovo zum Passo del Brocon (1615 m) hinaufführt. Und erst dann gelang es den Österreichern, am Berghang eine Straßentrasse anzulegen, die diesen Namen wirklich verdient, nicht zuletzt dank des massiven Einsatzes von Sprengstoffen. Dass dies eine Großunternehmung war, zeigen die endlosen Serpentinen dieser Straße, die vom Valle del Vanoi heraufführt; begleitet werden sie von einer Landschaft, die wahrlich aufregende Ausblicke gewährt. Den schönsten Rundblick hat man direkt auf der Passhöhe, denn dann zeichnet sich in Richtung Nordosten das unverwechselbare Profil der Pale di San Martino ab. Schilder auf der Höhe des Passes weisen die Richtung zu der 1927 entdeckten **Grotta di Castello Tesino**, die etwa 600 m lang ist und reich an Tropfsteingebilden, glitzernden Mineralien und spiegelnden Seen. Dann beginnt die Abfahrt – wieder mit unzähligen Kehren inmitten einsamer Landschaften – bis nach **Castello Tesino**. Die Burg des Ortsnamens ist restlos verschwunden, was sicher auch an den zahllosen Bränden liegt, die den Ort heimgesucht haben, obgleich antike Quellen schon zur Zeit der römischen Herrschaft von einem Wehrbau sprechen, der die Straße zwischen Trento und Vicenza kontrollierte. Fresken im volkstümlichen Stil zieren die Kirche Sant'Ippolito aus dem 15. Jahrhundert. In **Pieve Tesino** findet man unschwer die gotische Pfarrkirche Mariä Himmelfahrt (dell' Assunta), die das Fresko einer *Kreuzabnahme* aus dem 15. Jahrhundert enthält. Von oben in das Valsugana blickt man anschließend im nachfolgenden **Strigno**, das im Ersten Weltkrieg vollkommen zerstört wurde; klassizistische Linien zeichnen die Kirche dell'Immacolata aus, wogegen die Kirche Santa Maria di Loreto lediglich eine Kopie der Wallfahrtskirche Santa Casa di Loreto ist; sie wurde im 17. Jahrhundert errichtet, als hier der Madonnenkult aus dem Städtchen in den Marken um sich griff. Oberhalb der Römerstraße, die durch das Valsugana führte, erhebt sich das Castel Ivano des nahen Ortes **Ivano-Fracena**; von all den Herren, die diese Burg besaßen (ihre Wappen sind auf die Mauer des Bergfrieds gemalt), war ein gewisser Biagio dermaßen tyrannisch, dass er einer Legende zufolge von der Bevölkerung hingerichtet wurde.

Die Kirche Sant'Ippolito in Castello Tesino

Castel Ivano über der Römerstraße durch das Valsugana

Südtirol

Südtirol im Überblick

DAS ETSCHTAL UND DAS EISACKTAL sind das Knochengerüst Südtirols. Bozen, das nach dem Zweiten Weltkrieg Verwaltungssitz der autonomen Provinz wurde, liegt am Zusammenfluss von Etsch und Eisack. Die Etsch entspringt am Reschenpass, der im Nordwesten die Grenze zwischen dem österreichischen Tirol und Italien bildet, durchfließt den Vinschgau und streift Meran; die Eisack dagegen kommt vom Brenner herunter, der anderen historischen Grenze zu Österreich, und fließt, nachdem sie Sterzing berührt hat, durch Brixen und in einem engen Tal bis nach Bozen. Das Gebirge östlich des Etschtals sind die Dolomiten, deren berühmte Gipfel sich im Hintergrund des Eggentals, des Grödner Tals, des Gadertals und des oberen Pustertals erheben: Regionen mit bekannten Touristenorten, in denen Deutsch und Ladinisch gesprochen wird.

Das Kurhaus von Meran *ist ein Zeuge der Zeit, als die Stadt ein Thermalbad war, in dem um 1900 Herrscherfamilien und der europäische Hochadel weilten* (siehe S. 124).

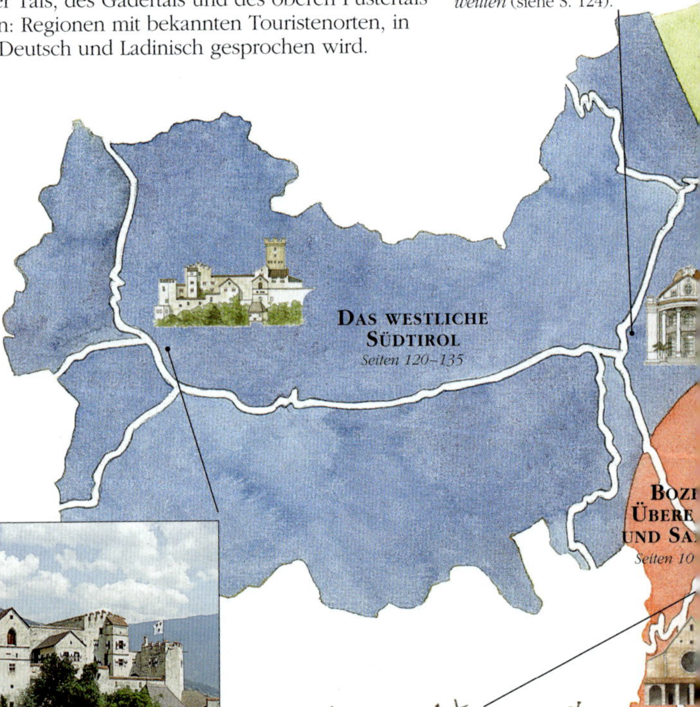

Die ***Churburg****, 1253 im Vinschgau von den Bischöfen von Chur errichtet, ist eine der besterhaltenen Wehrbauten in Südtirol. Die Räume enthalten eine Vielzahl von Objekten, die als Zeugnisse der Tiroler Geschichte hochbedeutend sind. Unter ihnen ragt eine der größten Rüstungssammlungen Europas heraus* (siehe S. 130).

Die Franziskanerkirche in Bozen *wurde Anfang des 14. Jahrhunderts mit dem Kloster erbaut; der Campanile entstand erst 1376. Nach der Bombardierung im 2. Weltkrieg ist im Inneren nur noch das Fresko der Franziskanerdoktoren* (oben) *erhalten* (siehe S. 111).

Schloss Bruneck *steht auf einer Anhöhe, von der aus es die Stadt und die Talebene beherrscht. Der Bischofssitz stammt aus der Mitte des 13. Jahrhunderts, auch wenn das heutige Erscheinungsbild auf Eingriffe des 15. und 16. Jahrhunderts und Restaurierungen im 20. Jahrhundert zurückzuführen ist. Malereien und Bischofswappen zieren den Innenhof* (siehe S. 145).

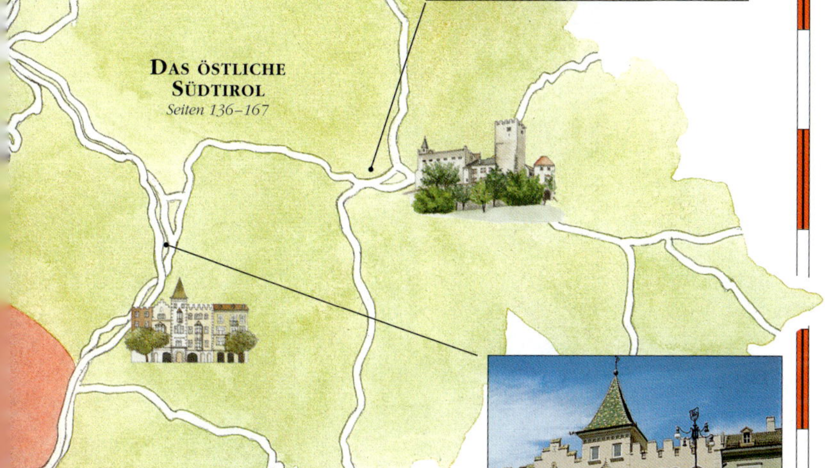

Das Rathaus von Brixen *zeigt beispielhaft einige Merkmale der Architektur der Stadt, wie z. B. Zinnen und farbige Erker. In der Straße namens »Große Lauben«, dem Herz des Handels im Mittelalter, sieht man weitere Beispiele in den Häusern, die sich über Bogengängen erheben, und im Alten Rathaus* (siehe S. 141).

Maria Weißenstein *bei Deutschnofen ist die bekannteste und meistbesuchte Pilgerstätte in Südtirol. Der Bau aus der Mitte des 17. Jahrhunderts enthält spätbarocke Stukkaturen und Fresken des 18. Jahrhunderts* (siehe S. 118).

HIC TEMPLUM SANCTAE

Bozen, Überetsch und Sarntal

FÜR DEUTSCHE UND ÖSTERREICHER *bedeutet der Besuch der deutsch-italienische Zweisprachigkeit von Südtirol eine gewisse Verlängerung des Heimatgefühls, für Italiener weiter aus dem Süden liegt an der Grenze zu Südtirol die Schwelle zu einer anderen Welt, die ihnen irgendwie fremd ist. Sprache, Architektur, Lebensrhythmus und Gebräuche stehen uns näher als den mediterranen Italienern.*

Italiener haben beim Übertritt über die Verwaltungsgrenze zwischen Trentino und Südtirol eher das Gefühl, in ein fremdes Land als in eine andere italienische Provinz zu kommen. Nur in Bozen, sagen sie, gehe es manchmal italienisch zu, aber kurz dahinter fühlten sie sich schon wieder »fremd im eigenen Land«. Eine Empfindung, die zur Zeit der Diskussionen zwischen Rom und Wien über den Status dieser Region zu vielen Missverständnissen Anlass geben konnte, die aber heute einen Grund mehr bedeutet, ein Land kennen zu lernen, dessen Geschichte bemerkenswert ist. Von ganz Südtirol (dem italienischen Alto Adige) sind es Bozen und Überetsch, die durch ihre Lage immer schon offen für Kontakte zu Italien waren: Sie waren die ersten Regionen der heutigen Provinz, die Kolonien der Römer wurden, als diese die Via Claudia Augusta durchs Etschtal zur Provinz Noricum trassierten, und die letzten, die die Bischöfe von Trento den Grafen von Tirol überließen. Aber nur weniges erinnert an diese Zeiten, während die Spuren, die die jahrhundertelange Herrschaft der Tiroler und Habsburger hinterlassen hat, überall fühlbar sind, sogar in Bozen, das Mussolini zu »italienisieren« versuchte. Das bestätigt beispielsweise das Sarntal, wo das Grün der Wiesen und Wälder nur von den »masi«, den bajuwarisch anmutenden Bauernhäusern, durchbrochen wird.

Die Hochebene von Ritten mit den berühmten Erdpyramiden

◁ **Die typischen bemalten Erker der Häuser am Rathausplatz in Bozen**

Überblick: Bozen, Überetsch und Sarntal

Bozen, die Hauptstadt des vorwiegend Deutsch sprechenden Südtirol, ist das eine der beiden Gesichter: Sein historisches Zentrum ist ohne Frage das einer typisch österreichischen Stadt, aber die Sonne, die es erwärmt, hat schon etwas Mediterranes. Gänzlich deutsch sind dagegen sowohl das Überetsch, wo an der Südtiroler Weinstraße eines der typischen Produkte der Region erzeugt wird, als auch das Sarntal, das eine Kostprobe der Südtiroler Berge bietet. Majestätische, typisch dolomitische Landschaften kennzeichnen schließlich den Aufstieg ins Eggental, hinter dem sich der Latemar und der Rosengarten türmen.

Der Kalterer See an der Weinstraße

In Bozen, Überetsch und im Sarntal unterwegs

Durchs Etschtal, dem Hauptverbindungsweg durch Südtirol, schon lange bevor die Römer hier die Via Claudia Augusta bauten, winden sich die Brenner-Autobahn A22, die SS 12 und die Gleise der Eisenbahn: Für alle ist die Hauptstadt Bozen einer der wichtigsten Knotenpunkte. Aus Nebenstraßen besteht hingegen das Netz der Verkehrswege durch das Überetsch, das Sarntal und das Tierser Tal; hier gibt es auch ein gutes Autobusnetz. Eine alte Staatsstraße, die SS 241, die mit einem Teil der Großen Dolomitenstraße identisch ist, führt durchs Eggental zum Karerpass.

Legende

- Autobahn
- Hauptstraße
- Nebenstraße
- Panoramastraße
- Fluss

Schloss Runkelstein zwischen Bozen und Sarntal

Sehenswürdigkeiten auf einen Blick

Bozen / Bolzano
S. 108–113 ❶
Eggental / Val d'Ega ❼
Ritten / Renon ❷
Sarntal / Val Sarentina ❹
Terlan / Terlano ❸
Tierser Tal / Val di Tires ❽
Überetsch / Oltradige ❺
Weinstraße / Strada del Vino ❻

Siehe auch

- ***Übernachten*** S. 190f
- ***Restaurants*** S. 198f

Dichte Nadelwälder an den Hängen des Eggentals

Bozen / Bolzano ❶

DIE HAUPTSTADT der Provinz Südtirol, die am Zusammenfluss von Etsch, Talfer und Eisack liegt, ist zweisprachig, wobei die Mehrheit der Bevölkerung Deutsch spricht. Das Attraktive an Bozen ist seine Atmosphäre, eine Mischung aus österreichischen und italienischen Traditionen, die am schönsten beim Christkindlmarkt zutage treten. Deutsch wirkt die Altstadt um Dom und Laubengasse mit ihren bemalten Fassaden und Bogengängen; italienisches Flair findet man dagegen im modernen Teil jenseits des Talfers, den die Faschisten bauten, um die Stadt zu »italienisieren«. Belle-Époque-Villen im Grünen, das ist Gries, heute Teil von Bozen, früher einmal eine eigene Gemeinde und ein beim europäischen Adel sehr beliebter Luftkurort.

Waltherplatz Piazza Walther

Er ist der »Salon« der Stadt, der Ort der wichtigsten Veranstaltungen; der auf Wunsch Maximilians von Bayern 1808 gebaute Platz trägt den Namen des Minnedichters Walther von der Vogelweide (1170 bis 1230), den das neoromanische Denkmal darstellt, das seit 1889 auf der Platzmitte steht.

Dom / Duomo

Waltherplatz.

0471 973 133, 0471 978 676.

Mo–Fr 9.45–12, 14–17 Uhr; Sa 9.45–12 Uhr, So während der Messe.

An der Südwestseite des Platzes steht dieser gotische, Mariä Himmelfahrt geweihte Bau mit schwarzen, gelben und grünen zu Rautenmustern gelegten Dachziegeln. Die heutige Kirche, die über Resten einer frühchristlichen und einer 1180 geweihten karolingischen Kirche steht, wurde 1295 von lombardischen Baumeistern im romanischen Stil begonnen, 1340 von schwäbischen Architekten im gotischen Stil weitergebaut und im 15. Jahrhundert vollendet. Der Turm, 65 Meter hoch und mit einer filigranen Spitze aus Sandstein, ist vom Beginn des 16. Jahrhunderts, während die Fresken im Inneren 100 Jahre älter, d. h. ebenso alt sind wie die Skulpturen aus der Werkstatt Schiche, die das nahe »Weintörl« zieren. Interessant die Fassade mit romanischer Vorhalle, Fensterrose und dem Fresko *Madonna mit Kind* (1475) aus der Schule Michael Pachers. Im Inneren sind die Rekonstruktionen nach den Schäden des Zweiten Weltkriegs deutlicher zu sehen: Die Bomben haben die originalen Fresken nur zum Teil verschont; intakt blieb die Kanzel von Hans Lutz (1514). Die Gnadenkapelle hinter dem Hochaltar ist eine barocke Zutat des Jahres 1745.

Die Turmspitze des Doms

Das Denkmal Walthers von der Vogelweide auf dem Waltherplatz

Die Dominikanerkirche mit Fresken des 14. Jahrhunderts

Dominikanerkirche Chiesa dei Domenicani

Dominikanerplatz.

0471 973 133, 0471 982 027.

Mo–Sa 9.30–18 Uhr, außer während Gottesdiensten.

Der um 1270 errichtete Bau war einer der ersten gotischen in Südtirol. An den Längsschiffwänden der im letzten Krieg halb zerstörten und wieder aufgebauten Kirche gibt es Freskenfragmente des 14./15. Jahrhunderts Meraner und Veroneser Schulen, und ein Gemälde von Guercino ziert eine der Kapellen des linken Längshauses. Von großem Reiz ist die Johanneskapelle, die vollständig mit einem Freskenzyklus aus der ersten Hälfte des 14. Jahrhunderts ausgemalt ist: Hier haben die in der Nachfolge der Paduaner Giotto-Schule stehenden Künstler mit lebhaften Farben das *Leben Mariä, Johannes des Täufers, des hl. Nikolaus* und das *Martyrium des hl. Christophorus* erzählt. Eindrucksvoll der *Triumph des Todes* an der Ostwand. Interessant ist auch der Kreuzgang des dazugehörigen Klosters: Die Fresken von Friedrich Pacher und Sylvester Müller wurden um 1496 über einen 100 Jahre älteren Freskenzyklus gemalt, von dem bis heute nur einige Bruchstücke freigelegt sind. Müller malte zusammen mit Malern der Giotto-Schule auch die Katharinenkapelle mit einem *Weltgericht* und einem *Leben Jesu* aus.

Infobox

Straßenkarte C3. 98 000.
FS Bahnhofplatz, 0471 974 292.
Perathonerstr. 4, 800 846 047. Waltherplatz 8, 0471 307 000/1/2.
Verkehrsamt *Mo–Fr 9–18.30 Uhr, Sa 9–12.30 Uhr.*
www.bolzano-bozen.it
info@bolzano-bozen.it
Weinmesse Mai; Blumenmarkt Mai; Kunsthandwerk Mai; Bozener Sommer Juli–Aug; Christkindlmarkt Nov–Dez; Silvesterlauf 31. Dez.

Fresko an einem Haus in der Kornstraße

Mustergasse Via della Mostra

Eine der Hauptstraßen des alten Bozen war im Mittelalter von Beamten bewohnt und wurde im 18. Jahrhundert die feine Adresse des Hochadels und des lokalen Bürgertums, die hier ihre Residenzen errichteten. Elegant wirken noch heute die Fassaden des **Palazzo Pock** (1759), der mit seinen Rokoko-Fensterrahmen ins Auge fällt, und des **Palazzo Campofranco** (1764), dessen Portal von Säulen gerahmt ist, auf denen ein Balkon ruht. Die Straße endet am **Kornplatz / Piazza del Grano**, dem ältesten Zentrum der Stadt, dessen Name beredt an seine alte Funktion erinnert.

Silbergasse Via Argentieri

Sie verläuft parallel zur Mustergasse und folgt dem Verlauf der im 13. Jahrhundert abgebrochenen Stadtmauern. Der 1727 errichtete **Merkantilpalast / Palazzo Mercantile** hat eine Barockfassade, die einige Häuser gotischen Ursprungs hinter einer Stirn mit Doppelportal zusammenbindet. Als diese Arbeiten durchgeführt wurden, residierte hier ab 1635 bereits der Merkantilmagistrat. In den Räumen, in denen er tagte, befindet sich heute das Merkantilmuseum *(siehe S. 110)*. Deutlicher treten die gotischen Formen an den nächsten Gebäuden hervor: Eines hat noch seine Außentreppe. Das **Troilohaus / Casa Troilo** (Umbau 1603) zeigt noch Spuren von Fresken.

Das Zentrum von Bozen / Bolzano

Archäologiemuseum ⑬
Bindergasse ⑨
Dom ②
Dominikanerkirche ③
Franziskanerkirche ⑪
Kirche Sankt Johann im Dorf ⑩
Laubengasse ⑦
Merkantilpalast ⑧
Mustergasse ④
Obstmarkt ⑥
Schloss Maretsch ⑮
Siegesdenkmal ⑯
Silbergasse ⑤
Stadtmuseum ⑭
Streitergasse ⑫
Waltherplatz ①

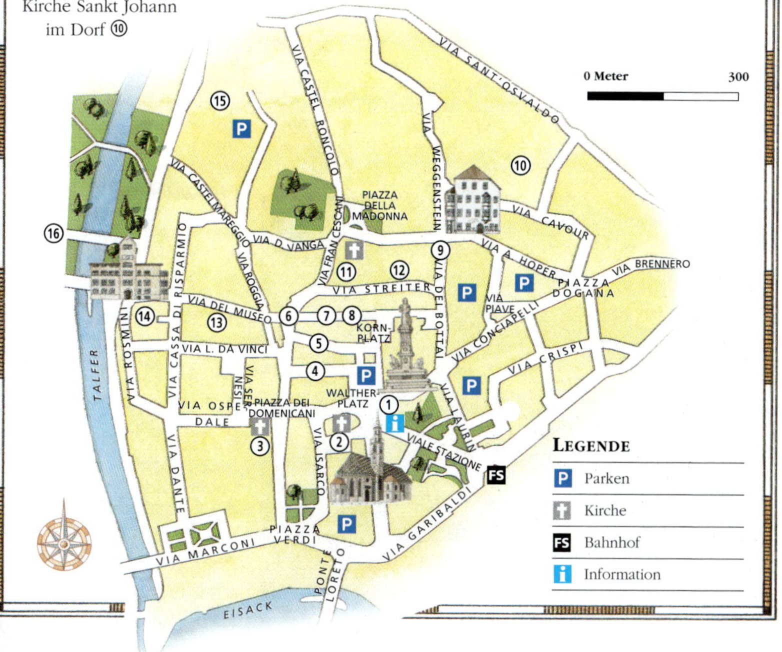

Obstmarkt
Piazza delle Erbe

Seinen heutigen Namen hat er vom Obst- und Gemüsemarkt, der hier täglich stattfindet. Früher einmal hieß er Oberer Platz, denn hier befand sich das Obertor. Dieser farbenfrohe und lebhafte Platz an der Kreuzung von Laubengassse, Franziskanergasse, Museum- und Goethestraße verdankt seine Form der Tatsache, dass er in der Nähe einer der Spitzen der mittelalterlichen Stadtmauer lag. Er ist das mediterrane Herz Bozens, was man an den Obst- und Gemüseständen sieht, die das Beste der heimischen Produktion feilbieten. An der Ecke Laubengasse steht der *Neptunbrunnen* (18. Jahrhundert), dessen Bronzestatue ein Werk von Georg Mayr aus Völs ist. Im Scherz wird der Brunnen *Gabelwirt* genannt, weil es hieß, an ihm löschten alle die ihren Durst, die kein Geld für Wein hätten, und er steht an der Stelle, wo früher Übeltäter an den Pranger gestellt wurden. Gegenüber, an dem neugotischen Gebäude an der Ecke Museumstraße, erinnert eine Gedenktafel daran, dass dort einst das berühmte Hotel zur Sonne stand, in dem – unter anderen – Martin Luther, Kaiser Joseph II. sowie Goethe und Herder (auf ihren Reisen nach Italien) übernachtet haben. Das Hotel wurde 1873 abgerissen, um den Zugang zur ehemaligen Fleischgasse (der heutigen Museumstraße) zu verbreitern.

Die Laubengasse, Geschäftsstraße seit dem 12. Jahrhundert

Laubengasse
Via dei Portici

Westlich des Rathausplatzes beginnt die berühmte Laubengasse, die bekannteste und von Touristen meistbesuchte Straße, die von eleganten Geschäften gesäumt ist, deren Schaufenster einladend dekoriert sind. Sie ist seit Jahrhunderten das Herz des Geschäftslebens der Stadt. Sie entstand um das 12. Jahrhundert, als sich in der Gegend nördlich des Doms Händler niederließen: Das Erdgeschoss nahmen in der Regel die Läden ein, während die oberen Stockwerke die Privaträume enthielten.

Wappen an der Fassade des Merkantilmuseums

Obstmarkt, das mittelalterliche Herz Bozens

Ein weiterer Blickpunkt sind in dieser Straße die schönen Fassaden der Häuser aus dem 16. bis 18. Jahrhundert, die oft barocke Stuckdekors und stilvolle Portale zieren; viele haben auch die typischen mehreckigen Erker. Etwas Zeit sollte man sich auch für die beiden historischen Apotheken nehmen, »Zum schwarzen Adler« aus dem 18. Jahrhundert und »Zur Madonna« von 1443, sowie für das Alte Rathaus, dessen spätgotische Lauben sich zu der Gasse öffnen. Enge Sträßchen verbinden die Laubengasse mit der Streitergasse und der Silbergasse in der Nähe.

Merkantilmuseum
Museo Mercantile

Silbergasse 6. *0471 945 709.* *Mo–Sa 10–12.30 Uhr.* *So, 1. Jan, Ostern, 1. Mai, Weihnachten.* *10 Uhr auf Deutsch, 11 Uhr auf Italienisch.*

Das 1997 eröffnete Museum befindet sich im gleichnamigen Barockpalais, das nach Plänen des Veronesers Francesco Perotti erbaut und 1727 fertiggestellt wurde. Interessant der Hof mit zwei Loggienreihen, der Empfangssaal, den über und über allegorische Malereien und Gemälde der Mitglieder des Hauses Habsburg zieren, sowie die imposante Innentreppe, die zum ersten Stock hinaufführt. In den Räumen, in denen der Merkantilmagistrat Streitigkeiten löste sind kunstgewerbliche Gegenstände, Möbel und Gerätschaften aus dem Barock und Gemälde verschiedener Künstler zu sehen (besonders bemerkenswert die von Martin Knoller). Die reichen Sammlungen sind Zeugen des Wohlstands Bozens im goldenen Zeitalter des internationalen Handels: Die wirtschaftliche Entwicklung der Stadt, bereits im Mittelalter und in der Renaissance beachtlich, erhielt einen weiteren Schub, als auf Wunsch der Regentin Claudia de' Medici im Jahre 1635 der Merkantilmagistrat gegründet wurde.

Das Batzenhäusl aus dem Mittelalter

Bindergasse Via dei Bottai

Die Wirtshäuser, die sich hier noch heute drängen und die an den typischen Schmiedeeisenschildern zu erkennen sind, waren einst mit Händlern gefüllt, die auf dem Weg zum Brenner waren oder von dort kamen. Im Maximilianhaus (1512), fast am Ende der Gasse, ist das **Naturmuseum Südtirol / Museo Provinciale di Scienze Naturali** untergebracht. Es lässt den Besucher die Vielfalt der Südtiroler Naturlandschaft erleben und zeigt ihm auch die menschlichen Siedlungsformen hier. In der Andreas-Hofer-Straße, auf die eine Seite des Gebäudes blickt, findet man das Batzenhäusl, eine alte Weinschänke, leicht erkennbar an dem typisch mittelalterlichen turmartigen Bau.

Naturmuseum Südtirol Museo Provinciale di Scienze Naturali

Bindergasse 1. *0471 412 960 / 1.* *Di–So 10–18 Uhr.*

Ein typisches schmiedeeisernes Kneipenschild in der Bindergasse

Kirche St. Johann im Dorf Chiesa di San Giovanni in Villa

Sankt-Johann-Gasse. *Ostern–Okt nach Voranmeldung beim Verkehrsamt am Waltherplatz.*

Die Kirche wurde 1180 erstmals erwähnt. Ihre heutige Gestalt verdankt sie Umgestaltungen vom Anfang des 14. Jahrhunderts, als auch der romanisch-gotische Glockenturm mit seinen zwei- und dreibogigen Fenstern errichtet wurde. Zur selben Zeit wurde die Apsis mit Fresken ausgemalt, die jedoch 1360 von in der Giotto-Tradition stehenden Künstlern nahezu vollständig mit neuen Fresken überzogen wurden.

Fresko in der Franziskanerkirche

Franziskanerkirche Chiesa dei Francescani

Franziskanergasse 1. *0471 977 293.* *Mo–Sa 10–12, 14.30–18 Uhr.*

Dass die Bombardierungen im Zweiten Weltkrieg besonders diese Kirche heimgesucht haben, die 1221 an der Stelle einer älteren Kapelle errichtet und am Anfang des 14. Jahrhunderts nach einem Feuer wiederaufgebaut wurde, zeigt ihr Äußeres, an dem die Rekonstruktionen gut sichtbar sind. Die Kirche präsentiert sich also in den gotischen Formen vom Anfang und teilweise mit der Deckung vom Ende des 14. Jahrhunderts; das Portal in der Fassade des Hofes, in dem man Grabsteine des 16. Jahrhunderts sieht, ist jedoch eine moderne Zutat. Das dreischiffige Innere, das hohe achteckige Säulen tragen, birgt in der Apsis einen hölzernen Flügelaltar von Hans Klocker aus dem Jahr 1500. Aus dieser Zeit stammt auch das Fresko der Franziskanerdoktoren an der linken Wand. Aus dem linken Seitenschiff betritt man den Kreuzgang mit Kleeblattbogen des 14. Jahrhunderts und einem spätgotischen Gewölbe vom Ende des 15. Jahrhunderts. Die Wände sind mit Fresken des 14.–17. Jahrhunderts bedeckt; von älteren Arbeiten, vor allem von dem Zyklus von 1330, ist, auch als Folge von Veränderungen am Grundriss, die im 15. Jahrhundert vorgenommen wurden, nur noch eine *Kreuzigung* zu sehen, Werk eines Meisters aus Rimini, der als erster Einflüsse der Malerei Giottos nach Südtirol brachte.

Streitergasse Via Streiter

Auch diese einst Kärrnergasse genannte Straße, die auf der Trasse der mittelalterlichen Mauern verläuft, stellt eine der historischen Achsen Bozens dar. Sie ist wahrscheinlich eine der faszinierendsten Straßen der Stadt mit ihren gotischen Spitzbögen, die sie überspannen, und den typischen Häusern mit bemalten Erkern. Von der Franziskanerkirche aus gesehen steht an der Ecke links der Zallingerturm, der die Gasse ebenfalls mit einem Bogen überspannt. In der Hausnummer 25 befindet sich das Alte Rathaus, das gegen Ende des 16. Jahrhunderts von Antonio Carloni im Stil der Spätrenaissance entworfen wurde.

Archäologiemuseum Museo Archeologico

Museumstr. 43. *0471 982 098.*
Di–So 10–18 Uhr (Do 10–20).
Mo, 1. Jan, 1. Mai, Weihnachten.

Das moderne Museum erzählt die Geschichte Südtirols vom Erscheinen der ersten Menschen (15 000 v. Chr.) bis zum Hochmittelalter (800 n. Chr.) mit Hilfe von Originalfunden, Modellen, audiovisuellen Medien und Hologrammen. Lehrreich sind die Rekonstruktionen der paläolithischen und mesolithischen Grabungsstätten auf der Seiser Alm, der Dörfer aus der Bronze- und Eisenzeit, der Römerstraße und der Ostwand von St. Benedikt in Mals. Unter den Fundstücken ragen das *Gürtelblech* aus der Eisenzeit, eine *Situla* (5. Jahrhundert v. Chr.) und ein hölzerner *Sarkophag* aus Sterzing (4.–8. Jahrhundert) heraus. Im 1. Stock (Kupferzeit) wird die 1991 am Similaungletscher entdeckte 5300 Jahre alte Mumie des »Ötzi« gezeigt; sie liegt in einer Tiefkühlzelle. Sehr interessant ist auch seine Ausrüstung.

Stadtmuseum, Südtiroler Kunsthandwerk

Stadtmuseum Museo Civico

Sparkassenstr. 14. *0471 974 625.*
Di–So 10–18 Uhr, Do 10–20 Uhr.
nach Voranmeldung.

Der 1902–04 auf den Fundamenten der mittelalterlichen Residenz Hurlach errichtete Bau beherbergt eine kostbare Sammlung archäologischer Funde und gotischer Kunst sowie eine bedeutende Ausstellung traditioneller Trachten und Accessoires. An die Anfänge der Besiedelung Südtirols erinnern frühgeschichtliche Funde wie die *Menhire aus Santa Venera*, die lange Römerherrschaft ist dagegen durch den *Meilenstein* des Kaisers Claudius, 46 n. Chr. datiert, und durch das *Mithrarelief* des 3. Jahrhunderts aus Sterzing dokumentiert. Äußerst interessant ist auch die Sammlung gotischer Skulpturen: wundervoll die Madonnen aus dem Pustertal, darunter die *Thronende Madonna mit Kind* aus Gais (13. Jahrhundert). Auch viele Flügelaltäre sind zu bewundern, Ausdruck gotischer Kunst in Südtirol, die sich bis in die Hochrenaissance erhält, was an den etwas starren Kompositionen wie etwa der Madonna mit Kind und Heiligen zu sehen ist. Eine kuriose Sammlung von Öfen und Ofenkacheln des 16.–18. Jahrhunderts leitet über zu den traditionellen Trachten der Täler und Gegenständen des täglichen Gebrauchs, von hölzernen Festmasken bis hin zu aus Knochen gefeilten Löffeln. Nicht übersehen sollte man schließlich auch die Bilder naiver Volkskunst, die auf Spiegel oder Glas gemalt sind, sowie die originalgetreuen Nachbildungen einiger »Stuben« aus den *masi* genannten Bauernhäusern: Die Stube war der Hauptraum des Hauses, völlig mit Zirbenholz ausgekleidet und als einziger geheizt.

Burg Maretsch aus dem 13. Jahrhundert

Burg Maretsch Castel Mareccio

Anfang des 20. Jahrhunderts wurden entlang der Ufer des Talfers Promenaden durchs Grün der Gärten eröffnet. Die Wassermauerpromenade am östlichen Ufer führt zur Feste Maretsch, die noch immer von den Weinbergen umgeben ist, die bis zum letzten Jahrhundert Bozen geradezu belagerten. Ihre Form entspricht der ähnlicher deutscher Wehrbauten, was die vier runden Ecktürme belegen, die in kegelförmigen Dächern enden; sie erhielt ihre heutige Gestalt im 16. Jahrhundert, als man den Bau aus dem 13. Jahrhundert umgestaltete.

Siegesdenkmal Monumento della Vittoria

Neben der Brücke, die den Talfer überspannt, ist dies das bombastischste Zeichen, das das faschistische Regime in den 1920er Jahren gesetzt

Das Siegesdenkmal, Symbol der faschistischen Italienisierungskampagne

Die Guntschnapromenade mit Blick auf das Bozener Becken und die Dolomiten

hat. Das Symbol italienischer Größe wurde bei Marcello Piacentini bestellt, der sich von den römischen Triumphbögen inspirieren ließ. Für den Schmuck wandte man sich an die bedeutendsten Bildhauer der Zeit, u. a. an Adolfo Wildt. Die Sperrgitter, die das Denkmal umgeben, erinnern noch heute an die Attentate, die Südtiroler Unabhängigkeitskämpfer gegen das Denkmal verübten.

Gries

Eine lange, gerade Straße, die typisch für das in den 1930er Jahren vom Regime angelegte »italienische« Viertel ist, führt von Bozen nach Gries, das sich um die Benediktinerabtei herum entwickelte und sich im 19. Jahrhundert zu einem vielbesuchten Luftkurort emporgearbeitet hat.

Benediktinerabtei Abbazia dei Benedettini

Grieser Platz.
0471 283 089.

Eine zinnenbewehrte Mauer umgibt die 1406 gegründete Anlage, zu der eine früher hier stehende Burg des 14. Jahrhunderts der Grafen von Tirol umgebaut wurde; der Glockenturm war zuvor der Bergfried der Burg gewesen. Mehr als drei Jahrhunderte später wurde die nahe **Stiftskirche St. Augustinus / Chiesa di Sant'Agostino** errichtet (1771), deren klassizistische Ausschmückung das Werk des aus Steinach am Brenner stammenden Martin Knoller ist.

Alte Pfarrkirche in Gries Vecchia parrochiale di Gries

Knollerstraße. *0471 283 089.*
Apr–Okt Mo–Fr 10.30–12, 14.30–16 Uhr.

Die hinter einer Baumreihe verborgene und von einem kleinen Friedhof umgebene Kirche gibt sich spätgotisch, was auf Umbauten des 14. und 16. Jahrhunderts zurückgeht, doch ihre Ursprünge sind ottonisch.

Die Pfarrkirche in Gries

Von den Fresken, die einst die Kirche innen wie außen überzogen, sind nur noch blasse Reste vorhanden. Grandios sind aber das hölzerne romanische Kruzifix von 1205 und, auch wenn einige Teile fehlen, der Flügelaltar von Michael Pacher (1475), der zu den bedeutendsten Kunstwerken der deutschen Gotik zählt.

UMGEBUNG: Die **Guntschnapromenade / Passeggiata del Guncina** ist ein botanischer Lehrpfad, der sich die Berghänge hinter der Alten Pfarrkirche von Gries hinaufwindet. Der Erzherzog von Österreich hat sie 1892 eröffnet und dazu eine Reihe von Baumarten gepflanzt, die dank der besonderen Bodenqualität üppig gediehen sind: Entlang der Promenade, von der man herrliche Aussichten auf Bozen, die Weinberge vor den Toren der Hauptstadt und auf die Dolomiten im Hintergrund hat, stößt man auch auf typische Mittelmeerpflanzen wie Oliven, Agaven, Orangen- und Erdbeerbäume.

Oswaldpromenade nach St. Magdalena / Passegiata Sant'Osvaldo–Santa Maddalena

Der Serpentinenweg windet sich über zwei Kilometer zwischen Weinbergen und Wäldern durch die Hänge des Hörtenberges zur Kirche St. Magdalena, die schöne Fresken des 14. Jahrhunderts enthält.

Burg Runkelstein Castel Roncolo

Via S. Antonio 15. 0471 329 808. www.comune.bolzano.it/roncolo/ie Di–So 10–18 Uhr. nach Voranmeldung.

Die Burg, die am Eingang zum Sarntal auf einem steilen Fels über dem Fluss Talfer aufragt, wurde 1237 von den Gebrüdern Wangen zur Kontrolle des Bozener Beckens errichtet, gegen Ende des 15. Jahrhunderts erweitert und im 19. Jahrhundert durch Kaiser Franz Joseph restauriert, der sie dann der Stadt Bozen schenkte. In ihrem Inneren befindet sich ein Zyklus weltlicher Fresken, der mit seinen Jagdszenen, Turnieren und Gesellschaftspielen ein kostbares Zeugnis des höfischen Lebens im Spätmittelalter darstellt. Im Sommerhaus erzählen die Fresken hinter der hölzernen Galerie die Taten der heldenhaften Triaden mit Geschichten von ruhmreichen Gestalten aus Legenden, Geschichte und Religion. Grandios sind im Inneren der Burg der Raum mit den Fresken der Sage von Tristan und Isolde und der, der König Artus und die Tafelrunde zum Thema hat. Die »Badstube« im Westpalas hat an den Wänden Fresken in Trompe-l'œil-Technik mit einem roten Teppich, der um alle vier Seiten herumläuft, Tieren, Damen und Kavalieren. Im Turniersaal sehen wir ein Turnier, ein Ballspiel und den Auszug aus der Burg zu Jagd und Fischfang.

Die kuriosen Moränenformationen der Erdpyramiden von Ritten

Jenesien San Genesio Atesino

Eine bequeme Seilbahn verbindet Bozen direkt mit diesem Ort auf einer Hochebene (etwa 1000 m), die von Wäldern und Almen umgeben ist und einen herrlichen Blick auf den Rosengarten bietet. Früher fuhr man im Wagen hinauf, der oft von Haflingern gezogen wurde.

Der **Berg Virgl / Monte Virgolo** südlich von Bozen liegt auf halbem Weg zur Kirche St. Vigilius aus dem Jahr 1275. Die Fresken in ihrem Inneren entstanden im 14. und 15. Jahrhundert.

Die Burg Runkelstein steht auf einer Felsenspitze über Bozen

Ritten / Renon ❷

Straßenkarte D2. 6800. Bozen. **Kabinenbahn:** *0471 616 567, Fax 0471 356 799. Dorfstr. 16, Klobenstein, 0471 356 100. Mi morgens; Sommer: Sa morgens Bauernmarkt.*

Den Ort erreicht man mit der Kabinenbahn oder über eine Panoramastraße, die sich an der Flanke des Eisacktals durch Weinberge schraubt. Diese Hochebene voller Wälder und Almen auf einer Höhe von 1200 Meter mit Blick auf den Rosengarten und Schlern, die schon in der Vorzeit bewohnt war, wie Siedlungsrelikte aus der Eisenzeit beweisen, wird von der Straße in Richtung Brenner durchschnitten. Aus dem Mittelalter, als die Pilger auf dem Weg nach Rom sie entlangzogen, stammen die romanische Kirche von **Lengmoos / Longomoso** und das Hospiz, in dem Wanderer Zuflucht fanden. Die Hauptorte der Hochebene, **Oberbozen / Soprabolzano** und **Klobenstein / Collalbo**, sind seit 1907 durch eine Schmalspurbahn verbunden. Von **Klobenstein** führen viele Wanderwege zu den anderen Orten. In **Wolfsgruben / Costalovara** bringt einem das **Muse-**

um / Museo Plattner die Arbeit des Imkers in allen Phasen nahe; die Geräte zur Honiggewinnung sind in einem Gebäude ausgestellt, das für die Architektur der Berge um die Provinzhauptstadt typisch ist. In **Maria Himmelfahrt / Assunta** kann man die Barockvillen bestaunen, die sich der Bozener Adel als Ferienhäuser bauen und von Tiroler Malern dekorieren ließ. Nahe Lengmoos führt ein Weg zu den **Erdpyramiden / Piramidi di Terra**, spektakulären Moränenformationen, die bis zu 30 Meter hoch sind.

Museum / Museo Plattner
Wolfsgruben 15. *0471 345 350.*
22. März–31. Okt tägl. 10–18 Uhr. *nach Voranmeldung.*

Die Schmalspurbahn, die Oberbozen mit Klobenstein verbindet

Terlan / Terlano ❸

Straßenkarte C2.
3400. *ab Bozen.*
Fremdenverkehrsverein
Dr.-Weiser-Platz 2, 0471 257 165. *Mo.*

DIE REBE Weißer Terlaner nennt sich nach diesem kleinen Ort an der Straße von Bozen nach Meran. Die Weinberge bedecken neben den Apfelplantagen die ersten Anhöhen und den Talgrund der Etsch, in dem auch der köstliche weiße Spargel wächst. Zwei Glockentürme sind das Kennzeichen der **Pfarrkirche Mariä Himmelfahrt / Parrochiale di Maria Assunta**, die ein kleiner Friedhof umgibt. Der Freskenzyklus in ihrem Inneren ist ein Werk von Hans Stotzinger.

Eines der über 500 für das Sarntal typischen Bauernhäuser

Sarntal Val Sarentina ❹

Straßenkarte C2. *6200.*
Europastr. 15, 0471 623 091.
Bozen. *Di.* *Kirchtag in Sarnthein erstes Wochenende Sep.*

DIESES TAL ist eines der ursprünglichsten von Südtirol. Es wird von Bozen durch eine tiefe Schlucht getrennt, die der Wildbach Talfer in den roten Porphyr gegraben hat. Tatsächlich waren bis vor 50 Jahren die Maultierpfade, die zur Hochebene von Jesenien hinauf und dann hinunter nach Bozen führten, die einzige Verbindung zum Etschtal. Dahinter verbreitert sich jedoch das Tal zwischen Wiesen und Wäldern, die von mehr als 500 noch immer bewohnten *masi* (Bauernhäusern) mit der klassischen ausgemalten Stube durchsetzt sind. Im Sarntal sind die alten Sitten und Gebräuche noch sehr tief verwurzelt, sodass am Sonntag zur Messe fast alle Bewohner die traditionelle Tracht anlegen. Die Trachten des Sarntals gelten als die schönsten von Südtirol: Hier zeigt die Farbe der Kleidung den Stand einer bestimmten Person an und gibt auf den ersten Blick zu verstehen, ob sie noch zu haben oder verheiratet ist. Und hier bekommt man auch leibhaftige *Schützen* zu sehen, die man an dem typischen Federhut, den knielangen Lederhosen und den grellbunten Kniestrümpfen erkennen kann. Der Hauptort des Tales ist **Sarnthein / Sarentino**, der in einer Senke voller Wälder und Weiden liegt. Zahlreich die Bauernhäuser, von denen einige sehr alt sind *(Mair am Grafen* stammt von vor 1400*)*, und überall sieht man Fenster mit gemalten Friesen, Blumenbalkone sowie Inschriften mit gotischen Buchstaben. Bemerkenswerte Fresken aus dem 14./15. Jahrhundert schmücken die gotische Kirche St. Cyprian. In der mittelalterlichen **Burg / Castel Reinegg** fand im Jahr 1540 der letzte Hexenprozess statt, der mit dem Scheiterhaufen endete. In Astfeld teilt sich das Tal: Der eine Arm führt zum Penser Joch und nach Sterzing, der andere zum Durnholzer See, wo die Nikolaikirche in der Gemeinde Durnholz sehenswerte Fresken besitzt.

Männer an einem kirchlichen Feiertag in der Tracht des Sarntals

Überetsch Oltradige 5

Straßenkarte C3. *ab Bozen.*
Fremdenverkehrsverein *Rathausplatz 1, Eppan, 0471 662 206.*
www.eppan.net
info@eppan.net
Fremdenverkehrsverein *Marktplatz 8, Kaltern, 0471 963 169.*
www.hallo.com
info@kaltern.com

Weinberge und Burgen bei Eppan an der Weinstraße

Man sollte es beinahe nicht glauben, dass im Tal der Etsch die Asphaltbänder der Brenner-Autobahn, der Staatsstraße 12 zum Brenner und die Gleise der Eisenbahn fast parallel verlaufen. Denn auf den ersten Hängen der Berge, die das Tal südlich der Hauptstadt abschließen, spricht alles von der uralten Weinbautradition, die dadurch möglich ist, dass die Sonne hier schon im April so warm scheint, dass sie die Reife der Trauben einleiten kann. Und Weinberge begrüßen einen denn auch schon bei **Eppan /Appiano**, dem traditionellen Ausgangspunkt für eine Fahrt durch die berühmte Südtiroler Weinstraße. Sie besucht man vor allem wegen der Burgen, die sich aus der Weite der Weinberge erheben: Einige sind halb verfallen (z. B. Burg Hocheppan, die mit dem herrlichen romanischen Freskenzyklus in der Burgkapelle an ihre Gründung im 12. Jahrhundert erinnert), andere sind intakt, wie Schloss Schulthaus (14. Jahrhundert), das mit Mobiliar, Gegenständen und Fresken (»Mäusekrieg«) der Zeit in Gänze erhalten ist. In **Kaltern / Caldaro** lohnt das Südtiroler Weinmuseum einen Besuch; auf dem Marktplatz steht ein blumengeschmückter Barockbrunnen, umringt von schönen Renaissancehäusern. Hier ragt auch die Pfarrkirche Mariä Himmelfahrt mit ihrem gotischen Turm auf. Man fährt weiter am **Kalterer See / Lago di Caldaro** entlang, dessen Südufer Schutzgebiet für viele Tierarten ist, und gelangt nach **Tramin / Termeno**, wo es zwei berühmte Kirchen zu besichtigen gibt: St. Jakob in Kastelaz (13. Jahrhundert), etwas oberhalb des Ortes mit herrlichen romanischen Fresken, und die ebenso alte Kirche St. Valentin, außerhalb des Ortes in Richtung Kurtatsch an der Weinstraße, die Fresken des 14. und 15. Jahrhunderts enthält. Am gegenüberliegenden Talhang liegt **Neumarkt / Egna**, das mit seinem deutschen Namen an seine Funktion als Marktort erinnert; schön ist hier die Hauptstraße mit den Laubengängen, interessant ist auch das Museum für Alltagskultur. **Auer / Ora** ist mehrmals durch Hochwasser der Etsch schwer beschädigt worden, was sein vorwiegend modernes Äußeres erkennen lässt; auf den Hügeln im Rücken des Ortes steht das Kirchlein St. Daniel am Kiechlberg mit einem sehenswerten Flügelaltar von 1525.

Hölzernes Marterl

Eine Gasse im Zentrum von Tramin

Burg Hocheppan Castel Appiano
Eppan. *0471 636 081.*
tägl. 10–18 Uhr. *Mi.*

Schloss Schulthaus Castel Moos
Eppan. *0471 660 139.*
Mi–Sa 10, 11, 16 u. 17 Uhr.
So, Mo.

Südtiroler Weinmuseum Museo Provinciale del Vino
Goldgasse 1, Kaltern.
0471 963 168. *1. Apr–11. Nov Mi–Sa 9.30–12, 14–18 Uhr, So u Feiertage 10–12 Uhr.* *Mo.*

Dorfmuseum Tramin Museo Locale di Termeno
Rathausplatz 9, Tramin.
0471 860 132. *Di–Fr 10–12, 16–18 Uhr; Sa 10–12 Uhr.*
Sa nachm., So, Mo.

Museum für Alltagskultur Museo di Cultura Popolare
Meister-Konrad-Durchgang 2, Neumarkt. *0471 812 472.*
Di 10–12, 20–22 Uhr, Mi–Fr 16–18 Uhr, So 10–12 Uhr.
Sa, Mo.

Die Weinstraße ❻

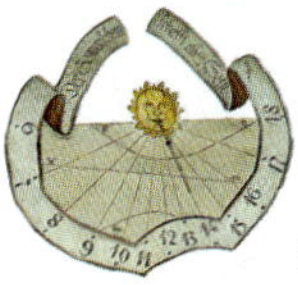

Sonnenuhr an einem Haus

WEINBERGE, BURGEN und bunt bemalte Häuser ohne Ende, dahinter die Berge Südtirols. Die *Weinstraße* ist eine der bekanntesten touristischen Strecken in Südtirol, die durch eine Gegend von großer Schönheit führt, wo die Trauben berühmter Weine reifen: Pinot Bianco und Nero, Traminer, Cabernet Sauvignon und Blauburgunder. Der Weinbau begann in vorrömischer Zeit und ist Thema des Weinmuseums in Kaltern, wo die seither benutzten Geräte von den Pressen bis hin zu mittelalterlichen Pokalen ausgestellt sind. An der Strecke liegen Kellereien und Weinhandlungen, die zum Kosten und Kaufen einladen.

ROUTENINFOS

__Länge:__ 36 Kilometer schlängelt sich die Straße von Bozen nach Salurn, ohne die Umwege über Neumarkt und Auer zu rechnen.
__Information:__ 0471 633 488.
__Zwischenstopp:__ Südtiroler Weinmuseum, Goldgasse 1, Kaltern-Markt.
☎ 0471 963 168.
◯ 1. Apr–11. Nov Di–Sa 9.30–12, 14–18 Uhr; So u. Feiertage 10–12 Uhr. ● Mo.

Eppan / Appiano ①
Der durch den Weinbau gewonnene Reichtum wird auch an den mehr als 40 Adelsresidenzen sichtbar, die auf seinem Territorium liegen.

Kaltern / Caldaro ②
hat ein ganzes Museum dem Wein und dem Weinbau gewidmet, dessen Geschichte es seit Anbeginn in der Region erzählt.

Kalterer See Lago di Caldaro ③
Ein Spiegel zwischen Weinbergen, besät mit bunten Surfersegeln.

Tramin / Termeno ④
Die Heimat des Gewürztraminers besitzt wie Kaltern ein Weinmuseum und den höchsten Glockenturm der ganzen Region.

Salurn / Salorno ⑤
Zwischen Obstgärten und Weinbergen überragt es die Burg.

LEGENDE
- Hauptstraße
- Nebenstraße

Der Lago di Carezza, umgeben von Wäldern, überragt vom Latemar

Eggental Val d'Ega ❼

Straßenkarte D3. 🚌 *ab Bozen.*
ℹ **Fremdenverkehrsverein Deutschnofen**, *Schloss-Thurn-Str. 1, 0471 616 567.* **Fremdenverkehrsverein Welschnofen** *Karerseestr. 21, 0471 613 126.* **Associazione Turistica Lago di Carezza**, *König-Laurin-Str. 2, 0471 612 289.*
@ *info@karezza.it*
W *www.obereggen.com*

Eingeschlossen, steil, eng, dunkel an den tiefsten Stellen, außer in der Mittagssonne. Das Tal, das sich von Bozen zum Latemar hin erstreckt, erscheint wirklich als ein der Gegenwart von Menschen feindlicher Ort, und die Staatsstraße, die es durchläuft (die berühmte Große Dolomitenstraße), schlängelt sich denn auch zwischen hohen roten Porphyrwänden entlang, die sich fast senkrecht über dem Fluss erheben. Die Schlucht am Anfang ist äußerst beeindruckend und daher von den Reisenden als einer der romantischsten Orte überhaupt gepriesen worden. Bewacht wird sie seit dem 12. Jahrhundert vom **Castel Cornedo**, das am Eingang zu ihr hoch oben auf einer Felsspitze thront. Hinter dieser Burg fährt man viele Kilometer durch eine wilde, erhabene Landschaft, in der es keine Siedlungen gibt. Danach öffnet sich das Tal auf Almen, hinter denen das unverwechselbare Profil des Latemar aufragt. Bei Birchabruck geht von der Großen Dolomitenstraße die Abzweigung nach **Deutschnofen / Nova Ponente** ab, das von Deutschen gegründet wurde, im Gegensatz zu Welschnofen am gegenüberliegenden Talhang. Außer dem Blick auf den Latemar, dem sich links der Rosengarten zugesellt, lohnen Schloss Thurn (im darin untergebrachten Heimatmuseum ragt ein Barockaltar der hl. Helena heraus), die Pfarrkirche St. Ulrich und Wolfgang (der neugotische Altar enthält Reliefs von 1425) und, außerhalb des Ortes, die Kirche St. Helena (mit Fresken des 12./13. Jahrhunderts). Eine traditionelle Tour von Deutschnofen aus ist der Aufstieg zur **Wallfahrt Maria Weissenstein / Santuario della Madonna di Pietralba**, die sich mit ihren unverkennbaren Linien umgeben von Fichtenwäldern auf einer über 1500 m hohen Hochebene erhebt; barock ist die Fassade der Kirche, die 1674 über einer älteren Kapelle (16. Jahrhundert) errichtet wurde, und barock ist auch das Innere, reich an Stuckarbeiten und Fresken (die 1753 Josef Adam Mölk gemalt hat). Ab Birchabruck führt die Große Dolomitenstraße bald darauf nach **Welschnofen / Nova Levante**, das von Italienern gegründet wurde. Dann beginnt sie mit einer Reihe von Kurven und Kehren die westlichen Hänge des Rosengartens zum **Lago di Carezza** zu erklimmen, einem natürlichen, von Fichtenwäldern umrahmten See, in dessen glasklarem Wasser sich die Konturen des Latemar spiegeln. Seinen Namen hat der See von einer Entstellung des Wortes *carice,* das im lokalen Dialekt eine bestimmte Wasserpflanze bezeichnet. Der Weiler **Carezza al Lago** hat sich erst im

Castel Cornedo aus dem 12. Jahrhundert, Wächter des Eggentals

Die Rotfärbung der Felsen des Rosengartens

19. Jahrhundert mit dem Tourismus entwickelt, den die Schönheit des Gebirges hergelockt hat. Aus jener Zeit ist das Grand Hotel Karersee. Noch höher hinauf geht es zum **Karerpass / Passo di Costalunga** (1745 m), hinter dem die Große Dolomitenstraße in das trentinische Val die Fassa *(siehe S. 94f)* hinunterführt. Linker Hand erhebt sich der **Rosengarten / Catinaccio** mit seinen berühmten rot getönten Felsen, Farben, die dermaßen ungewöhnlich sind, dass sie in früheren Zeiten, vor der Entdeckung durch den Tourismus, mit Legenden erklärt wurden: wie der von König Laurin, der aus Trauer über den Verlust der Prinzessin Tarina die Rosen seines Gartens in Stein verwandelt haben soll.

Heimatmuseum Museo Civico
Deutschnofen.
0471 616 567.
auf Anfrage.

Wallfahrt Maria Weissenstein Santuario della Madonna di Pietralba
Petersberg.
0471 615 165.
auf Anfrage.

Die Landschaft in der Umgebung von Tiers

Tierser Tal Val di Tires ❽

Straßenkarte D3. *ab Bozen.*
Fremdenverkehrsverein Tiers
St.-Georg-Str. 38, *0471 642 127.*
tvvoels@acomedia.it

Der Glockenturm der Pfarrkirche in Tiers

Ein weiterer Pass, der **Nigerpass / Passo di Nigra** (1688 m), kennzeichnet den Eingang zu diesem Tal, das sich kurvenreich westlich an der Hochebene des Schlern *(siehe S. 164f)* entlangzieht. Im ersten Abschnitt ist es weit und sonnig, mit Wiesen und Wäldern, die die spätromanische Kirche St. Cyprian umgeben, die außen Votivfresken aufweist. Der Weiler **Tiers / Tires** ist ideal für Ferien auf dem Bauernhof und für Ausflüge in Richtung Rosengarten; die barocke Pfarrkirche von 1772 ist dem hl. Georg geweiht. Hinter diesem Ort wird das Tal dann schmal und wild, größere Siedlungen fehlen völlig, nur Sennereien liegen an seinen Hängen. Die Kirche St. Katharina im Ortsteil Breien besitzt Fresken aus der ersten Hälfte des 15. Jahrhunderts. In Blumau endet schließlich das Tal. Von hier klettert noch eine Bergstraße nach **Steinegg / Collepietra** hinauf, wo man sich im Heimatmuseum ein eindrucksvolles Bild von dem harten Leben machen kann, das die Menschen früher in diesen einsamen Tälern führten.

Die Grosse Dolomitenstrasse

Was heute eine der touristischen Hauptstrecken in den Alpen ist, entstand am Ende des 19. Jahrhunderts zu teilweise ganz anderen Zwecken. Die Österreicher nahmen 1895 die Straße in Angriff – als schnelle Verbindung zwischen Bozen und den Valli di Fassa und di Fiemme sowie als nützliche Trasse im Kriegsfall. Als sie 1909 fertig gestellt wurde, war ein Meisterwerk gelungen: Die Straße überwindet die Schlucht, mit der das Eggental ins Eisacktal stürzt, sie erklimmt die 1745 Meter Höhe des Karerpasses, sie bietet eine befahrbare Trasse in der Ostwand des Rosengartens und man gelangt endlich nach Canazei und an die Sellagruppe. Sicher ahnten die Erbauer damals nicht, dass irgendwann lange Auto- und Busschlangen die Straße entlangkriechen würden, von den magischen Rottönen eines der schönsten Dolomitengipfel angelockt.

Reisende an einer Raststelle am Falzaregopass

Das westliche Südtirol

Das Stereotyp – *die Alpen sind von künstlerischen Entwicklungen und den großen Momenten der Geschichte weit entfernt – trifft schon gar nicht auf den Westteil der Provinz Bozen zu. Hier prallen die verschiedensten Realitäten aufeinander: die leicht habsburgische Atmosphäre von Meran auf die der Täler und Burgen, die dem wahren Bild von Tirol entsprechen, unendliche Obstplantagen auf die majestätischen Gipfel im Schutz des Nationalparks Stilfser Joch.*

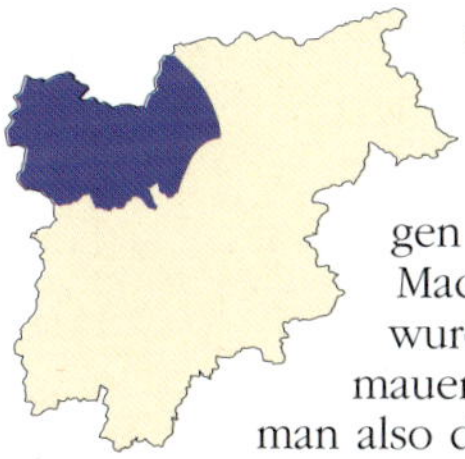

Ist man sich dessen bewusst, so versteht man die diversen historischen und künstlerischen Wechselfälle leichter, die sich auf weniger als 80 Kilometern Tal zusammendrängen. Gewiss, die Etsch eint. Andere verbindende Elemente waren lange Zeit die Grafen von Tirol, die von der Burg oberhalb Merans aus entfernte Regionen kontrollierten. Man kann sagen, dass mit ihnen der Autonomiegeist in diesen Teil Südtirols einzog, wo vielleicht mehr als anderswo deutsche Sitten, Gebräuche und Traditionen lebendig sind. Und dies, obwohl der Vinschgau, mit Handel und Militär schon von den Römern überzogen (die hier die Via Claudia Augusta nach Noricum eröffneten), mit dem Umzug der Hauptstadt von Meran nach Innsbruck den grauen helvetischen Ligen in die Hände fiel und in Machtstreitigkeiten verwickelt wurde, von denen die Stadtmauer von Glurns zeugt. Wenn man also die Definition *Das Herz des Landes* nur auf Meran und das Passeiertal anwendet, so einten doch in der Vergangenheit künstlerische Formen das Thermalbad mit dem Vinschgau, Formen, die sich nicht auf gotische Flügelaltäre beschränkten, sondern sich auch in Freskenzyklen des Hochmittelalters (wie in St. Proculus in Naturns und St. Benedikt in Mals) und der Romanik (wie denen in der Krypta der Abteikirche Marienberg nahe Burgeis aus dem späten 12. Jahrhundert) ausdrückten.

Der Park am Kurhaus in Meran, Zeuge des einstigen Thermalbades des mitteleuropäischen Adels

◁ Die gotische Pfarrkirche von Moos in Passeier (15./16. Jahrhundert)

Überblick: Das westliche Südtirol

Hier das mitteleuropäische Flair von Meran, einem Lieblingsort der Habsburger, dort die ewigen Gletscher des Similaun, aus denen nach Tausenden von Jahren Ötzi aufgetaucht ist. Hier das mondäne Thermalbad, dort das wehrhafte Städtchen Glurns, wo die Zeit still zu stehen scheint. Hier die uralten Fresken in den Kirchen des Vinschgaus, bewundert auch von durchreisenden Berühmtheiten, dort die traditionellen Trachten im Passeiertal, einem der authentischsten Winkel Südtirols.

Das mittelalterliche Städtchen Glurns

Sulden, ein beliebtes Skigebiet

SEHENSWÜRDIGKEITEN AUF EINEN BLICK

Lana / Lana ❷
Martelltal / Val di Martello ❹
Meran / Merano ❶
Nationalpark Stilfser Joch Parco Nazionale dello Stelvio S. 134f ❾
Naturpark Texelgruppe Parco Naturale Gruppo di Tessa ❼
Passeiertal / Val Passiria ❻
Schnalstal / Val Senales ❽
Taufers / Tubre ❺
Vinschgau / Val Venosta S. 128f ❸

Rennweg in Meran

Kastelbell-Tschars

IM WESTLICHEN SÜDTIROL UNTERWEGS

Die SS 38 des Stilfser Jochs ist die Hauptachse des Etschtals zwischen Bozen und Meran und des Vinschgaus bis nach Spondinig; eine historische Straße, im 19. Jahrhundert auch zu militärischen Zwecken erbaut, zu der zwischen Bozen und Meran parallel eine Schnellverkehrsstraße verläuft. Sehr gut sind auch die Nebenstraßen in den Seitentälern, in denen überallhin auch Busse verkehren. Eisenbahnfreunde jedoch müssen sich leider mit der Strecke Bozen–Meran begnügen.

SIEHE AUCH

• ***Übernachten*** S. 190f
• ***Restaurants*** S. 198f

Meran / Merano ❶

Skulptur aus der Landesfürstlichen Burg

Kurort ist eine der Bezeichnungen, die der Stadt Meran gern beigelegt werden. Aber wollte man sich die Bedeutung der nach ihrer Einwohnerzahl zweitgrößten Stadt Südtirols nur mit ihrer Vergangenheit als bevorzugtem Ferienort des mitteleuropäischen Adels erklären, wäre man im Irrtum. Denn Meran war, bevor im 19. Jahrhundert die therapeutische Qualität seiner Luft und seines Wassers entdeckt wurde, von 1317 bis 1420 Hauptstadt der Grafen von Tirol, die von der nahen Burg aus ihre weiten Besitzungen verwalteten und in Meran Geld prägen ließen. Und noch früher hatten sich dort, wo die Etsch nach Süden in Richtung Bozen abbiegt und die Passer in sie mündet, die Römer niedergelassen und an der Straße, die durch den Vinschgau zum Reschenpass hinaufführte, eine Rast- und Zollstation gebaut.

Freiheitsstraße Corso della Libertà

Die lange, teilweise von Bäumen gesäumte Straße bietet einen Einblick in Merans Vergangenheit als Kurort des Großbürgertums und der habsburgischen Aristokratie. Zahlreiche Hotels verbergen sich im Grün, und hinter der Kreuzung mit dem Rennweg beginnen die Gebäude, die der Unterhaltung gewidmet sind. Das erste rechts ist das **Stadttheater / Teatro Puccini** (1899–1900), ein Bau, der Jugendstilelemente mit klassizistischen verbindet. Es folgt auf derselben Straßenseite das **Kurhaus** (1874–1914); an der Hauptfassade erkennt man noch die beiden Baukörper, aus denen das Gebäude zusammengefügt ist: den Pavillon des Fleurs und den Kursaal, in dem früher »Glücksspiele« abgehalten wurden.

Das Kurhaus im Jugendstil aus dem Jahr 1914

Stadtmuseum Museo Civico

Rennweg 42. *0473 236 015.* *Di–Sa 10–17 Uhr, So 10–13 Uhr (Aug 16–19).*

Eine der alten Privatvillen Merans ist vor einigen Jahren zu einem Ausstellungsort geworden. Außer Gemälden und Skulpturen (insbesondere die *Pietà* aus der Werkstatt Michael Pachers) von der Gotik bis zum Spätbarock ist eine *Krippe* von 1860 zu bewundern, deren über 200 Figuren sich zum Teil bewegen.

St. Nikolaus / Duomo

Pfarrplatz. *0473 230 174.*

Eine dunkle Turmspitze weist am Ende der Freiheitsstraße den Weg zur wichtigsten Kirche Merans, die bereits 1263 dem hl. Nikolaus geweiht, aber in den folgenden 200 Jahren teilweise durch schwäbische Baumeister im gotischen Stil umgebaut wurde. Am Ende der leicht ansteigenden Straße erhebt sich die Südmauer des Langhauses, die von Strebepfeilern gestützt wird und mit einer Statue des *hl. Nikolaus* (um 1350) geschmückt ist. Der steinerne Sockel rechts, der sich unten zu einem gewölbten Durchgang öffnet, in dem es Freskenreste gibt, gehört zu dem über 80 m hohen Turm, den ein großes Fresko des *hl. Christophorus* – Schutzpatron der Reisenden – vom Ende des 15. Jahrhunderts ziert. Die Fassade der Kirche befindet sich an der Seite gegenüber und zeigt eine Bekrönung treppenartig angeordneter Türmchen, wie sie für die deutsche Sakralarchitektur typisch ist. Im dreischiffigen Inneren stammen aus dem 15. Jahrhundert der Flügelaltar im linken Seitenschiff und zwei Glasfenster. Ein weiteres *Christophorus*-Fresko ziert die **Barbarakapelle / Chiesetta di Santa Barbara** (1423) hinter Turm und Apsis von St. Nikolaus: ein achteckiger zweistöckiger Zentralbau, in dessen Obergeschoss ein gotischer Flügelaltar zu sehen ist.

Das düstere und kahle gotische Innere von St. Nikolaus

Statue des hl. Nikolaus an der Pfarrkirche

Lauben / Via Portici

Sie ist die Straße in Meran, die mit ihren niedrigen Bogengängen zu beiden Seiten unter den bunt bemalten Häusen mit ihren zahllosen Erkern am besten dem Bild einer typisch mittelalterlichen Stadt in Südtirol entspricht. Zwischen den vielen Läden, die sie zu einer der lebhaftesten Geschäftsstraßen der Stadt machen, stößt man auf das ungewöhnliche **Frauenmuseum / Museo dell Donna Evelyn Ortner**, das anhand von Accessoires (Broschen, Hüten, Knöpfen etc.) zeigt, wie sich die Damenmode seit dem 19. Jahrhundert bis heute gewandelt hat.

Frauenmuseum / Museo della Donna Evelyn Ortner

Lauben 68. 0473 231 216.
März–Dez Mo–Fr 9.30–12.30, 14.30–18.30 Uhr, Sa 9.30–13 Uhr.

Die Landesfürstliche Burg aus dem 14. Jahrhundert

Landesfürstliche Burg Castello Principesco

Galileistraße. *0473 250 39.*
Di–Sa 10–17, So 10–13 Uhr.

Wäre nicht die Zinnenkrone, nichts würde einen an eine Burg mit Wehrfunktionen denken lassen. Tatsächlich entstand der Bau im 14. Jahrhundert nicht als Feste, sondern als Schloss, was auch die Lage auf ebenem Gelände mitten in der Stadt erklärt. Erzherzog Sigismund von Österreich ließ es 1480 für seine Frau Eleonora bauen und schuf damit das seltene Beispiel einer gotischen Adelsvilla. Zum spartanischen Bild des Äußeren steht der Innenhof im Gegensatz, der mit Ranken, Tieren und menschlichen Gestalten ausgemalt ist. Die Räume im Parterre waren die Dienstboten- und Betriebsräume (in einem sind Menhire aus Algund ausgestellt). Die Räume im Obergeschoss waren die Residenz, was die Täfelung der Wände und die Möbel, Gemälde und historischen Waffen zeigen, die seit dem 19. Jahrhundert hier ausgestellt sind. Interessant die Musikinstrumentensammlung in der »Jungfernkammer«, die Kapelle mit einer Holzstatue des hl. Georg mit dem Drachen (um 1450) und die »Kaiserstube«, die mit einem Kachelofen des 15. Jahrhunderts geheizt wurde.

Infobox

Straßenkarte C2. *34 000.*
ab Bozen. *ab Bozen.*
Kurverwaltung *Freiheitsstraße 35, 0473 272 000, 9–12.30, 14–18 Uhr.*
www.meraninfo.it
info@meraninfo.it
Bauerngalopprennen (Oster-Mo); Meranofest und Meraner Musikwochen (Aug); Großer Preis von Meran (letzter So im Sep); Christkindlmarkt (Nov–Dez).
Di, Fr, Sa.

Die Brunnenburg, Rekonstruktion einer Feste (13. Jahrhundert) am Tappeinerweg

Sommerpromenade Passeggiata d'Estate
Am Ufer der Passer pflegte der Wiener Hochadel in den warmen Monaten zu promenieren, wenn das Grün des Parks kühlenden Schatten spendete. Kaiserin Elisabeth von Österreich ist das weiße Denkmal gewidmet, das im Zentrum eines Blumenbeets steht.

Tappeinerweg Passeggiata Tappeiner
Beim habsburgischen Adel war Meran auch wegen seiner Promenaden beliebt. Der Weg, der sich gut vier Kilometer lang über die Hänge des Küchelberges windet, wurde 1893 von dem Arzt Franz Tappeiner eröffnet, der ihn auf einer Strecke anlegte, die von seltenen Pflanzen gesäumt ist. Von ihm aus hat man einen Blick auf Meran und auf Teile des Vinschgaus. Bei einem Rast- und Aussichtspunkt erhebt sich der **Pulverturm / Torre delle Polveri**, der an die mittelalterlichen Wehranlagen der Stadt erinnert.

Gilfpromenade Passeggiata Gilf
Die Schlucht, die die Passer auf dem Weg zur Etsch gegraben hat, ist wahrlich beeindruckend. Der Blick von der **Römerbrücke / Ponte Romano** (17. Jahrhundert) ist am spektakulärsten. Hiernach schlängelt sich die Promenade durch das Grün eines Parks.

Winterpromenade Passeggiata d'Inverno
Das Passerufer, das auch im Winter sonnig ist, diente schon im 19. Jahrhundert als Promenade in den kalten Monaten. Der von Pappeln gesäumte Spazierweg erhielt 1889 eine Wandelhalle im historischen Stil, in der die Flanierer sich bei ungünstiger Witterung aufhalten konnten.

Spitalkirche zum Heiligen Geist Santo Spirito all'Ospedale
Romstraße.
An das Spital, das im 13. Jahrhundert am Ende der Winterpromenade erbaut worden war, erinnert nur noch der Name dieser gotischen Kirche (1431–83). Typisch für die Einflüsse der deutschen Baukunst sind die schlanken Pfeiler, die Sternrippengewölbe tragen und den Raum in drei Schiffe teilen, deren seitliche zum Chorumgang werden. Auch die *Kreuzigung* vom Anfang des 14. Jahrhunderts im linken Seitenschiff und die Flügel von Jörg Lederer, die dem neogotischen Altar in der Nähe angefügt wurden, weisen darauf hin.

Das Passerufer in Meran, Kern der berühmten Promenaden

Maria-Trost-Kirche Santa Maria del Conforto
Romstraße.
Die zahlreichen Umgestaltungen sind der sprechendste Beweis für die Bedeutung dieser Kirche, die im 12. Jahrhundert erbaut und mindestens bis zum 17. Jahrhundert immer wieder umgebaut wurde. Bis heute ist sie ein bedeutendes Beispiel für die Romanik in Südtirol. Aus der Zeit ihrer Errichtung sind im Kircheninneren nur die Fresken im byzantinischen Stil *(Tod und Grablegung Mariä)* an der linken Wand und auf dem Bogenrücken erhalten. Aus dem 14. Jahrhundert stammen die anderen Fresken an den Wänden und in der Apsis, wogegen die, die das Gewölbe zieren (*Himmelfahrt Mariä*), die einzigen sind, die an die barocke Umgestaltung der Kirche erinnern.

Schloss Labers, das kurz nach 1000 in Obermais erbaut wurde

Obermais / Maia Alta
Die Schafferstraße, die an der Maria-Trost-Kirche beginnt, führt in eine Gegend, wo im Mittelalter der Adel wohnte, der mit dem Hof der Grafen von Tirol verbunden war, und wo Jahrhunderte später Hotels und Villen für die Touristen aus dem Norden errichtet wurden. Das große rötliche Gebäude auf der linken Straßenseite ist das **Schloss / Castello Winkel**. Geht man die Vergilstraße weiter, gelangt man in einer Gegend, in der die Gärten in Weinberge übergehen, zu den mittelalterlichen

Zwischen Lana und Meran liegen Weinberge und Apfelplantagen

Schlössern Planta, **Rametz** (13. Jahrhundert) und **Labers** (11. Jahrhundert).

Umgebung: Burg Tirol / Castel Tirolo, vier Kilometer nördlich von Meran, war die »offizielle Residenz« der Grafen von Tirol. Die Feste, die vom 12. Jahrhundert an das Becken der Stadt beherrscht, verdankt ihr Aussehen den Restaurierungen im 20. Jahrhundert. Schön sind die romanischen Relieffiguren (1170), die die Portale der Burg und der zweistöckigen Kapelle zieren. Die Fresken sind aus dem 15. Jahrhundert, die *Kreuzigung* ist ein Jahrhundert älter.

Burg Tirol / Castel Tirolo
Burgweg 24.
0473 220 221. *Juni–Aug Di–So 10–17 Uhr.*

Die Grafen von Tirol

Burg Tirol aus dem 12. Jahrhundert, Symbol der Tiroler Identität

Das Herz des Landes: Nicht ohne Grund wird Südtirol um Meran herum so genannt. Denn es war eben diese Stadt, die die Grafen von Tirol zur Eroberung ausgedehntester Besitzungen antrieb. Alles begann im 12. Jahrhundert mit dem Bau der Burg Tirol, als die Herren sich noch Grafen von Vinschgau nannten. Bereits im Jahrhundert darauf hatte sich ihre Einflusssphäre stark erweitert, war aber noch nichts im Vergleich zu ihrer Ausdehnung in der Zeit des höchsten Glanzes, dem 14. Jahrhundert. Bis dahin war es den Grafen gelungen, Territorien unter ihre Kontrolle zu bringen, die den Gardasee, Böhmen, das Engadin und Kärnten umfassten, und dank der Eheschließung von Margarethe Maultasch mit dem Sohn des damaligen Kaisers Ludwig IV. des Bayern war es ihnen gelungen, sich mittels einer Urkunde, die von den Historikern »Magna Charta von Tirol« genannt wird, die Autonomie zu verschaffen. Diese Autonomie war leider von kurzer Dauer. Nach dem Tod des Gatten und des einzigen männlichen Erben war Margarethe Maultasch 1363 gezwungen, Tirol an Herzog Rudolf IV. von Habsburg abzutreten und so das Startsignal für die lange Herrschaft der Österreicher über die Region zu geben.

Lana / Lana ❷

Straßenkarte C2. *9200.*
ab Bozen. **Fremdenverkehrsverein** *Andreas-Hofer-Str 7/B, Lana, 0473 561 770, Fax 0473 561 979.*
Fr. *lana.suedtirol.com*
lana@suedtirol.com

Der Apfelanbau ist der wirtschaftliche Angelpunkt des Dorfes. Das zeigen die Führungen durch die Apfelplantagen, die durchgeführt werden, um die Techniken vorzuführen, mit denen es gelingt, so aromatische Früchte zu produzieren. Lana ist aber auch ein Ort der Kunst. Der größte Flügelaltar der Alpenregion in der **Pfarrkirche Mariä Himmelfahrt / Parrocchiale dell'Assunta** ist die Frucht der Zusammenarbeit von Hans Schnatterpeck (seine Schnitzereien sind noch gotisch) und Hans Schäuflein (seine Malereien atmen schon die Renaissance).

Umgebung: Das **Ultental / Val d'Ultimo,** mündet schroff und eng bei Lana ins Etschtal. Es öffnet sich jedoch hinter Sankt Pankratz und hüllt sich in Wiesen und Wälder, die im Winter ein Paradies für die Fans des Skilanglaufs sind. In der Umgebung von Lana gibt es auch verschiedene Burgen aus dem 12. bis 15. Jahrhundert, so die Burgen **Lebenberg / Castel Monteleone**, Braunsberg und Mayenburg und die Ruinen von Schloss Brandis und Leonburg, von denen aus man sämtlich einen herrlichen Blick hat.

Burg Lebenberg (13. Jahrhundert) in der Nähe von Lana

Vinschgau / Val Venosta ❸

Fresko in der Kirche St. Prokulus in Naturns

WEITE RÄUME vor den in Schnee und ewige Gletscher gehüllten Gebirgen. Grüne, bewaldete Hänge. Sanfte Täler, in denen die Obstplantagen nur durch Ortschaften unterbrochen werden. Burgen in strategischen Lagen. Eine noch junge Etsch. Dies sind die Elemente, aus denen sich das Tal zusammensetzt, das sich von Meran bis zum Reschenpass erstreckt. Es zu durchfahren heißt, in die Welt der alten Venosten einzutauchen, aber auch unerwartet viele kleine Meisterwerke der Kunst zu entdecken, vor allem Fresken, die zum Teil die Reise Karls des Großen durch die Region auf seinem Weg zur Krönung in Rom behandeln.

Marienberg / Monte Maria
Auf der Bergwand hinter Burgeis thront der weiße Bau des Klosters Marienberg, das romanische Fresken enthält.

Der **Haidersee** liegt vor dem künstlichen Reschensee

Glurns / Glorenza
Eine intakte Stadtmauer (16. Jahrhundert) umschließt Glurns noch heute, einen Ort, der im Vinschgau am Eingang zum Münstertal entstanden ist.

Schluderns / Sluderno wird von der Churburg beschützt, der schönsten im Vinschgau.

Mals / Malles, im äußersten Norden der Glurnser Ebene gelegen, zeichnet sich durch seine Türme aus, die überwiegend die alter Kirchen sind.

Das **Martelltal** *liegt in Gänze auf dem Gebiet des Nationalparks Stilfser Joch* (siehe S. 134f).

Reschensee
Lago di Resia
Aus dem Wasser des künstlichen Sees ragt der Kirchturm des alten Dorfes Graun.

INFOBOX

Straßenkarte B2. 🚌 *ab Meran.* ℹ **Fremdenverkehrsverein Vinschgau** *Kapuzinerstraße 10, Schlanders.* ☎ *0473 620 480.* *Scheibenschlagen (1. So in der Fastenzeit).*
W *www.vinschgau.suedtirol.com*
@ *vinschgau@suedtirol.com*

Der **Reschenpass** ist einer der historischen Übergänge zwischen Italien und Österreich: Schon die Römer bauten hier eine Straße.

Das **Schnalstal**, in dem man auch im Sommer Ski laufen kann, hat noch größere Berühmtheit erlangt, als man 1991 in den Gletschern der Berge, die die Grenze zu Österreich bilden, Ötzi fand, den Hirten, der vor mehr als 5000 Jahren gelebt hat.

LEGENDE

Straße

Fluss

Texelgruppe / Gruppo di Tessa
Mehr als 33 000 Hektar groß ist der Naturpark Texelgruppe.

Naturns / Naturno
Das von Apfelhainen umgebene romanische Kirchlein St. Prokulus am Eingang zum Ort enthält einen äußerst bedeutenden langobardischen Freskenzyklus.

Überblick: Vinschgau / Val Venosta

Fresko in St. Prokulus

Wenn Meran und sein unmittelbares Umland schon österreichisch erscheinen, was soll man da über die Landschaft und die Gesichter der Bewohner dieses Tales sagen? Hier wirkt alles wie in Tirol: die Dörfer, die sich um Kirchen mit Zwiebeltürmen drängen, die mittelalterlichen Burgen, die ebenso alten Fresken in Gotteshäusern, die nicht selten barock umgestaltet sind. Es könnte auch nicht anders sein, denn in Südtirol sagt man, dass der Süden in Schluderns beginnt, als verlaufe genau dort eine imaginäre Grenzlinie.

Naturno / Naturns

APT *Rathausstr. 1, Naturns, 0473 666 077.*

naturns@neronerland.com

www.naturns.it

Das **Kirchlein St. Prokulus / Chiesetta di San Procolo** (8. Jahrhundert) liegt inmitten von Apfelplantagen. Der älteste Freskenzyklus der deutschsprachigen Region in seinem Inneren, der mit seinen ausdrucksstarken Figuren zum Teil dem hl. Prokulus gewidmet ist, wurde von zwei langobardischen Meistern gemalt.

Kirchlein St. Prokulus Chiesetta di San Procolo

0473 667 312.

März–Nov Di–So 9.30–12, 14–17 Uhr; Apr–Okt 9.30–12, 14.30–17.30 Uhr. *Mo.*

Umgebung: Zwölf Kilometer talaufwärts, vorbei an der Burg **Kastelbell / Castelbello** (13. Jahrhundert), gelangt man nach **Latsch / Laces**, das in römischer und mittelalterlicher Zeit ein wichtiger Verkehrsknotenpunkt war. Sehenswert sind die Kirche zum hl. Geist mit einem Flügelaltar von Jörg Lederer und die Kirche Peter und Paul mit einem Figurenportal des 13. Jahrhunderts.

Sluderno / Schluderns

APT *Rathausplatz, Schluderns, 0473 615 258.*

schluderns@suedtirol.com

www.schluderns.suedtirol.com

Das bedeutendste Bauwerk des Ortes, der von Osten auf die alluviale Hochebene von Glurns blickt, ist die spektakuläre **Churburg / Castel Coira**, zu der der Bischof von Chur 1253 den Grundstein legte und die 1297–1504 der Familie Matsch gehörte, um dann an die Trapps überzugehen. Diese Familie aus der Steiermark baute die finstere Burg zu einem Renaissanceschloss um. Von der alten Burg ist noch der zentrale Bergfried erhalten, der beim Aufstieg schon von außen sichtbar ist. Hinter dem Portal öffnet sich links der Arkadenhof, ein Beleg für die Umbauten der Familie Trapp, die sich in den Fresken feiern wollte, die die Wände und Decken des Umgangs im ersten Stock schmücken, indem sie dem eigenen Stammbaum Porträts berühmter und hochgestellter Römer hinzufügten. In den Innenräumen ist die Waffensammlung der Familie ausgestellt, zu der Stücke aus dem 14. Jahrhundert und die über 50 Kilogramm schwere Rüstung von Ulrich von Matsch (um 1450) gehören; an die Feste des 13. Jahrhunderts erinnert auch die St.-Nikolaus-Kapelle. Sehr lehrreich ist das **Vinschger Museum / Museo Venostano** unterhalb der Burg.

Die Churburg in Schluderns

Churburg / Castel Coira

0473 615 241. *März–Okt Di–So 10–12, 14–16.30 Uhr; nur Führungen.*

Vinschger Museum Museo Venostano

Meraner Str. 1. *0473 615 590.*

März–Okt Di–So 10–12, 14–17 Uhr.

Die Pfarrkirche mit Zwiebelturm in Glurns

Glurns / Glorenza

APT *Rathausplatz 1, Glurns, 0473 831 097.*

glurns@suedtirol.com

www.glurns.suedtirol.com

Die Stadt am Eingang zum Münstertal ist von Mauern mit Spitztürmen, Laufgängen und drei Toren aus der Zeit des Mittelalters umgeben, die im 16. Jahrhundert noch einmal erhöht wurden. 1291 verlieh ihr Fürst Meinhard II. von Tirol das Stadtrecht, um zu Mals, das der Bischof von Chur kontrollierte, einen wirtschaftlichen Gegenpol zu bilden. Glurns erhielt so das Handelsmonopol für Salz zwischen den Minen von Hall und der Lombardei und erlebte eine lange Periode des Reichtums. Trotz Zerstörungen und Plünderungen blieb der Ort mit seinen gotischen Fassaden, den Gassen und Lauben des 13. Jahrhunderts intakt. Sehr schön ist die **Laubengasse / Via dei Portici**, die vom Schludernser Tor zum

Stadtplatz führt; links liegt das **Tauferer Tor / Porta di Tubre**; jenseits davon ragt die spätgotische **Pfarrkirche St. Pankrazius / Parrocchiale di San Pancrazio** auf, deren Äußeres ein großes *Weltgericht* von 1496 schmückt.

Mals / Malles

St.-Benedikt-Str. 1, Mals, 0473 831 190.

Der Mittelpunkt des Oberen Vinschgaus war in römischer Zeit eine wichtige Poststation an der Via Claudia Augusta und Grenzposten im Mittelalter. Türmestarrend ist die Altstadt, aber nur einer gehört zu einer Burg (der verfallenen **Burg / Castello Fröhlich**), die anderen sind die von Kirchen, so der gotischen **Pfarrkirche Mariä Himmelfahrt / Parrocchiale dell'Assunta** und der **Kirche St. Martin / Chiesa di San Martino** (12. Jahrhundert). Aber das wahre Juwel ist die **Kirche St. Benedikt / Chiesa di San Benedetto** aus dem 8. Jahrhundert mit einem romanischen Turm des 12. Jahrhunderts. Der Freskenzyklus im Inneren gilt als wichtigstes Beispiel karolingischer Kunst in Europa.

Karolingisches Fresko in Mals

Kirche St. Benedikt / Chiesa di San Benedetto

St.-Benedikt-Str. 31.

0473 831 190.

Ostern–Nov Mo–Sa 9–11.30, 13.30–17 Uhr.

So.

Kloster Marienberg Abbazia di Monte Maria

Bei der Fahrt hinauf zum Reschenpass tritt links aus dem Grün der Wälder weiß dieses Kloster hervor, das auf Anregung der Grafen von Tarasp 1149/50 von Benediktinern an Stelle einer kleinen Marienkapelle erbaut und im 17. Jahrhundert barock umgestaltet wurde. Die Stiftskirche enthält nur noch in der Krypta Reste der Vorgängerin. Hier befindet sich auch der grandiose Freskenzyklus (*Thronender Christus, Himmlisches Jerusalem*) vom Ende des 12. Jahrhunderts.

Das Kloster Marienberg, im 12. Jahrhundert gegründet

Martelltal Val di Martello ❹

Straßenkarte A2. *ab Schlanders.*
Fremdenverkehrsverein Martelltal *Meiern 15, Martell, 0473 744 598, Fax 0473 744698.*
info@martell.suedtirol.com
www.martell.suedtirol.com

Mittelalterliche Burgen überragen den Eingang des Martelltals in den Vinschgau, das zunächst schmal und unwegsam ist. Dann aber weitet sich dieses herrliche Gebirgstal, das zum Nationalpark Stilfser Joch *(siehe S. 134f)* gehört, und bietet sich mit seinen 200 Kilometer angelegten Wegen im Sommer den Wanderern und im Winter den Biathloniken und Langläufern in einer der schönsten Landschaften der Alpen dar.

Taufers / Tubre ❺

Straßenkarte A2. *960.*
ab Mals.
Fremdenverkehrsverein Taufers *St.-Johann-Str. 37, 0473 832 164 (Sommer), 0473 832 168 (Winter).*

Leuchtend grüne Wiesen sind das Kennzeichen des Münstertals, das eine wichtige Verbindung zwischen dem Vinschgau und Graubünden bildet und auch den Durchzug Karls des Großen erlebt hat. Taufers ist der einzige Ort auf italienischer Seite, allerdings mit einer sehenswerten Kirche, der Spitalkirche St. Johann aus dem 13. Jahrhundert auf ungewöhnlichem kreuzförmigem Grundriss und mit bemerkenswerten Fresken der venezianischen Romanik vom Anfang des 13. Jahrhunderts. Im Ort sind auch mehrere Exemplare der traditionellen Häuser erhalten, deren Erdgeschoss aus Stein und der obere Teil aus Holz ist.

Die Waale

Ein *Waalweg*, idealer Wander- und Spazierweg im Vinschgau

Das sind alte Bewässerungsanlagen, die der Mensch in die Berghänge des Vinschgaus gelegt hat, um die Äcker im Tal mit Wasser zu versorgen. Heute sind sie Ziel von Wanderungen, die den Wegen folgen, die früher die *Waaler* nahmen, die Wächter, die für den Erhalt der offenen Wasserrinnen zu sorgen hatten. Praktisch jedes Dorf im Tal hat einen mehr oder weniger langen *Waalweg*; auf vielen kann man auch von einem Dorf ins andere wandern (über den Mitterwaal von Glurns z. B. gelangt man nach zehn Kilometer nach Rodeneck im Tauferer Tal); bei anderen sind noch die alten Vorrichtungen zur Überwindung tiefer Schluchten erhalten, so beim Bergwaal von Schluderns.

Die Kirche von Rabenstein (1889) im Passeiertal

Passeiertal Val Passiria ❻

Straßenkarte C2. *ab Meran.*
Fremdenverkehrsverein Passeiertal *Passeierstr. 40, St. Leonhard, 0473 656 188.*

ANDREAS HOFER IST der Inbegriff des Helden von Südtirol und das Synonym des Unabhängigkeitsgeistes dieser Region. Er wurde in diesem Tal geboren, das nördlich von Meran beginnt und sich zwischen grandiosen Bergen bis zur österreichischen Grenze erstreckt. Die enge Schlucht am Eingang lässt nicht ahnen, welche Welt sich im Passeiertal eröffnet. Hier ist fast alles noch ursprünglich: die Almen, die sich bis in lichte Höhen ziehen, die dichten, gepflegten Wälder, die erhabenen, beeindruckenden Alpengipfel. Typisch sind auch die *masi,* die Bauernhäuser (das von Hofer ist der Maso della Rena, der Sandhof), und die Trachten, die in diesem Winkel Südtirols noch sehr häufig angelegt werden, vor allem von den Männern, die die chrakteristische Jacke mit roten Aufschlägen und den spitzen Hut (»Tirolerhut«) tragen: rot, wenn sie Junggesellen, und grün, wenn sie verheiratet sind. Ein kleines Museum, das dem Tiroler Unabhängigkeitskämpfer vom Sandhof gewidmet ist, ist nicht weit von **Sankt Leonhard / San Leonardo** entfernt, dem interessantesten Ort des Tales, das genau an dieser Stelle nach Westen zur Passhöhe des **Timmelsjochs / Passo del Rombo** (2491 m) abbiegt, der Grenze zum österreichischen Ötztal. An der Straße, die zum Pass führt, liegen die Orte **Moos / Moso**, Einstieg zum Pfelderer Tal und zu den Wanderungen im Naturpark Texelgruppe, und **Rabenstein / Corvara** am Zusammenfluss von Passer und Schneebergbach. Die Berge westlich gehören zum Park der Texelgruppe, in den östlich gelegen Bergen sind Blei- und Zinkminen verborgen, die bis 1979 ausgebeutet wurden. Fährt man die Strecke, teilweise durch die alten Galerien, bis zu dem Dorf **St. Martin / San Martino** hinauf, das einst ganzjährig bewohnt war, kann man sich in der örtlichen Filiale des **Museo Provinciale delle Miniere Alto Adige Passira-Monteneve** (Landesbergbaumuseum) ansehen, wie das gewonnene Erz zu Tal gebracht wurde, sowie die verschiedenen Prozesse seiner Verarbeitung.

Schild an einem Bauernhaus im Passeiertal

Andreas-Hofer-Museum Museo Andreas Hofer
Passeierstr. 72, St. Leonhard.
0473 659 086.
Di–So 10–18 Uhr.

Landesbergbaumuseum St. Martin
0473 647 045.
Sommer: Di–So 9.30–16.30 Uhr.

Naturpark Texelgruppe Parco Naturale Gruppo di Tessa ❼

Provinz: Bozen.
Straßenkarte C2.
Gründung: *1976.*
Fläche: *33 430 Hektar.*
Naturparkhaus Texelgruppe Feldgasse 3, Naturns, *0473 668 201.*
Apr–Okt Mo–Fr 9–12, 15–18 Uhr.

DEN PARK UMSCHLIESSEN Schnalstal, Vinschgau und Passeiertal, und seine Nordgrenze markieren die Gipfel zwischen Timmelsjoch und der Grauen Wand. Man braucht nicht zu betonen, dass in diesem riesigen Gebiet die Bergwelt unangefochtene Herrscherin ist: mit majestätischen Gipfeln wie **Hintere Schwärze / Cime Nere** (3624 m) oder **Hohe Wilde / Altissima** (3480 m), aber auch den typischen Gletscherseen, den Hochtälern, die sich plötzlich öffnen, und den vielen Torflagern, alles Zeichen der langsamen, doch unaufhaltsamen Arbeit von Wasser und Eis in Tausenden von Jahren. Das **Naturparkhaus / Centro Informazioni sur Parco** in Naturns gibt eine Vorstellung von der geologischen Formation der Region und erklärt, wer darin lebt: von den Gemsen und Murmeltieren bis zu den winzigen Wirbellosen in den zahllosen Seen. Es organisiert auch Führungen durch das Gebiet.

Die Texelgruppe ragt hinter Meran auf

Ganzjährig schneebedeckte Gipfel überragen das Schnalstal

Schnalstal
Val Senales ⑧

Straßenkarte B2. *ab Meran.*
Fremdenverkehrsverein
Karthaus 42, 0473 679 148.
valsenales@suedtirol.com
www.schnalstal.suedtirol.com

Von den Tälern, die von der Nordseite des Vinschgaus abzweigen, ist das Schnalstal das einzige, das seit jeher bewohnt ist, vielleicht wegen seiner Beschaffenheit oder vielleicht weil es am Fuß einer der historischen Alpenübergänge zwischen Südtirol und Österreich liegt. An seinem Eingang, bei Naturns, steht das **Schloss / Castel Juval**, 1278 über einer römischen Siedlung errichtet und von dem Bergsteiger Reinhold Messner restauriert. Schön ist die Verbindung aus antiken Räumen mit Fresken der Gotik und Renaissance, in denen die Sammlungen sakraler Gegenstände, ritueller Masken und Statuen aus fünf Erdteilen zu sehen sind, denen sich eine Ausstellung von Gebirgsbildern zugesellt. Bemerkenswert ist auch die **Burg Tarantsberg / Castel Taranto** (13. Jahrhundert) auf einem Felssporn ein paar Kilometer von Naturns entfernt, die ihre heutige Gestalt dem Umbau im 14. Jahrhundert und jüngsten Restaurierungen verdankt. Weiter durchs Tal reist man entlang der Texelgruppe bis nach **Karthaus / Certosa**, dem wichtigsten Ort im Schnalstal. Der Name verrät seinen Ursprung: Er entstand aus einem Kloster, das Karthäusermönche hier 1326 gründeten und das 1782 aufgehoben wurde. Ein kurzer Umweg zwischen Naturns und Karthaus führt nach **Katharinaberg / Santa Caterina**, einem kleinen Dorf, von dessen Katharinenkirche aus man einen herrlichen Blick ins Tal hat.

Die Kirche von Katharinaberg

Dann wieder wilde Natur, in der die Vegetation allmählich karger wird, bis zum Touristenzentrum **Kurzras / Maso Corto** am Talschluss, das aus einem einsamen Bauerngehöft entstanden ist. An der **Grauen Wand / Croda Grigia** (auch Grawand genannt, 3202 m) sind die Pisten tatsächlich auch im Sommer geöffnet. Hier starten die Führungen zum Similaungletscher, wo 1991 die Überreste des so genannten »Ötzi« gefunden wurden. Er lebte vor über 5000 Jahren und ist jetzt in Bozen ausgestellt *(siehe S. 112)*. Der Besuch des Gletschers lohnt sich, auch wegen der vielen kleinen Alpenseen und der reichen Fauna.

Schloss Juval
348 433 871, 0473 221 852 (auch Fax). Palmsonntag–Juni, Sep–Anfang Nov Do–Di 10–16 Uhr; nur Führungen.

Burg Tarantsberg (1217) am Zugang zum Schnalstal

Nationalpark Stilfser Joch ❾

Logo des Parks

Der Nationalpark ist mit Lärchen-, Rottannen-, Latschenkiefern- und Zirbenwäldern, Hochalmen und über 100 Gletschern bedeckt. Er umfasst zahllose Täler, die sich um die Ortlergruppe erstrecken. Der höchste Gipfel ist der Ortler (3905 m), der bereits 1804 erstmals bestiegen wurde. Die Fauna ist äußerst vielfältig: Königsadler, Steinbock, Hirsch, Gämse, Reh, Dachs, Fuchs, Murmeltier, Auerhahn, Birkhuhn und Alpenschneehuhn leben hier. Nach Westen findet der Park eine Fortsetzung im ebenso berühmten Schweizer Nationalpark.

Der Fuchs
ist in mittleren und tiefen Lagen des Parks sehr verbreitet

Stilfser Joch
Er ist einer der höchsten Pässe Europas (2758 m) und wurde 1820–25 von den Österreichern nach Plänen von Carlo Donegani gebaut. Er verbindet den Vinschgau mit dem Veltlin in der Lombardei.

Das Trafoital,
von der Riesenmasse des Ortlers und seiner Gletscher überragt, ist im unteren Teil eng, weitet sich im mittleren Abschnitt, wo das Dorf Trafoi liegt, und endet schließlich am Pass des Stilfser Jochs.

Die Tierwelt im Park

Hirsche und Rehe leben in den tieferen Lagen in den Laubwäldern. In höheren Lagen trifft man auf Gämsen und Steinböcke. Füchse, Hermeline und kleine Nager vom Eichhörnchen bis zum Hasen sind zahlreich, auch weil große Raubtiere fehlen. Unter den Vögeln ragen Specht, Auerhahn, Sperber und Uhu hervor. In den Gipfelregionen nisten Königsadler und neuerdings auch wieder Bartgeier.

Ein Steinbock im Nationalpark

Das Suldental
ist vom Fremdenverkehr geprägt: viele Hotels und gute Möglichkeiten zum Skilaufen und Bergsteigen. Der Ort Sulden ist ein beliebtes modernes Ferienzentrum.

Infobox

Provinzen: Bozen, Brescia, Sondrio, Trento. **Straßenkarte** A2.
Fläche: *134 620 Hektar (61 823 Hektar in der Lombardei).* **Gründung:** *1935.* FS *Sondrio–Tirano.*
i **Komitee Nationalpark Stilfser Joch** *Rathausplatz 1, Glurns, 0473 830 430, Fax 0473 830 510.* W *www.stelviopark.it*
@ *info@stelviopark.it*

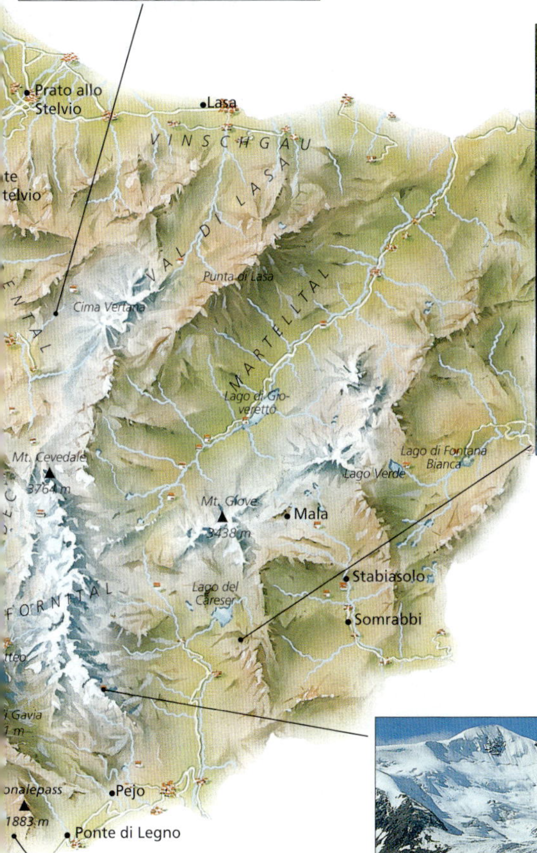

Cascata del Ragaiolo
Einer der interessantesten Spaziergänge führt von Bagni di Rabbi in etwa 45 Minuten zum Wasserfall des Ragaiolo, der mit seinen drei Stufen ein hinreißendes Naturschauspiel bietet.

Der Tonalepass in den Rätischen Alpen an der Grenze zwischen der Lombardei und dem Trentino verbindet das Val Camonica mit dem Val di Sole.

Der Fornigletscher
gehört zur Ortlergruppe und ist mit 22 km² der größte Gletscher der italienischen Alpen. Eine Zunge von 1,5 Kilometer Länge erstreckt sich bis zum Eingang des Fornitals.

Das östliche Südtirol

Die Dolomiten *mit den Drei Zinnen und der Sellagruppe bilden das Zentrum des östlichen Südtirols. Im Norden bilden die Zillertaler Alpen die Grenze zwischen Italien und Österreich. In Brixen, Innichen, Sterzing und Bruneck sowie in den Dörfern existieren Fremdenverkehr und Traditionspflege nahezu gleichberechtigt nebeneinander.*

Es ist unmöglich, den östlichen Teil Südtirols in einem Satz zu beschreiben – diese Gebirgsregion ist einfach zu vielfältig. Eisack- und Pustertal zum Beispiel waren Handelswege, auf denen die Herrschaft der Fürstbischöfe von Brixen manchmal durch die Expansionsgelüste der Grafen von Tirol und derer von Görz arg herausgefordert wurde. Über die Flüsse Eisack und Rienz wurden nicht nur Waren, sondern auch Ideen und Kunstformen transportiert. Brixen ist nach wie vor das wichtigste künstlerische Zentrum Südtirols, und in Innichen steht der bedeutendste romanische Kirchenbau der ganzen Provinz. Anders liegt es im Fall des Grödner Tals und des Gadertals, die durch ihre geografische Lage lange isoliert blieben. Dies hat aber gerade die Bewahrung von Traditionen und Bräuchen der Ladiner ermöglicht, einem Volk rätoromanischer Herkunft, das noch heute seine eigene Sprache und eine besondere Kultur pflegt. Und es hat der Seiser Alm ermöglicht, als einmaliger Naturraum intakt zu bleiben. Eines aber eint Puster-, Gader- und Grödner Tal: der Ruf, ein erstklassiges alpines Urlaubsziel zu sein, zum einen wegen ihrer landschaftlichen Schönheit, bei der die Dolomiten je nach Blickwinkel immer neue, andere und hinreißende Eindrücke schenken, zum anderen wegen der Wintersportmöglichkeiten. Dazu gehört u.a. Dolomiti Superski, ein Verbund von zwölf Skigebieten mit insgesamt 1220 Kilometern Pisten. Die weltberühmte Skitour Sella Ronda ermöglicht beispielsweise eine 40 Kilometer lange Abfahrt – ohne dass man zweimal dieselbe Piste durchfährt.

Der Jöchlsthurn (1474) in Sterzing, heute Sitz des Landesbergbaumuseums

◁ Die Drei Zinnen zählen zu den bekanntesten Dolomitengipfeln

Überblick: Das östliche Südtirol

Eine Rundfahrt durch das östliche Südtirol führt entlang von berühmten Bergen, an deren Wänden oftmals Bergsportgeschichte geschrieben wurde: Die Dolomiten zeigen sich in Bruneck und Innichen am Horizont und bilden im Grödner Tal und auf der Seiser Alm eine schier unglaubliche Kulisse. Der Verkehr von Waren und Kunstformen kennzeichnet dagegen eher die Geschichte des Eisacktals zwischen Bozen und dem Brenner: Brixen ist dafür neben dem nahen Kloster Neustift das wichtigste Beispiel, interessant ist in diesem Zusammenhang aber auch Sterzing.

Almen im Ahrntal

Schloss Prösels (ca. 13. Jahrhundert) mit seinen sieben Türmen

Im östlichen Südtirol unterwegs

Das Straßennetz ist ausgezeichnet: Durch das Eisacktal führen die Autobahn A22 und die Staatsstraße SS 12 zum Brenner; durchs Pustertal verläuft die SS 49, »Erbin« der historischen Via d'Alemagna; durchs Grödner Tal führen die SS 242 zum Sellapass, die SS 243 zum Grödner Joch und die SS 244 ins Gadertal. Ebenfalls in gutem Zustand sind die Nebenstraßen der Seitentäler. Die Brenner-Eisenbahn fährt durch das Eisacktal, und eine internationale Zugverbindung berührt auch das Pustertal. Recht verzweigt ist das Autobusnetz, das für die Seitentäler wichtig ist.

Siehe auch

- ***Übernachten*** S. 190f
- ***Restaurants*** S. 198f

Sehenswürdigkeiten auf einen Blick

Ahrntal / Valle Aurina 10
Antholzer Tal
Valle di Anterselva 11
Brixen / Bressanone S. 140f 1
Bruneck / Brunico 8
Burg Rodeneck
Castel Rodengo 6
Drei Zinnen / Tre Cime di Lavaredo S. 150f 16
Gadertal / Val Badia S. 154f 18
Gossensass / Colle Isarco 4
Grödner Tal / Val Gardena S. 160f 21
Innichen / San Candido 14
Kloster Neustift / Novacella S. 142f 2
Naturpark Schlern und Seiser Alm S. 164f 22
Naturpark Sextener Dolomiten S. 148f 15
Naturpark Fanes-Sennes-Prags S. 152f 17
Naturpark Puez-Geisler S. 158f 20
Ridnauntal / Val Ridanna 5
Sankt Lorenzen
San Lorenzo 7
Sankt Vigil / San Vigilio 19
Sterzing / Vipiteno 3
Tauferer Tal / Valle di Tures 9
Toblach / Dobbiaco 13
Welsberg / Monguelfo 12

Legende

- Autobahn
- Hauptstraße
- Nebenstraße
- Panoramastraße
- Fluss

Ciastel Colz, eine alte Adelsvilla im Gadertal nahe Stern

Brixen / Bressanone ❶

Madonnenstatue (16. Jahrhundert)

BRIXEN, FÜRSTBISTUM BIS 1803 und jahrhundertelang Hauptstadt Südtirols, liegt in einer Senke am Zusammenfluss von Eisack und Rienz. Es wird 901 als *Prichsna* zum ersten Mal erwähnt, ab 993 ist es Bischofssitz. 1027 überträgt der salische Kaiser Konrad II. dem Bischof der Stadt die Herrschaft über ein Gebiet, das die Täler von Eisack und Inn umfasst, d. h. das heutige Tirol. Die Gestalt der Stadt datiert aus dem 13. Jahrhundert, als sich zwei verschiedene Viertel bildeten: das Kirchenviertel mit Domplatz und Hofburg und das Bürgerviertel mit den beiden Laubengängen. Seidem hat die historische Innenstadt keine wesentlichen Veränderungen mehr erfahren.

Das prunkvolle Innere des Doms von Brixen

Dom / Duomo

Domplatz. 0472 834 034.
tägl. 8–12, 15–18 Uhr.
Domschatz. *März–Okt Di–So 10–17 Uhr.* *Mo, Nov–Feb.*

Die alte romanische Kirche wurde 1174 durch ein Feuer zerstört, im gotischen Stil wiederaufgebaut und 1745–54 im italienischen Barock umgestaltet. Die Fassade schmücken die Statuen dreier Bischöfe, die miteinander zu diskutieren scheinen: St. Ingenuin, St. Albuin und St. Kassian, Schutzheiliger der Stadt. Das Innere aus vergoldetem Stuck und dunklem Marmor hat Deckenfresken von Paul Troger (1748–50), das Gemälde im Hochaltar ist von Michelangelo Unterberger (1752). Rechts vom Kirchenportal gelangt man durch eine Pforte in den Kreuzgang vom Ende des 12. Jahrhunderts, der 1370 verändert wurde: Die Fresken in 15 der 20 Arkaden (Szenen aus dem Alten und Neuen Testament, der Tugenden und Laster, der Sieben Werke der Barmherzigkeit und des Martyriums einiger Heiliger) entstanden zwischen Ende des 14. und Anfang des 16. Jahrhunderts. An eine Kreuzgangwand lehnt sich die romanische St.-Johannes-Kirche mit Fresken u. a. des 13. Jahrhunderts.

Hofburg
Palazzo Vescovile

Hofburgplatz. 0472 830 505.
Diözesanmuseum. *März–Okt Mo–Sa 10–17 Uhr.* *So, Nov–Feb.*
Krippenmuseum. *1. Dez–10. Feb tägl. 14–17 Uhr.*
24. u. 25. Dez.

Sie wurde, jahrhundertelang Residenz der Brixener Fürstbischöfe, 1270 erbaut und erfuhr bis zum heutigen Barock-

INFOBOX

Brixen.
Straßenkarte D2. *17 010.*
Fremdenverkehrsverein Brixen *Bahnhofstr. 9, 0472 836 401.*
info@brixen.org

palais mehrere Umbauten. Im Hof mit dreistöckigen Galerien stehen im zweiten Stock in Nischen 24 Terrakottastatuen Habsburger Herrscher. Im Palais befinden sich das **Diözesanmuseum / Museo Diocesano** und das **Krippenmuseum / Museo dei Presepi.** Das Diözesanmuseum zeigt Sakralkunst verschiedener Epochen, mittelalterliches Kunsthandwerk und originale Einrichtungsgegenstände der Bischofsresidenz. Ein Saal im ersten Stock ist der mittelalterlichen Malerei und Skulptur vorbehalten (Werke von Leonhard von Brixen, Ivo Strigel, Jörg Lederer), und beträchtlich ist der Bestand an Barockgemälden von Stephan Kessler, Franz Sebald Unterperger und Paul Troger. Das Krippenmuseum zählt 91 Krippen vom 18.–20. Jahrhundert.

Große Lauben
Via dei Portici Maggiori
Die Ladenstraße in der Altstadt hat ihren mittelalterlichen Charme bewahrt. Die Häuser mit den typischen Zinnen und Erkerfenstern sind aus dem 16. und 17. Jahrhundert.

Pfarrplatz
Piazza della Parrocchia
Den kleinen, stillen Platz beherrscht die gotische Pfarrkirche **St. Michael / San Michele** (15. Jahrhundert), deren Kirchturm Weißer Turm genannt wird; ihr Inneres schmücken Fresken und Gemälde des 18. Jahrhunderts.

Häuser mit bunten Erkern in Sterzing/Vipiteno

Kloster Neustift Abbazia di Novacella ❷

Siehe S. 142f.

Sterzing Vipiteno ❸

Straßenkarte D1. *5700.*
Bahnhof, 0472 765 321.
ab Brixen.
Tourismusverein *Stadtplatz 3, 0472 765 325.*
www.infovipiteno.it
www.infosterzing.it
Nikolausumzug 5. Dez.

DAS STÄDTCHEN LIEGT auf einer kurzen, von der Eisack angeschwemmten Ebene an der Mündung dreier Täler. Strategisch wichtig für den Handel, denn hier war die Hauptroute für Waren nach Mitteleuropa in Richtung Brenner; wichtig aber auch als Markt, denn hier wurden Silber, Blei und Zink der Minen der Umgebung verkauft. Die Straße **Neustadt / Via Città Nuova**, die ihre Häuser mit den bunten Erkern prägen, entstand nach 1443, dem Jahr, in dem die Stadt durch ein Feuer verwüstet wurde. Die **Altstadt / Via Città Vecchia** genannte Straße ist, wie ihr Name sagt, dagegen der älteste Teil der Stadt. Hier steht die Spitalkirche zum Heiligen Geist, in der es einen bemerkenswerten Freskenzyklus des 15. Jahrhunderts zu sehen gibt. Die Bergbauvergangenheit der Region dokumentiert das **Landesbergbaumuseum / Museo Provinciale delle Miniere**, das im **Jöchlsthurn** untergebracht ist, einem mittelalterlichen Herrensitz, der aus einem Wohnturm des 14. Jahrhunderts entstanden ist. Gegenüber der gotischen **Pfarrkirche** am südlichen Stadtrand gründete der Deutschherrenorden sein eigenes Spital, aus dem das **Städtische Multscher-Museum / Museo Civico Multscher** wurde, das dem Schöpfer der vier grandiosen Altarflügel gewidmet ist, die 1458 für den Hochaltar der Pfarrkirche entstanden sind: Sie werden hier zusammen mit anderen Werken aus seiner Werkstatt gezeigt.

Saal im Diözesanmuseum in der Hofburg in Brixen

Städtisches Multscher-Museum / Museo Civico Multscher
Deutschhausstraße 11.
0472 766 464. Apr–Okt Di–Sa 10–12, 14–17 Uhr.

Kloster Neustift ❷

DIESE GROSSE KLOSTERANLAGE entstand ab 1142 als Augustiner-Chorherrenstift. Die mit Wäldern und Ländereien gesegnete Abtei war so etwas wie eine autarke Kleinstadt, die für Pilger und Reisende eine wichtige Station zwischen Deutschland und Italien darstellte. Dieser Treffpunkt zwischen der deutschen und der mediterranen Welt wurde im 15. Jahrhundert gegen einen befürchteten Türkenangriff befestigt und im 18. Jahrhundert barock umgestaltet. Dächer mit bunten Schindeln aus Holz, Sonnenuhren und Fresken fallen durch ihr harmonisches Miteinander ins Auge. Dem strengen Äußeren tritt die strahlende Pracht der Innenräume entgegen.

Weinberge und Obstgärten umgeben das Kloster Neustift auf der Ebene von Vahrn am Rande des Brixener Beckens

Die Kirche St. Margaretha bewahrt die ursprüngliche romanische Struktur; Schmuck und Ausstattung aber sind barock.

Der Glockenturm *hat noch seine originale romanische Anlage; an jeder Seite öffnen sich vier Zwillingsfenster. Kostbar sind Uhr und Sonnenuhr.*

Stiftskirche zu unserer lieben Frau *Die im 18. Jahrhundert von Giuseppe Delai umgebaute Kirche gilt wegen ihrer prunkvollen farbigen und vergoldeten Stukkaturen als die schönste Barockkirche Südtirols.*

Der **Wunderbrunnen** ist von 1508 und wurde 1673 mit einer Ädikula überdacht, deren Fries eine Darstellung der sieben Weltwunder ziert. Die Abtei ist als achtes Wunder hinzugefügt.

Der Kreuzgang *im gotischen Stil mit Kreuzrippengewölben des 14. Jahrhunderts und Fresken mit Szenen aus der Bibel: die* Verkündigung *in der 9. Arkade, die* Parabel vom reichen Prasser *in der 3.,* die Ölbergszene *in der 4. Arkade. Im Kreuzgang soll auch der Minnesänger Oswald von Wolkenstein begraben liegen.*

INFOBOX

Straßenkarte C3.
Stiftstraße 1, Neustift, 0472 836 189.
nur Führungen Mo–Sa 10, 11, 14, 15, 16 Uhr (Sa nur nach Voranmeldung).
So, Feiertage.
www.kloster-neustift.it
info@kloster-neustift.it

Die Viktorskapelle, romanisch auf quadratischem Grundriss, ist die älteste des Klosters. Sie zeigt an einer Wand Fresken (um 1360) mit einem *Zug der hl. drei Könige.*

Die Pinakothek birgt bedeutende gotische Werke, so den Flügelaltar der hl. Katharina von Friedrich Pacher und die Tafeln mit der Legende des hl. Augustinus des Meisters von Uttenheim.

Der Türkenturm wurde samt der Ringmauer im 15. Jahrhundert gegen die »Heiden« errichtet.

Die Bibliothek, *1778 eröffnet, ist prunkvoll im Rokokostil dekoriert und besitzt mehr als 76 000 Bände, Manuskripte und mit Miniaturen geschmückte Codices.*

Kellerei
In der alten Mühle werden die berühmten Weine des Klosters verkauft.

Die Michaelskapelle *war der Betsaal des Pilgerhospizes außerhalb der Mauer. Nach dem Feuer von 1190 als Nachbildung der Grabeskirche errichtet, wurde sie im 15. Jahrhundert umgebaut.*

Gossensass Colle Isarco ❹

Straßenkarte D1. *ab Brixen.* **Fremdenverkehrsverein Gossensass-Pflerschtal** *Ibsenplatz 2, 0472 632 372.*

Die letzte Siedlung vor dem **Brennerpass / Passo del Brennero** (1375 m) scheint vom Gebirge erdrückt zu werden, dank welchem sie nicht nur ein Ort zum Wandern, sondern auch ein viel besuchter Skiort ist. Ein **Museum** auf dem Hauptplatz ist Henrik Ibsen gewidmet, einem der vielen Reisenden des 19. Jahrhunderts, die hier fühlten, sie seien »an der Grenze zwischen Nord- und Südeuropa«.

Ibsen-Museum Museo Ibsen
Ibsenplatz. *0472 632 369 / 372.* *Mo–Fr 8–12, Mi 14–17.30 Uhr.*

Ridnauntal Val Ridanna ❺

Straßenkarte C1. *ab Sterzing.* **Fremdenverkehrsverein Ratschings-Ridnaun** *Gemeindehaus, Stange, 0472 760 608.*

Ein Grossteil des Reichtums von Sterzing kam zwischen dem 15. und dem 20. Jahrhundert aus den Silber-, Blei- und Zinkminen in den Bergen, die das Obere Eisacktal vom Passeiertal trennen. Um die Bergwerke zu finden, muss man nur das Ridnauntal hinauffahren, dessen heiterere Offenheit mit grünen Wiesen und schönen Aussichten auf die Berge sich schlecht mit einer solchen Vergangenheit verträgt. Doch am Abbau dieser kostbaren Metalle waren sogar die Bankiers Fugger in Augsburg interessiert, die die Bauten finanzierten und an dem Geschäft gut verdienten. Von der harten Arbeit der Bergleute bekommt man einen Eindruck im Landesbergbaumuseum, Außenstelle am Schneeberg bei **Ridnaun / Ridanna**, wo man einen über 200 Meter langen Stollen besichtigen kann, der bis 1979 in Betrieb war.

Landesbergbaumuseum Ridnaun-Schneeberg
Maiern 48, Ridnaun. *0472 656 364.* *Apr–Okt Di–So 9.30–16.30 Uhr; nur mit Führung.*

Der lange Stollen des Landesbergbaumuseums Ridnaun-Schneeberg

Burg Rodeneck Castel Rodengo ❻

Straßenkarte D2. *ab Brixen.* **Fremdenverkehrsverein** Villa 3a, Rodeneck, *0472 454 044.*

Kavaliere und Edelfräulein aus dem Mittelalter reihen sich im Erdgeschoss der Burg, die ein wenig nördlich vom Kloster Neustift von einem Felssporn herab den Eintritt des Pustertals ins Eisacktal bewacht. Sie sind die Hauptpersonen des Zyklus um den Artusritter *Iwein,* einem der bedeutendsten profanen Freskenzyklen Europas, der von der Liebe zwischen Yvain und Laudine erzählt: Nachdem der Held sie geheiratet hat, vernachlässigt er sie um neuer Abenteuer willen, wodurch er fast Laudines Tod herbeiführt, doch dank anderer herrlicher Taten gewinnt er ihre Liebe zurück. Die Fresken entstanden um 1200, als die Burg bereits mindestens 100 Jahre alt war, und sie dokumentieren das höfische Leben der Zeit, aber auch die engen Bindungen des Tals an den Norden Europas (die Iwein-Sage aus dem Kulturkreis Nordfrankreichs kam über Deutschland nach Südtirol).

Burg Rodeneck mit dem *Iwein*-Fresko

Burg Rodeneck Castel Rodengo
Rodeneck. *0472 454 056.* *Mai–Mitte Okt Di–So 11 u.15 Uhr; nur mit Führung.*

Sankt Lorenzen San Lorenzo ❼

Straßenkarte E2. *3300.* *ab Bruneck.* **Fremdenverkehrsverein** Rodeneck, J.-Renzler-Str. 9, *0474 474 092.*

Es wirkt schon fast wie eine Kleinstadt, dieses Dorf, das an der Mündung des Gadertals *(siehe S. 154f)* ins Pustertal liegt. Die Umgebung bestimmen herrliche Berggipfel, die im Süden zu den Dolomiten und im Norden zu den Alpen zwischen Italien und Österreich gehören, sowie grünende Wiesen, ideal für Spaziergänge und den Langlauf im Winter. Aus dem 13. Jahrhundert ist die **Pfarrkirche St. Laurenzius / Parrocchiale di San Lorenzo**, die, von alten Bürgerhäusern umgeben, auf den Hauptplatz blickt; von dem gotischen

Hochaltar von Michael Pacher, links vom Chor, ist lediglich die *Traubenmadonna* erhalten, die das Weintrauben essende Jesuskind auf dem Schoß der Jungfrau zeigt. Über der Einmündung des Gadertals steht hoch auf einem Felsen die **Sonnenburg / Castel Badia**, die vor dem Jahr 1000 errichtet und gegen 1030 in ein Benediktinerinnenkloster umgewandelt wurde. Das Hauptgebäude dient heute als Hotel.

Die Sonnenburg bei St. Lorenzen

Bruneck Brunico ❽

Straßenkarte E2. *13 300.* *Brenner-Eisenbahn, umsteigen in Franzensfeste.* *ab Bozen und Brixen.* **Fremdenverkehrsverein** Europastr. 26, *0474 555 722.* *Mi.* *bruneck@dolomitisuperski.com* *www.bruneck.com*

Ende des 20. Jahrhunderts hat dem Städchen, das wirtschaftlicher Mittelpunkt des Pustertals ist, der Skisport mit dem Fremdenverkehr mächtig Geltung verschafft. Der Grund dafür liegt im **Kronplatz / Plan de Corones** (2273 m), dem Hausberg Brunecks, der es im Süden überragt und von Pisten und Abfahrten durchzogen ist, die in ganz Europa berühmt sind. Seine Geschichte aber, in der sich politische und kommerzielle Interessen vermischen, ist sehr viel älter. Bruneck wurde in der zweiten Hälfte des 13. Jahrhunderts auf Geheiß der Bischöfe von Brixen gegründet, die zum einen mit der Stadt den Handelsverkehr auf der Strada d'Alemagna besser zu kontrollieren hofften und zum anderen damit beabsichtigten, den Expansionsbestrebungen der Grafen von Tirol und derer von Görz Zügel anzulegen. Der Ort war also einerseits ein wichtiger Handelsplatz und andererseits ein Vorposten auch mit militärischen Funktionen. Von dieser Doppelfunktion findet man noch heute Spuren in der Altstadt, der eine moderne Neustadt vorgelagert ist, die mit ihren Bauten vor allem dem Fremdenverkehr und der Industrie dient. Zur nicht mehr existierenden Stadtmauer gehörte das **Ursulinentor / Porta-Torre delle Orsoline** mit Fresken von Johannes von Bruneck, und auf diesem Mauerring wurde im 15. Jahrhundert die nahe **Ursulinenkirche / Chiesa del Salvatore alle Orsoline** erbaut. Die **Stadtgasse / Via Centrale**, in der sich Läden und Lokale mit den typischen schmiedeeisernen Ladenschildern drängen, diente ursprünglich als Festungswerk des **Schlosses / Castello**, das auf einem leicht zugänglichen Hügel über der Stadt liegt; die Bischöfe von Brixen erbauten es im 13. Jahrhundert als Burg über einem älteren Bau. Im 15. und 16. Jahrhundert wurden dann zahlreiche Umbauten vorgenommen. Ein Glockenturm weist den Weg zur **Pfarrkirche unserer lieben Frau / Parrocchiale di Nostra Signora**, der wichtigsten Kirche Brunecks, die 1853 nach einem Feuer errichtet wurde; von ihrer Vorgängerin, einer gotischen Kirche des 16. Jahrhunderts, stammen das sehenswerte *Kruzifix* von Michael Pacher rechts vom Chor und die beeindruckende *Kreuztragung* (um 1440) im linken Seitenschiff. Auf dem rechten Rienzufer liegt der Ortsteil Dietenheim, wo das **Museum für Volkskunde / Museo degli Usi e Costumi** als Freilichtmuseum eine Reihe von Gebäuden umfasst (Heuschuppen, Kornspeicher, Mühlen, Werkstätten, Wohngebäude), die die verschiedenen Bauformen im Tal zeigen; interessant sind hier auch die Ausstellungen von Möbeln, Stoffen und Gegenständen des täglichen Gebrauchs in einem Raum des ehemaligen Herrenhauses aus dem 16. Jahrhundert.

Das Museum für Volkskunde in Bruneck

Museum für Volkskunde Museo degli Usi e Costumi
Herzog-Diet-Str. 24, Bruneck.
0474 552 087.
Mitte Apr–Ende Okt Di–Sa 9.30–17.30 Uhr; So und Feiertage 14–18 Uhr. *Mo.*

Das bischöfliche Schloss oberhalb von Bruneck

Tauferer Tal Valle di Tures ❾

Straßenkarte E2. *ab Bruneck.* **Ferienregion Tauferer-Ahrntal** *Ahrner Str. 95, Steinhaus, 0474 652 081.*

Von dem langen Einschnitt, der sich nördlich von Bruneck in die Berge erstreckt, ist dieses Tal der erste Abschnitt, der durch seine weiten Wiesen mehr wie eine Hochebene wirkt, auf der sich im Winter die Langläufer und im Sommer die Liebhaber wenig anstrengender Spaziergänge tummeln. Im Flecken **Gais** lohnt die schöne romanische Pfarrkirche, in **Sand in Taufers / Campo Tures** die spektakuläre Burg Taufers, erbaut und umgestaltet im 13.–16. Jahrhundert und noch immer im Besitz der Familie Taufers; gotisch sind die Fresken von 1482 in der Kapelle.

Burg Taufers Castel Tures
Schlossstraße 10, Sand in Taufers. *0474 678 543.* *Ende Dez–Mitte Juni Di, Fr, So 15 Uhr; Mitte Juni–Mitte Juli, Sep–Okt 10, 11, 14, 15.15, 16.30 Uhr; Mitte Juli–Aug 10–11.30, 13–17 Uhr; nur mit Führung.*

Burg Taufers, umgebaut zwischen dem 13. und 16. Jahrhundert

Ahrntal Valle Aurina ❿

Straßenkarte E1. *ab Bruneck.* **Ferienregion Tauferer-Ahrntal** *Ahrner Str. 95, Steinhaus, 0474 652 081.*

Seinen Anfang beherrscht die Burg Taufers, und die Landschaft, die es prägt, ist das Gegenteil von der im Tauferer Tal. Hier sind die Berge schroff und eindrucksvoll, und die Straße zu den Dörfern ist sehr kurvenreich. Hier dominiert heute vor allem der Fremdenverkehr. Im Talschluß erhebt sich der **Klockerkarkopf / Vetta d'Italia** (2912 m), der nördlichste Punkt Italiens. Einstmals suchte man in der Region nach Erz; an das, was man in den Minen fand, erinnert das Bergbaumuseum, Zweigstelle **Sankt Johann / San Giovanni**. Wie man Kupfer schürft, lernt man im Bergbaumuseum **Steinhaus / Cadipietra** und im Schaubergwerk **Prettau / Predoi**.

Bergbaumuseum Museo di Minerali
Mühlegg 3, Sankt Johann. *0474 652 145.* *nach Bedarf.*

Bergbaumuseum Museo Minerario
Steinhaus. *0474 651 043.* *Dez–März Mi 19–22, Di, Fr–So 15–18 Uhr; Apr–Nov Di–Sa 9.30–16.30 Uhr.*

Schaubergwerk Prettau Museo Miniera di Predoi
Prettau. *0474 654 298.* *Apr–Nov Di–So 9.30–16.30 Uhr; nur mit Führung.*

Majestätische Gipfel überragen die steilen Hänge des Ahrntals

Antholzer Tal / Valle di Anterselva ⓫

Straßenkarte E1. *ab Bruneck.* **Fremdenverkehrsverein Antholzer Tal** *Antholz-Mittertal, 0474 492 116.*

Eine historische Verbindung zwischen Pustertal und Tirol verläuft durch dieses Tal, wo Wiesen und Wälder die Landschaft prägen. Grün ist auch die Farbe des Wassers des **Antholzer Sees / Lago di Anterselva**, der auf der nordwestlichen Talseite schon im **Naturpark Riesenfernergruppe-Ahrntal / Parco Naturale Vedrette di Ries-Aurina** liegt, wo Rehe und Hirsche frei in den weiten Rottannenwäldern leben.

Welsberg Monguelfo ⓬

Straßenkarte E2. *2500.* *ab Brixen und Bruneck.* **Fremdenverkehrsverein Welsberg** *Pustertaler Str. 9, 0474 944 118.* *www.hallo.com*

Aus dem 18. Jahrhundert ist die **Pfarrkirche / Parrocchiale** im Zentrum des Ortes, der an einer relativ engen Stelle des Pustertals liegt. Ebenfalls aus dem 18. Jahrhundert sind auch ihre drei Altarbilder, die von dem Tiroler Maler Paul Troger geschaffen wurden. Mindestens 300 Jahre älter ist die **Burg / Castel Welsberg**, die von einer Felsenspitze herab den Eingang zum Gsieser Tal bewacht. Auf der anderen Hangseite erstreckt sich der Weiler **Taisten / Tesido**, der wegen seiner Kirchen ein beliebtes Ziel ist: Die Pfarrkirche St. Ingenuin und Albuin ist innen im Rokokostil gestaltet; die Kirche St. Georg ist romanisch-gotisch, was sich an der Architektur und den Fresken außen und innen (von Simon von Taisten und Leonhard von Brixen) ablesen lässt.

Burg / Castel Welsberg
Schlossstr. 10. 0474 944 118.
Juli–Mitte Sep Mo–Fr 9.30–12, 16–18.30 Uhr.

Die Burg Welsberg aus dem 15. Jahrhundert

Toblach Dobbiaco ⓭

Straßenkarte E2. *3200.* *ab Bruneck.* **Fremdenverkehrsverein** Dolomitenstr. 3, *0474 972 132.* *1. und 3. Mo im Monat.*

SCHON AM ENDE des 19. Jahrhunderts war Toblach ein Ferienort, als das Städtchen, auf der Wasserscheide zwischen den Flüssen Rienz und Drau gelegen, eine beliebte Sommerfrische wurde. Und ein Urlaubsort ist es bis heute, was es auch den Dolomiten zu verdanken hat, deren Silhouette sich am Horizont abzeichnet, wenn man vom Zentrum des Ortes in Richtung Süden blickt. Hier haben die Häuser einen österreichischen Touch, was auch für die **Pfarrkirche** gilt, deren Inneres ein interessantes Beispiel für den Rokoko-Stil ist.

Innichen San Candido ⓮

Straßenkarte F2. *3150.* FS *0474 913 224.* *ab Bruneck.* **Fremdenverkehrsverein** *Pflegplatz 1, 0474 913 149.*

EIN UNMERKLICHES Gefälle markiert den kurzen Abschnitt des Pustertals, der Toblach von diesem Ort trennt. Nun fließt allerdings nicht mehr die Rienz neben der Straße her, sondern die Drau, Nebenfluss der Donau: Nichts zeigt deutlicher, dass das Hochtal eigentlich österreichisch ist, auch wenn es als Folge des Ersten Weltkriegs Italien zugeschlagen wurde. Dass das Pustertal auch ein Ort der Kunst ist, beweist im Zentrum des Ortes die wunderbare **Stiftskirche der Heiligen Kandidus und Korbinian / Collegiata dei Santi Candido e Corbiniano**, der grandioseste Ausdruck romanischer Baukunst in Südtirol. Der im 12. und 13. Jahrhundert entstandene sehenswerte Bau, der lombardische Vorbilder aufnahm, erhielt erst 1969 seine ursprüngliche Gestalt zurück, als umfangreiche Restaurierungsarbeiten die im 19. Jahrhundert vorgenommenen Umgestaltungen beseitigten. Ein schönes mittelalterliches Relief schmückt das Portal an der rechten Seite, über dem Michael Pacher sein gotisches Fresko der Heiligen

Das romanische Kollegiatsstift in Innichen

Kandidus und Korbinian anbrachte. Schlicht wirkt das Innere, das durch Säulen und Pfeiler in drei Schiffe unterteilt ist, die in ganz unterschiedlichen Kapitellen enden. Aus dem 13. Jahrhundert sind die wichtigsten Kunstwerke der Kirche: die herrliche *Kreuzigung* über der Altarmensa, die Fresken mit der Schöpfungsgeschichte in der Vierung und die kostbare Schnitzfigur des *hl. Korbinian* in der Krypta. Das Kapitelhaus des 10. Jahrhunderts links neben der Kirche wurde zum **Stiftsmuseum / Museo della Collegiata di San Candido** umgebaut, das den reichen Schatz der Stiftskirche zeigt.

Museum des Stifts St. Kandidus / Museo della Collegiata di San Candido
Via Atto. *0474 913 278.*
1. Juni–15. Okt Do, Fr, Sa 17–19 Uhr, So 10–11 Uhr; 15. Juli–31. Aug Di–Sa 10–11, Di 20–22, Do, Fr 17–19 Uhr, So 10–11 Uhr.

Toblach, in der Bildmitte die Pfarrkirche

Naturpark Sextener Dolomiten ⓯

DER PARK UMFASST DAS GEBIET am nordöstlichen Rand der Dolomiten zwischen Pustertal und der Provinz Belluno. Seine berühmten Berge (Haunold, Dreischusterspitze, Elferkofel, Drei Zinnen) sind mit den Pionieren des Alpinismus wie mit dem Ersten Weltkrieg verknüpft. Hier ist die Landschaft anders als in den übrigen Dolomiten: Das Gebirge ist schroffer und hat weniger Hochebenen und Almen sowie mehr Felsnadeln und Gipfel, die unbezwingbar erscheinen. Hier spürt man vielleicht stärker als anderswo die Macht der Berge.

Der Dolomitenhauswurz ist im Naturpark sehr verbreitet

Zwischen Toblach und Innichen *liegt eine der wichtigsten Wasserscheiden Europas. Sie trennt das Wasser in Richtung Mittelmeer von dem, das z. B. mit der Drau zum Schwarzen Meer fließt.*

Im Höhlensteintal an der Westgrenze des Parks liegt der schöne Dürrensee.

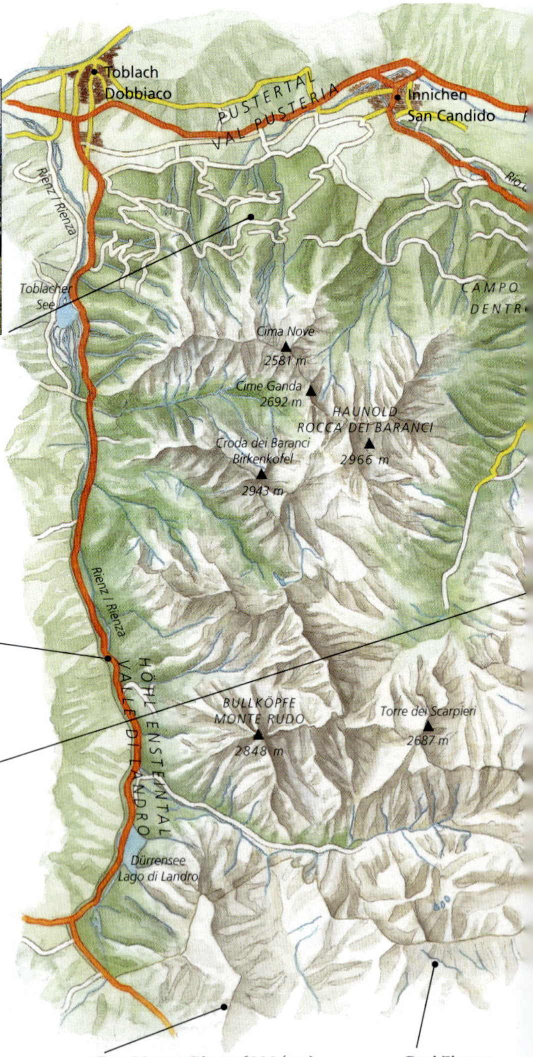

Die Dreischusterspitze / Punta Tre Scarperi (3145 m) *ist einer der markantesten Gipfel der Region.*

Der Monte Piana (2324 m) markiert den südlichsten Punkt des Naturparks.

Drei Zinnen *(siehe S. 150f)*

Fischleintal / Val Fiscalina
Für viele ist es das schönste Tal im Park, das sich zwischen Sextener Sonnenuhr und Dreischusterspitze zwängt. In seinem hinteren Teil, kurz vor dem Rifugio al Fondo Valle, finden sich Reste einer österreichischen Schanze aus dem Ersten Weltkrieg, vielleicht an der Stelle einer prähistorischen Kultstätte, mit herrlichem Blick auf die Sextener Sonnenuhr.

INFOBOX

Provinz: Bozen.
Straßenkarte E2.
Fläche: *11 650 Hektar.*
Gründung: *1981.*
Gemeinde Toblach
Graf-Künigl-Str. 1, 0474 972 109;
Gemeinde Sexten
Dolomitenstr. 9, 0474 710 323;
Gemeinde Innichen
Pflegplatz 2, 0474 913 132.
W *www.provinz.bz.it/naturparke/sexten; www.innichen.it*

Sextener Sonnenuhr
Sie heißt so, weil die Berge, aus denen sie besteht (Rotwand, Elfer-, Zwölfer- und Einserkofel – auf dem Foto von links nach rechts) von Sexten aus gesehen Teil einer natürlichen Sonnenuhr sind.

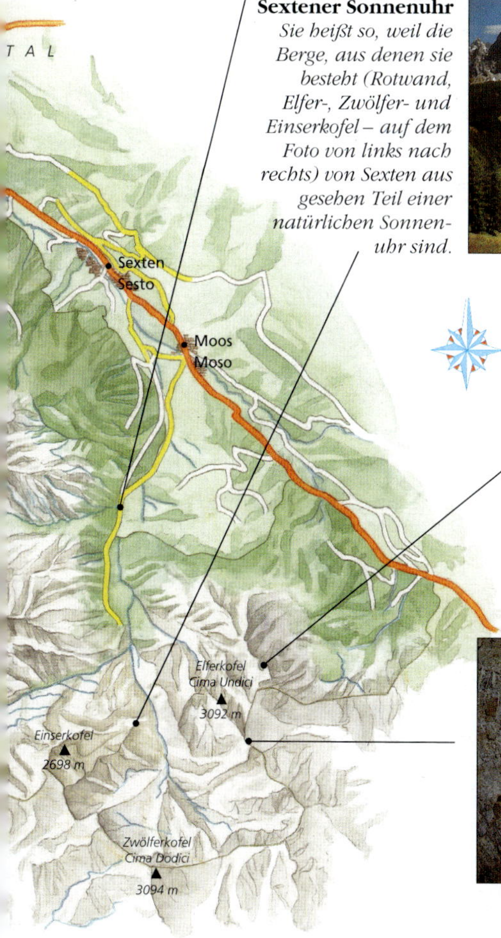

Die Rotwand / Croda Rossa (1924 m) verdankt ihren Namen den Kalkfelsen, die sich bei Regen rotbraun verfärben.

LEGENDE

- Hauptstraße
- Nebenstraße
- Sonstige Straße

0 Kilometer 2,3

Alpinisteig / Strada degli alpini
Auf den Elferkofel führt dieser seilgesicherte Weg aus dem Ersten Weltkrieg. Er und die Via delle Bocchette (in der Brentagruppe) gelten als die spektakulärsten Klettersteige in den Dolomiten.

Die Drei Zinnen / Tre Cime di Lavaredo ⓰

Gedenkstein bei den Drei Zinnen

Die Drei Zinnen, im Südteil des Naturparks Sextener Dolomiten *(siehe S. 148f)* an der Grenze zwischen dem Veneto und Südtirol gelegen, sind ein Sinnbild der Dolomiten. Die »herrliche Dreifaltigkeit«, wie sie genannt werden, ist in die Geschichte des Alpinismus eingegangen, und die schwierigsten Anstiege sowie die Namen der Erstbesteiger sind legendär. Aber die Drei Zinnen sind auch geologisch, historisch und touristisch von Bedeutung. Jeden Tag im Sommer kommen Tausende von Familien über die asphaltierte Straße hierher und bestaunen das Panorama und die Kletterer in den Wänden.

Dreizinnenhütte / Rifugio Locatelli (2438 m)
Eine beliebte Berghütte nördlich der Drei Zinnen.

Kleine Zinne (2857 m)
Sie blieb bis 1881 unbesiegt, als sie von den Brüdern Innerkofler bezwungen wurde.

Große Zinne Cima Grande (2999 m)

Punta Frida (2792 m)

Die Kleinste Zinne (2700 m) wurde zuerst 1911 von Paul Preuss bezwungen, dem Fürsprecher eines Alpinismus, der künstliche Mittel als Kletterhilfe strikt ablehnte.

Die Nordwand,
die stark überhängt, galt bis 1933 als unbezwingbar. Sie wurde jedoch von Emilio Comici (links) und den Brüdern Giuseppe und Angelo Dimai durchstiegen. Damit begann im Alpinismus das Zeitalter des VI. Grades.

Über die **Geröllhalde** am Fuß der Zinnen führt ein Pfad, der nur trittsicheren Wanderern zu empfehlen ist.

Geologie und Geschichte

Die Drei Zinnen sind ein historisches und geologisches Denkmal. Wenn man sie heute besucht, kann man kaum glauben, dass die Gegend vor 220 Millionen Jahren ein flacher Sumpf war, in dem Dinosaurier und andere Lebewesen hausten, deren Fossilien heute im Museum DoloMythos in Innichen ausgestellt sind.

In sehr viel jüngerer Zeit bildeten die Drei Zinnen wie auch andere Dolomitengipfel die italienisch-österreichische Front im Ersten Weltkrieg. An die teils heftigen Kämpfe erinnern die Cappella degli Alpini am Weg vom Rifugio Auronzo zum Rifugio Lavaredo, die Überreste von Befestigungen nahe dem Rifugio Lavaredo und die Schießscharten an der Basis der Südwand der Drei Zinnen.

Ein Fossil im Museum DoloMythos

Infobox

Straßenkarte F2.
Fremdenverkehrsverein Innichen *Pflegplatz 1, Innichen, 0474 913 149;*
Informationszentrum Lago di Misurina Via Montepiano, Misurina, *0435 390 16.*
ab Misurina, 8 km (Mautstraße, etwa 15 Euro).
Museum DoloMythos, *P.-P.-Rainer-Str. 11, Villa Wachtler, Innichen 0474 913 462 / 255.*
Winter: nur »kleines« Museum; Sommer: Mo–Sa 9–12, 15–18 Uhr; 22. Juli–1. Sep So 9–12, 15–18 Uhr.
nur im Sommer.

Die Nordwand der westlichen Zinne hängt mehr als 30 Meter über. Sie wurde 1935 von Riccardo Cassin und Vittorio Ratti bezwungen.

Westliche Zinne Cima Ovest (2973 m)

Die Südseite
ist klettertechnisch wesentlich einfacher: Die Südwand der Großen Zinne war denn auch die erste, die 1869 von Paul Grohmann und seinen Begleitern bezwungen wurde. Auch heute kommen die meisten Besucher von dieser Seite zu den Drei Zinnen: über die Mautstraße vom Lago di Misurina zum Rifugio Auronzo.

Der Blick nach Süden
Von den Drei Zinnen sieht man in südlicher Richtung im Vordergrund die Spitzen der Cadinigruppe, der Blick reicht bis zu den Marmarole und dem Monte Antelao rechts im Hintergrund des Fotos.

Naturpark Fanes-Sennes-Prags ⑰

Er ist das grösste Schutzgebiet der Dolomiten, von denen er den zentral-nördlichen Teil einnimmt: Im Norden grenzt der Naturpark an das Pustertal, im Westen an das Gadertal, im Süden ist die Grenze die Provinz Bozen und im Osten das Höhlensteintal. Die Landschaften des Parks sind sehr unterschiedlich: Sie sind rauer im östlichen Teil, wo sie an die Naturparks Sextener Dolomiten *(siehe S. 148f)* und Dolomiti d'Ampezzo stoßen und mit ihnen zusammen ein riesiges Schutzgebiet bilden; im westlichen Teil herrschen die großen Hochebenen vor, der Legende nach das Reich des Sagenkönigs Fanis, des Verbündeten der Murmeltiere, der noch heute hier der Herrscher ist.

Die Fojedöra, ladinisch »hohe Berge«, bilden das Zentrum des Naturparks zwischen Pragser Wildsee und St. Vigil, das von Sennereien, Almen und einem wundervollen See geprägt ist.

Sennesalm
Die grasbewachsene, weite, wellige Hochebene ist von eindrucksvollen Felsmassiven wie der Hohen Gaisl und dem Seekofel umgeben; trotz ihrer herausgehobenen Lage wird sie nur selten besucht.

Fanesalm
Sehr steil sind die äußeren Hänge; im Inneren ist das Tal weit und eben. Hier findet man das berühmte »Parlament der Murmeltiere«.

Bei den Cunturines-Spitzen, die St. Kassian und den östlichen Teil des Gadertals überragen, wurde 1987 eine Höhle mit den 120 000 Jahre alten Knochen des *Ursus spelaeus* gefunden. Die Überreste eines dieser Höhlenbären sind im Pic Museo Ladin in St. Kassian *(siehe S. 156f)* zu besichtigen.

Die Fanisgruppe ist ein langer Dolomitenrücken, der sich von Nord nach Süd bis zum Piccolo Lagazuoi über dem Falzaregopass erstreckt.

Pragser Wildsee Lago di Braies
Für viele ist er der schönste See der Dolomiten, in dem sich die Wände des Seekofels spiegeln. Er ist bestens ausgestattet (und in der Saison sehr überlaufen); man kann Boote mieten, baden und Spaziergänge sowie Wanderungen unternehmen.

INFOBOX

Provinz: Bozen. **Straßenkarte** E2.
Gründung: *1980.* **Fläche:** *25 680 Hektar.*
ℹ Fremdenverkehrsverein Abtei *Hauptstraße 66, 0471 847 037;* **Fremdenverkehrsverein Pragser Tal** *Prags, Außerprags 78, 0474 748 660;* **Fremdenverkehrsverein Toblach** *Dolomitenstraße 3, 0474 792 132;* **Fremdenverkehrsverein Wengen** *Zentrum 215, 0474 843 072;* **Fremdenverkehrsverein St. Vigil/Enneberg** *Al-Plan-Str. 97, 0474 501 037;* **Fremdenverkehrsverein Olang** *Florianiplatz 4, 0474 496 277. Besucherzentren sind in Sankt Vigil und in Toblach geplant.*

Das Höhlensteintal / Val di Landro
an der östlichen Grenze des Parks bietet aufregende Aussichten auch ins Gebiet der Sextener Dolomiten und auf die Drei Zinnen.

LEGENDE

- Hauptstraße
- Nebenstraße
- Sonstige Straße

he Gaisl / Croda Rossa 46 m)
Massiv, eines der schöns- der Region, liegt an der nze zum Naturpark omiti d'Ampezzo.

Plätzwiesen Prato Piazza
Von dieser Hochebene hat man einen herrlichen Blick auf den Monte Cristallo und den Dürrenstein.

Gadertal / Val Badia ⓲

Kruzifix im Gadertal

DAS HOCHTAL DES Gaderbachs, der im Norden in die Rienz mündet, trennt die Naturparks Puez-Geisler und Fanes-Sennes-Prags bzw. die westlichen von den östlichen Dolomiten. Sechs Dörfer, die in drei Gemeinden (Corvara, Badia und La Valle) zusammengeschlossen sind, haben sich im Laufe der Jahre zu einem leistungsfähigen Tourismusgebiet entwickelt, ohne dabei die natürliche Schönheit der Landschaft zu beeinträchtigen. Die Bewohner des Gadertals gehören zur ladinischen Volksgruppe Südtirols.

Ein Sommergewitter im Gadertal

Sass de Stria (2477 m)

Passo di Valparola (2168 m)

Cunturines-Spitzen (3077 m)
Hier sind die Knochen des Höhlenbären gefunden worden.

Stern / La Villa
Hier teilt sich das Gadertal. Der alte Ortsteil liegt an erhöhter Stelle über dem Tal.

Sankt Leonhard / San Leonardo
liegt unter dem Massiv des Heiligkreuzkofels. Die reich mit Stuck und Fresken geschmückte Pfarrkirche lohnt einen Besuch.

Wengen / La Valle
Ein kleines, vom Tourismus kaum berührtes Dorf.

LEGENDE

═	Straße
═	Fluss

Corvara
ist der größte Fremdenverkehrsort des Tales, der schon im 19. Jahrhundert gern besucht wurde. Neben den Skipisten und guten Wandermöglichkeiten gibt es auch einen Golfklub (links).

INFOBOX

Straßenkarte D2.
A22 (Ausfahrt Klausen, dann Grödner Tal und Grödner Pass).
FS *Bozen, Klausen, Bruneck, dann Bus oder Taxi.* *Bozen und Bruneck.* **Tourismusverband Alta Badia** *Strada Col Alt 36, Corvara, 0471 836 176, Fax 0471 836 540.*
W *www.altabadia.org*
@ *corvara@altabadia.org*

Auf **Pralongià (2139 m)**, der Hochebene aus Mergel und Kalkstein, findet man viele Fossilien.

Marmolada
(siehe S. 96f)

Crep de Mont (2148 m) heißt der Felssporn, der Corvara überragt. Eine Seilbahn fährt zum Gipfel hinauf, von wo man zum Rifugio Kostner al Vallon und zum Piz Boè klettern kann.

Sellagruppe
(siehe S. 160f)

Grödner Pass
(siehe S. 160f)

Kollfuschg
Colfosco
Das Dorf zwischen Sellagruppe und Sassóngher hat sich seinen ladinischen Charakter bewahrt.

Gardenaccia
Die Hochebene liegt auf etwa 2000 m im Naturpark Puez-Geisler (siehe S. 158f), *in dem Gämsen, Auerhähne und Königsadler leben.*

Der Sassóngher (2625 m) erscheint von Corvara aus gesehen unbezwingbar, aber die Rückseite ist viel sanfter.

Überblick: Gadertal / Alta Badia

Kunsthandwerk des Gadertals

Es ist keine leere Behauptung zu sagen, dass sich im Gadertal unter allen Alpentälern der Tourismus am besten mit den Traditionen verträgt und der Wirtschaft neue Kraft verleiht, ohne alte Sitten, Bräuche und Lebensgewohnheiten aus dem Lot zu bringen. Nicht zufällig sind die Gadertaler noch heute zu 90 Prozent Ladiner, die oft noch in den alten *viles* leben, kleinen, aus zwei, drei *masi* bestehenden Weilern mit Heuschuppen, Brunnen und gemeinsamem Backofen. So hat man außer den Wandermöglichkeiten in einem Tal zwischen zwei Naturparks die Gelegenheit, das intakte soziale Gefüge in den Bergdörfern kennen zu lernen.

Blick auf Kollfuschg mit der Pfarrkirche

Kollfuschg
Colfosco
Das Dorf, vom imposanten Sellamassiv und dem Sassongher beschützt, ist das höchstgelegene im Gadertal. Es liegt an der Staatsstraße, die zum Grödner Joch führt, und hat sich trotz der Entwicklung des Fremdenverkehrs seinen Reiz als ladinisches Dorf bewahrt. Das gotische **Kirchlein / Chiesetta** mit Zwiebelturm stammt aus dem Jahr 1420.

Corvara
Der Ort, in einer weiten Senke unter dem Massiv des Sassóngher gelegen, ist das Hauptzentrum des Fremdenverkehrs und Wintersports im Tal (die Skitour Sella Ronda führt hier durch), das sich um den alten Ortskern und die Pfarrkirche entwickelt hat. Bereits in der zweiten Hälfte des 19. Jahrhunderts begannen junge Talbewohner, die Berge der Umgebung zu besteigen und die ersten Touristen (vor allem Engländer und Deutsche) hinaufzuführen. Der Bergsteiger und Hotelier Franz Kostner zählt zu den Pionieren. Der Wintertourismus begann nach dem Krieg mit der Gründung einer Skischule; 1938 wurde bereits der Schlittenlift Col Alto gebaut, den 1947 der erste Sessellift Italiens ersetzte. Bei der Kabinenbahn auf den Piz Boè gibt es einen **botanischen Lehrpfad / Sentiero botanico** mit vielen Alpenpflanzen, vom Edelweiß bis zur Alpenrose. Das Gotteshaus, das auf den meisten Fotos des Ortes zu sehen ist, ist die Kirche St. Katharina, deren spätgotische Fresken, die zum Teil von Malern aus dem Umkreis Leonhards von Brixen stammen, aus der Zeit der Gründung der Kirche im 15. Jahrhundert sind.

Stern / La Villa
Zu Füßen der Gardenaccia liegt der zentrale Ort des Gadertals dort, wo es sich in die beiden Talarme von Corvara (Osten) und Sankt Kassian (Westen) gabelt. Der alte Teil mit der Kirche und dem **Ciastel Colz** (einst das Schloss einer der mächtigsten Familien der Region) liegt erhöht, um die Straße zu kontrollieren, die die Täler verband. Um das moderne Zentrum sieht man an den Hängen noch die alten ladinischen *viles* **Cianins**, **Fistì** und **Sompunt**.

Sankt Kassian
San Cassiano
Dieses alte Bergdorf unter den majestätischen Felswänden der Cunturines-Spitzen, der Lavarella, des Settsass und des Lagazuoi ist zu einem exklusiven Urlaubsort (sommers wie winters) mit Luxushotels geworden. Für historisch Interessierte ist ein Besuch im **Pic Museo Ladin** empfehlenswert. Hier sind Fossilien ausgestellt – Zeugen des Meeres, in dem die Kalksteine der Dolomiten abgelagert wurden. Außerdem steht hier das Skelett eines ***Ursus spelaeus* (Höhlenbär)**, das 1987 in einer Höhle unterhalb der Cunturines-Spitzen gefunden wurde.

Die Pfarrkirche in St. Kassian

Pic Museo Ladin

Micurà-de-Rü-Str. *0471 849 408.* *15. Dez–Ostern Di–So 16–19 Uhr; Juli–Sep Di–Sa 16–19 Uhr, So 16.30–19.30 Uhr.*

Das Skelett des *Ursus spelaeus* im Pic Museo Ladin in St. Kassian

Pedratsches / Pedraces

Das Gemeindeamt des Gadertals befindet sich in diesem Ort unter dem Heiligkreuzkofel am Rande der Staatsstraße. Zum Gemeindegebiet gehört auch der Ortsteil Sankt Leonhard rund um die Pfarrkirche zu den Heiligen Jakobus d. Ä. und Leonhard, deren Inneres mit Stukkaturen und Fresken im klassizistischen Stil dekoriert ist. Ein Sessellift fährt zur Wallfahrtskirche Heiligkreuz aus dem 16. Jahrhundert, die trotz ihrer Lage in 2045 Metern Höhe das Ziel von Pilgerfahrten ist. Zwei Hochfeste werden hier im Sommer gefeiert: 26. Juli (hl. Anna) und 24. Aug (hl. Bartholomäus).

Wengen / La Valle

Das zu Füßen des Heilgkreuzkofels in einer Landschaft von seltener Schönheit liegende Dorf ist der kleinste und ruhigste Ort im oberen Gadertal. Von hier erreicht man die *viles* (Weiler) Cians, Ciampei und Runch, die zu den ursprünglichsten ladinischen Siedlungen des Tales zählen. Auch das spätgotische Kirchlein St. Barbara von 1490 lohnt einen Besuch: in traumhafter Lage über dem Dorf enthält es eine *Kreuzigung*, die der Schule Michael Pachers zugerechnet wird.

Sankt Vigil San Vigilio ⓳

Straßenkarte E2. *1200.* *ab Bruneck.* **Fremdenverkehrsverein** *Al-Plan-Str. 97, 0474 50 10 37.* *sanvigilio@dolomitisuperski.com* *www.sanvigilio.com.* *Do.*

Kurz bevor das Gadertal ins Pustertal mündet, zweigt von ihm das **Ennebergtal / Valle di Marebbe** ab, das sich in südöstlicher Richtung in die Dolomiten vorschiebt, die hier zum Naturpark Fanes-Sennes-Prags *(siehe S. 152f)* gehören. Die Landschaft ist ziemlich spektakulär: Sie wird von schroffen bis zu 3000 Meter hohen Bergen, Geröllhalden, dem Grün von Almen und Wäldern und von kristallklaren Seen und Wildbächen bestimmt. Der wichtigste Ort ist Sankt Vigil (auf ladinisch Al Plan de Mareo), der bei Skifahrern wegen der Pisten auf dem nahen Kronplatz äußerst beliebt ist. Die außen prächtig bemalte **Pfarrkirche / Parrocchiale** ist mit den Stukkaturen und Fresken in ihrem Inneren ein bedeutendes Beispiel für den Rokoko-Stil des 18. Jahrhunderts.

Die Wallfahrtskirche Heiligkreuz unter dem Heiligkreuzkofel

Wanderungen im Gadertal

Die unzähligen Touren, die von den Orten des Gadertals aus zu unternehmen sind, bieten viele Gelegenheiten, den außergewöhnlichen Reichtum an Landschaft und Natur zu genießen. Hier seien nur zwei genannt, eine vollständige Übersicht geben die lokalen Fremdenverkehrsvereine. Vom Golfplatz in Corvara kann man die Via del Cacciatore zum Rifugio Pralongià und der Hochebene des Cherz wandern: Die ca. drei Stunden Weg werden mit herrlichen Aussichten auf Täler und Dolomitengipfel belohnt. Von Armentarola, hinter St. Kassian in Richtung Falzaregopass, kommt man ins Gebiet des Naturparks Fanes-Sennes-Prags *(siehe S. 152f)*, wo man in ca. 40 Minuten erst zum Rifugio Capanna Alpina, dann zum Col della Loggia (2060 m) hinaufsteigt, wo Sella und Marmolada grüßen und man den Dolomitenhöhenweg Nr. 1 kreuzt; über ihn können erfahrene Wanderer zum Rifugio la Varella weitergehen und von dort nach St. Kassian absteigen.

Corvara, im Hintergrund der Sassóngher

Naturpark Puez-Geisler ⑳

Teufelskralle

DER PARK ZWISCHEN Grödner Tal, Gadertal und Vilnösstal umfasst die Dolomitmassive, die sich von der Sellagruppe nach Nordwesten bis zum Peiterkofel erstrecken. Ein geologisches Paradies, das die Hochebene der Puezgruppe bildet, dem sich die lotrechten Wände der Cir-Spitzen und der Geislergruppe, des Sassóngher und des Peiterkofels entgegenstellen. Spalten, Amphitheater, Höhlen und Felsbögen wetteifern mit grünen Almen voll seltener Pflanzen. Den Park durchzieht ein dichtes Netz von Wegen, auf denen man nicht selten Gämsen und Murmeltiere sichten kann.

Geislergruppe / Gruppo delle Odle
Ihren italienischen Namen verdankt diese spektakuläre Gruppe einem ladinischen Wort, das Nadel bedeutet. Die zwei höchsten Gipfel sind Sass Rigais und Furchetta (3025 m), deren schwierige, von Emil Solleder und Franz Wiessner 1925 erstmals bezwungene Nordwand bei Alpinisten berühmt ist.

Felsbogen der Steviagruppe
An ihren Wänden öffnet sich eine natürliche, kaum erreichbare Brücke mit einer Spannweite von 25 Meter und einer Dicke von 12 Meter. Sie ist dicht mit Blumen überwachsen.

Das **Langental / Vallunga** *hinter Wolkenstein ist ein typisches, von hohen Felswänden umrahmtes ehemaliges Gletschertal. Der Talschluss auf 1800 Meter Höhe heißt Pra da Ri, »Gelächterwiese«, weil sich hier die Adligen von Wolkenstein mit Masken und Komödianten vergnügt haben sollen.*

Peiterkofel Putia (2875 m)
Dieser Berg beherrscht den Nordosten des Parks. Der Aufstieg ist anstrengend, aber der Ausblick lohnt sich.

INFOBOX

Provinz: Bozen.
Straßenkarte D2.
Gründung: *1978.*
Fläche: *9400 Hektar.*
Ufficio Parchi Naturali
Via C. Battisti 21, 0471 414 300, Fax 0471 414 309.
www.provincia.bz.it/parchi.naturali
parchi.naturali.bolzano@provincia.bz.it.

Das **Valle di Longiarù**, das wenig besucht ist, beginnt in St. Martin in Thurn. Die Straße endet an den *viles* Seres und Miscì, die zu den besterhaltenen des Gadertals zählen.

Die zentralen Hochebenen
Das Zentrum des Parks mit den Hochebenen der Puez- und der Gardenaccia-Gruppe ist eine weite Felsenfläche in durchschnittlich 2500 m Höhe. Spektakulär ist der Col de la Sone (2634 m).

Die Gardenaccia-Gruppe, deren höchster Gipfel 2668 Meter erreicht, ist durch starke Karsterscheinungen geprägt, so dass man sich in eine Mondlandschaft versetzt fühlt.

Sassóngher (2665 m)
Die Felsspitze, die Corvara überragt, erreicht man über die Nordseite von Kollfuschg, Stern oder dem Rifugio Puez aus.

Grödner Tal / Val Gardena ㉑

Holzstatue, Kunsthandwerk aus dem Grödner Tal

Der italienische Name dieses 22 Kilometer langen Tales kommt vom lateinischen *cardo* (Grenze), die es lange zwischen den Diözesen Trento und Brixen bildete. Das ladinische Grödner Tal war Ferienort berühmter Persönlichkeiten, u. a. von Sigmund Freud und Peggy Guggenheim. Es windet sich bis zur Sellagruppe, die mit ihrer Größe das ganze Tal überragt. Im Süden liegen die Seiser Alm *(siehe S. 164f)* und der Langkofel, im Norden begrenzt die Geislergruppe das Tal *(siehe S. 158f)*.

Wolkenstein Selva di Val Gardena
Es ist das am höchsten gelegene Dorf des Tales (1563 m) direkt unter der Sellagruppe.

Geislergruppe ***(siehe S. 158f)***

Seceda (2518 m)

St. Christina / S. Cristina
liegt auf 1428 Meter Höhe auf den sonnigen Almen, hinter denen sich der Langkofel auftürmt. Dem Ort ist es gelungen, relativ familiär zu bleiben. Nicht weit entfernt steht die berühmte Fisachburg.

St. Ulrich Ortisei
auf 1236 Meter Höhe ist der Hauptort des Tales; er hat antike Ursprünge und eine Tradition als Handelsplatz. Seilbahnen führen zur Seceda und auf die Seiser Alm. Das Heimatmuseum dokumentiert 300 Jahre Holzschnitzkunst.

Legende

- Straße
- Fluss

Langental / Vallunga
Das wichtigste der Seitentäler des Grödner Tals biegt bei Wolkenstein nach Norden ab und führt ins Zentrum der Puez-Geisler-Gruppe (siehe S. 158f).

Grödner Joch Passo Gardena
Auf 2121 Metern Höhe das übliche Bild eines Alpenpasses: ein Hotel mit Restaurant, ein Souvenirladen und ein paar Wirtschaftsgebäude.

INFOBOX

Straßenkarte D2.
A22 Klausen.
FS Bozen, Brixen, Klausen (dann Bus). *ab Bozen, Brixen und Klausen.*
Fremdenverkehrsverein Grödner Tal *Str. Dursan 78/bis, St.Christina, 0471 792 277, Fax 0471 792 235.*
@ info@valgardena.it
W www.valgardena.it

Die Sellagruppe
ist bis 3152 Meter hoch und schließt das Tal im Osten.

Das Sellajoch (2244 m)
ist der höchste der vier berühmten Pässe der Sellagruppe und wegen seiner Lage zwischen Sella und Langkofel vielleicht auch der eindrucksvollste.

Die Langkofel-Gruppe
Mit ihren 3179 Metern Höhe beherrscht sie das Panorama im Süden des Tals.

Kastelruth / Castelrotto
Trotz der bescheidenen Höhe (1060 m) ist der Blick von hier grandios (siehe S. 167).

Überblick: Das Grödner Tal

Bronzestatue in St. Ulrich

Das Tal hat zwei Gesichter. Seine Westseite stürzt bei Waidbruck abrupt ins Eisacktal – hier ist es eng und menschenfeindlich. Ab St. Ulrich dann, wenn es sich allmählich in die Welt der Ladiner vorschiebt (sie nennen das Tal Gherdëina), öffnet sich die von dem gleichnamigen Bach gegrabene Rinne zu einer heiteren Landschaft, die von Bergen wie dem Langkofel und der Sellagruppe umschlossen ist, und in der Tradition und Kunsthandwerk sich mit dem Massentourismus verbinden, der gerade hier einen seiner begehrtesten Orte gefunden hat.

Brunnen und Kirche am Antoniusplatz in St. Ulrich

Waidbruck / Ponte Gardena
Die Mündung des Grödner Tals ins Eisacktal zwischen Bozen und Brixen liegt an einer recht schmalen Stelle, sodass sich die Staatsstraße, die Brenner-Autobahn und die Eisenbahnlinie eng aneinanderdrängen müssen. Die Stelle wird durch die **Trostburg / Castel Forte** bezeichnet, die im 13. Jahrhundert von der Familie Trost errichtet, doch dann im 15. Jahrhundert im gotischen Stil (man beachte insbesondere die Galerien im Hof und die »Stube«) und später im Renaissance-Stil umgebaut wurde; ein gutes Beispiel dieser Umgestaltung ist die herrliche Kassettendecke im Rittersaal, die mit Porträts der Besitzer geschmückt ist.

Trostburg / Castel Forte
Piazzale Gardena. *0471 654 401.* *Ostern–Juli, Sep–Okt 11, 14, 15 Uhr; Juli–Aug 10, 11, 14, 15, 16 Uhr; nur nach Voranmeldung.*

Umgebung: Nach **Dreikirchen / Tre Chiese** am Hang des Eisacktals gegenüber von Waidbruck gelangt man von Barbian aus nur zu Fuß; der Spaziergang bietet herrliche Aussichten und führt zu den drei Kirchen, die dem kleinen Dorf seinen Namen gegeben haben: den gotischen Kirchen St. Nikolaus, St. Gertraud und St. Magdalena, die allesamt in ihrem Inneren Freskenreste des 15. Jahrhunderts bergen.

St. Ulrich / Ortisei
APT *Reziastr. 1, Sankt Ulrich, 0471 796 328, Fax 0471 796 749.* *ortisei@valgardena.it*
Das ladinische Urtijëi, Hauptort des Grödner Tals am bewaldeten Fuß des Raschötz (2282 m), ist einer der bekanntesten Touristenorte der Alpen. Die barocke **Pfarrkirche / Parrocchiale** erkennt man an der mächtigen Statue des hl. Ulrich, des Schutzpatrons des Ortes; in der Altstadt findet man zahlreiche **Häuser mit Fresken / Case affrescate** und viele Läden, die Schnitzfiguren feilbieten. Am belebtesten ist der **Antoniusplatz / Piazza Sant'Antonio** mit dem blumengeschmückten Brunnen und der gleichnamigen Kirche. Im nahen **Grödner Heimatmuseum / Museo della Val Gardena** sind archäologische Funde, Mineralien, Fossilien und Grödner Schnitzfiguren der letzten Jahrhunderte ausgestellt, dazu schönes Holzspielzeug und Kirchengerät der Vinatzer (18. Jahrhundert), einer Familie, in der die Holzschnitzkunst über vier Generationen weitervererbt wurde. Von der Tradition der Holzschnitzkunst, hier bereits im 17. Jahrhundert begonnen, erzählt in der Kongresshalle eine **Dauerausstellung des Kunsthandwerks / Mostra Permanente dell'Artigianato Artistico**. Eine kleine Straße führt hinauf in den Weiler **St. Jakob / S. Giacomo** um das gleichnamige gotische Kirchlein, das Fresken des 15. Jahrhunderts und Barockstatuen enthält. Von hier hat man einen spektakulären Blick auf den Langkofel.

St. Ulrich mit dem Grödner Bach

Grödner Heimatmuseum Museo della Val Gardena
Reziastr. 83. *0471 797 554.* *Juni Di–Fr 14.30–18.30 Uhr; Juli, Aug Di–Sa 10–12, 14–17 Uhr; So 14.30–18.30 Uhr.*

Dauerausstellung des Kunsthandwerks
Kongresshalle. *Winter: Mo–Sa 15–18 Uhr; Sommer: Mo–Sa 10–12, 15–19 Uhr.*

St. Christina
S. Cristina

APT *Chemunstr. 9, St. Christina, 0471 793 046, Fax 0471 793 198.*
s.cristina@valgardena.it

St. Christina ist der älteste Ort des Tales, der um die **Pfarrkirche St. Christina und St. Antonio Abate / Parrocchiale consacrata di Santi Christina e Antonio Abate** gewachsen ist. Im Kircheninneren ist vor allem der herrliche Hochaltar von 1690 zu beachten, ein Werk der Familie Vinatzer. Am Haus Orchidee oberhalb der Kirche beginnt ein **Kreuzweg / Via Crucis** mit 14 von Holzschnitzern gestalteten Stationen, der zum Weiler **Plesdinaz** führt. Die Holzschnitzerei ist ein traditionelles Kunsthandwerk, das man fast im ganzen Tal antrifft, oft von großer künstlerischer Ausdruckskraft. Ein anderer interessanter Weg folgt der Strecke der stillgelegten Grödner Kleinbahn, die in einen bequemen Spazierweg umgewandelt wurde. An diesem Weg ist ein **Planetarischer Lehrpfad / Sentiero Planetario** eingerichtet worden, auf dem maßstabgetreu die Abstände der neun Planeten unseres Sonnensystems dargestellt werden; Schautafeln erläutern eindrucksvoll Durchmesser, Dichte, Abstand zur Sonne und Anzahl der Monde. Am Ostrand des Ortes jenseits des Wildbachs erhebt sich die einsame, durch Türme und Schießscharten geschützte **Fischburg / Castel Gardena**, die 1622–41 von den Herren von Wolkenstein als Jagd- und Sommerresidenz errichtet wurde. Sie ist zwar nicht zugänglich, kann aber ein schönes Ziel eines Spaziergangs sein.

Blick ins Grödner Tal mit dem Langkofel im Hintergrund

Die verschneite Fischburg in St. Christina

Familienwappen in St. Christina

Wolkenstein / Selva

APT *Mëisulesstr. 213, Wolkenstein, 0471 795 122, Fax 0471 794 245.*
selva@valgardena.it

Von der Sellagruppe und dem Langkofel überragt, liegt der Ort in einer Senke am Eingang des Langentals, eines natürlichen Kleinods im Naturpark Puez-Geisler *(siehe S. 158f)*. Der Ort ist das bedeutendste Wintersportzentrum im Grödner Tal, das Abfahrten zu bieten hat (Ciampinoi, Saslonch und Dantercepies), die in der ganzen Welt berühmt und oft Austragungsort von Weltmeisterschaften gewesen sind. Um den alten Ortskern, in dem einige ladinische Häuser mit der traditionellen Fassadenbemalung erhalten sind, hat sich entlang der Staatsstraße der moderne Ort entwickelt. Zu Füßen der Stevia-Wand im Langental ragen die Ruinen der **Burg Wolkenstein / Castel Selva** auf, erbaut von den Grafen Wolkenstein im 13. Jahrhundert und Wohnstatt auch des berühmten Minnesängers Oswald von Wolkenstein. In unmittelbarer Nähe steht die Kapelle St. Silvester, die innen mit Fresken des 17. Jahrhunderts (*Leben und Leiden Christi*) ausgemalt ist. Man gelangt zu ihr über die 14 Stationen des Kreuzwegs, den lokale Künstler geschaffen haben.

Holzschnitzkunst

Engel, Krippen, Kruzifixe und Heilige aus naturbelassenem oder bemaltem Holz. Eine der Attraktionen des Grödner Tals bilden auch seine Holzschnitzkünstler, die einer seit vielen Generationen vererbten Tradition folgen. Um das Jahr 1600 begannen die Bauern sich die Wintertage in der Stube mit Schnitzarbeiten zu vertreiben, um Näpfe, Kochlöffel und andere für die Hausarbeit nützliche Dinge herzustellen. Die Kreativität wuchs allmählich, und man begann Statuen und anderes zu schnitzen, was zur Aufbesserung des mageren bäuerlichen Einkommens auf den Frühjahrsmärkten verkauft wurde. In den Kunstschulen in St. Ulrich und Wolkenstein wird die Tradition weitergegeben. Auch eine Qualitätsmarke zu ihrem Schutz wurde eingeführt.

Schnitzfigur aus dem Grödner Tal

Naturpark Schlern und Seiser Alm ㉒

Blühende *Saxifraga aizoides* (Steinbrech)

Das Massiv des Schlern (2563 m) ist das Herz dieses spektakulären Parks, den das Tierser Tal, der Rosengarten und die Seiser Alm umschließen. Hochalmen, felsige Terrassen, einsame Fichtenwälder: Der Park bietet eine große Vielfalt an Landschaften, die für alle zugänglich sind, auch dank der vielen Liftanlagen zur Seiser Alm, die zum Teil zu dem Park gehört, während der Rest der weiten Hochebene dem Landschaftsschutz unterliegt. In den Sommermonaten organisiert der Park zusammen mit den Fremdenverkehrsvereinen der Gemeinden naturkundliche Führungen.

Die Santnerspitze (2414 m) und die nahe Euringerspitze (2397 m) überragen die Dörfer Seis und Kastelruth; sie wurden nach den Bergsteigern benannt, die sie bezwangen.

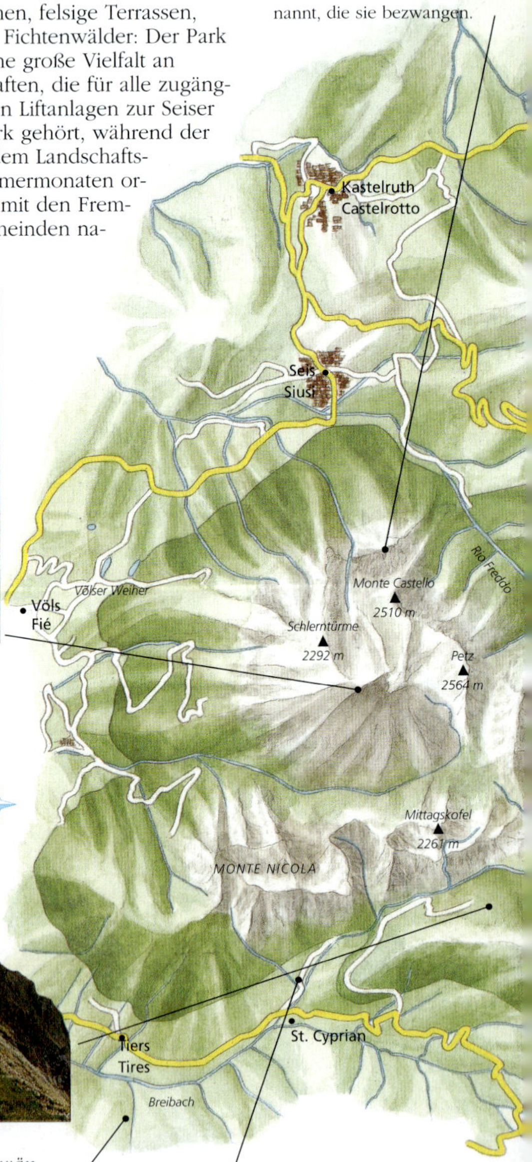

Schlern / Sciliar
Diese eindrucksvolle Felsenhochebene in über 2500 Meter Höhe hatte immer schon eine Beziehung zum Übernatürlichen: Sie war ein prähistorischer Kultort, und im Mittelalter glaubte man, hier versammelten sich die Hexen.

Val Ciamin
Dieses bukolische, von den Südwänden des Schlern beherrschte Tal, das zum Großen Rosszahn am Ostrand des Parks führt, ist mit dichtem Wald bewachsen. Königsadler nisten hier.

Tierser Tal
Val di Tires

Bagni di Lavina Bianca (1173 m)
Ein altes Wassersägewerk, die Steger Säge, ist in das Informationszentrum des Parks mit einem kleinen ethnografisch-naturkundlichen Museum umgewandelt worden.

Grödner Tal

Das lange Zeit völlig isolierte Tal wurde durch die Straße aus dem Eisacktal zu einem der begehrtesten Urlaubs- und Wintersportgebiete der gesamten Alpen.

INFOBOX

Provinz: Bozen.
Straßenkarte C3.
Fläche: *5850 Hektar.*
Gründung: *1974.*
Naturparkhaus Schlern Steger Säge *Bagni di Lavina Bianca, 0471 642 196, 0471 642 123.*
www.provinz.bz.it/naturparke/puez/
naturparke.bozen@provinz.bz.it

Puflatschalm Alpe Bullaccia

Am Eingang zur Seiser Alm ragt sie über dem Grödner Tal auf. Am nordwestlichen Rand stoßen die berühmten »Hexenbänke« aufeinander.

Seiser Alm / Alpe di Siusi

Im Herzen der Alm liegt das Gebiet von Kompatsch, Basis der Ausflüge, die auch auf von Haflingern gezogenen Pferdewagen unternommen werden können. Die Asphaltwege der Alm eignen sich nicht gut zum Wandern, sind aber ideal für Radler.

Valle del Rio Freddo

Dieses unverdorbene, mit Rottannen und Lärchen bewachsene Tal verbindet das Gebiet des Schlern mit dem bewohnten Zentrum der Seiser Alm.

LEGENDE

- Hauptstraße
- Nebenstraße
- Sonstige Straße

Wegschilder auf der Seiser Alm

Das Landschaftsschutzgebiet

Der Hauptzugang zum Park an seinem Westrand ist der Ort Völs, von wo man auf den Schlern steigen kann. Weiter nördlich liegen Kastelruth und Seis schon am Rande des Grödner Tals; beide sind sehr gute Ausgangspunkte für Besuche des Parks oder der Seiser Alm, die sich mit ihren großartigen Panoramen nach Westen erstreckt. Die beste Zeit, um die Hochebene zu besuchen, ist die der Blüte, die hier ab der zweiten Junihälfte einsetzt und die Alm in ein prächtiges Mosaik von 1000 Farben verwandelt.

Der Völser Weiher

Völs / Fiè

APT *Bozner Str. 4, 0471 725 047, Fax 0471 725 488.*

Der Ort blickt auf die Hochebene von Ritten, die jenseits des Eisacktals ansteigt; die Häuser drängen sich um die spätgotische **Pfarrkirche Mariä Himmelfahrt / Parrocchiale di Santa Maria Assunta**, in deren Innerem sich ein romanisches Kruzifix, eine Rokoko-Kanzel und, am Hochaltar, Seitenflügel von 1488 befinden. Auf der Hochebene, die, überragt vom Massiv des Schlern, sich im Westen ausdehnt, führen Wege und kleine Straßen zu den kleinen Ortsteilen **Aicha / Aica** und **Ums / Umes** sowie zum **Völser Weiher**, den ein dichter Kiefernwald umgibt. Er wurde im 16. Jahrhundert als Fischbecken angelegt, heute wird in ihm im Sommer gebadet. Am Südrand der Hochebene in Richtung Tierser Tal *(siehe S. 119)* steht **Schloss Prösels / Castel Presule**, das im 12. Jahrhundert die Herren von Völs errichteten, die im Dienst der Fürstbischöfe das Gebiet verwalteten. Drei Jahrhunderte später wurde es von Leonhard von Völs umgebaut, der unter anderem den Mauerring errichten ließ. Im Schloss sind interessant vor allem die Holztäfelungen, die Decken und der Innenhof, den spätmittelalterliche Fresken mit Ritterthemen schmücken. Auf einer Wand im Rittersaal wurde aufgezeichnet, wie groß die Beute der Jagdpartien war, die die Herren auf der Hochebene abhielten. Die anderen Räume enthalten zum Teil eine Waffensammlung des 19. Jahrhunderts (man beachte die Samurairüstung), wogegen die Galerie Teile der »Bildersammlung des Batzenhäusls« mit Gemälden und Zeichnungen des 19. und 20. Jahrhunderts enthält. Zu jener Zeit war das Bozener Restaurant Stammplatz von Intellektuellen und Malern der Münchener Schule, die 1882–1914 dem Wirt Zeichnungen und Bilder schenkten. Das Schloss ist das Ziel beim alljährlichen Oswald-von-Wolkenstein-Ritt und der Rahmen sommerlicher Klassikkonzerte.

Schloss Prösels Castel Presule

0471 601 062. Mai, Okt 11, 14, 15 Uhr; Juni, Sep 11, 14, 15, 16 Uhr; Juli, Aug 10, 11, 15, 16, 17 Uhr; nur mit Führung, im Winter nur nach Voranmeldung. Sa.

Seis / Siusi

APT *Schlernstr. 16, 0471 707 024 / 706 124, Fax 0472 706 600.*

Seis, das schon im Mittelalter wegen seiner schönen Lage berühmt war, hat sich bereits um 1900 zu einem Ferienort entwickelt, der u. a. König Friedrich August von Sachsen, Arturo Toscanini, Sigurd Ibsen und das belgische Königshaus beherbergte. Der sonnige, windgeschützte Ort hat noch immer das Flair eines Bergdorfs mit seinen Bauernhäusern, die sich mit den modernen Bauten mischen. Ganz allein steht inmitten der Almen

Schloss Prösels aus dem 12. Jahrhundert erhielt im 15. Jahrhundert einen Mauerring

Die weiten Weideflächen der Seiser Alm

oberhalb des Dorfs die **Kapelle St. Valentin / Capella di San Valentino**, 1224 erbaut und öfter umgestaltet, die Fresken des 14./15. Jahrhunderts enthält. Ruine ist die Burg Hauenstein (12. Jahrhundert), wo der Oswald-von-Wolkenstein-Ritt eine Rast einlegt; hier hat auch der Dichter gelebt. Groteske Masken schmücken die mächtigen Konsolen im Inneren des **Kirchleins St. Vigil / Chiesetta di San Vigilio**, das 1353 zum ersten Mal urkundlich erwähnt ist.

UMGEBUNG: In Bad Ratzes am Fuß der Santnerspitze sprudelten schon im Mittelalter geschätzte Heilwasser.

Kastelruth / Castelrotto

i APT *Krausenplatz 1, 0471 706 333, Fax 0471 705 188.*

Das Dorf am Nordrand der Hochebene zu Füßen der Alpe, das durch seine vielen **bemalten Häuser / Case affrescate** auffällt, blickt schon aufs Grödner Tal. In der Mitte des Hauptplatzes mit einem großen Brunnen erhebt sich ein einzeln stehender **Glockenturm / Campanile** aus dem 18. Jahrhundert, der eine Kapelle mit einem bunten Altar enthält. An diesem Platz befindet sich neben anderen Gebäuden des 16./17. Jahrhunderts die alte **Residenz / Dimora nobilare** der Herren von Kraus. Geht man in Richtung Norden, durchquert man einen Bogen, hinter dem es zum Pass hinaufgeht. Hier liegen die Reste der alten **Burg / Rocca fortificata** Kastelruth, die schon im 13. Jahrhundert zerstört wurde und von der das Dorf (»castel rotto«: zerstörte Burg) seinen Namen hat. An ihrer Stelle stehen zwei **Kapellen des Kalvarienbergs / Capelle del Calvario** aus dem 17. Jahrhundert.

UMGEBUNG: Von Kastelruth steigt man in östlicher Richtung zum Ortsteil Tiosels hinauf. Von hier führt der Weg in den Wald, in dem man die beiden »Hexenbänke« genannten Porphyrblöcke findet, die vielleicht prähistorische Kultstätten waren. Auf der Seiser Alm fand im Jahr 1510 der erste Hexenprozess Tirols statt.

Seiser Alm / Alpe di Siusi

i APT *Ortsteil Kompatsch 50, 0471 727 904, Fax 0471 727 828.*

Die Seiser Alm ist mit ihrem facettenreichen Relief, ihrer räumlichen Ausdehnung und den vielen Aussichtspunkten seit jeher einer der beeindruckendsten Schauplätze des alpinen Raumes. Diese sich über 5200 Hektar erstreckende Hochebene ist unter ca. 500 Eigentümer aufgeteilt, die sie im Sommer als Viehweiden nutzen; das Gebiet unterliegt dem Landschaftsschutz, der von Juni bis Oktober privaten Autoverkehr verbietet. Pferdefuhrwerke und Zubringerbusse verbinden die ganze Region miteinander, was übrigens auch für Ausflügler zu Fuß oder per Rad ideal ist. Im Sommer werden zudem mehr als 50 geführte Wanderungen zur Entdeckung der überrreichen Flora, Geologie und Fauna angeboten. Der **Sessellift / Seggiovata Panorama** fährt zum Hotel (2011 m) gleichen Namens hinauf, von wo der Rundumblick vom Langkofel bis zur Marmolada reicht. Im Winter wird die Hochebene dank eines dichten Loipennetzes zu einem Paradies für Skilangläufer. Außerdem bilden 24 Seilbahnen, Sessel- und Skilifte und nicht weniger als 84 Skipisten ein großflächiges Netz von Aufstiegsanlagen und Abfahrtsmöglichkeiten für alpine Skifahrer.

Eingang zum Glockenturm von Kastelruth

HEUBÄDER

Als früher die Bauern zur Seiser Alm zur Heuernte hinaufstiegen, schliefen sie nachts in den Schobern, und die Wärme des Heus linderte die Schmerzen der Tagesarbeit. Die Tradition des Heubades hat sich bis heute erhalten und zu einer der begehrtesten Kuren in den Schönheitsfarmen der Dolomiten entwickelt. Das beste Gras ist das der Seiser Alm, das alle Duftstoffe der Wiesen unter dem Schlern enthält, wo es im Juli/August gemäht wird und an der Sonne trocknet. Etwa 20 Minuten liegt man unter dem warmen Heu, das in Wasser gequollen ist, dann wird man in warme Tücher gehüllt: Das Schwitzen regt die Ausscheidung von Giftstoffen an, aber die Kur wirkt Wunder auch bei Knochen- und Gelenkschmerzen.

Heubad in einer Schönheitsfarm

Zu Gast im Trentino

ÜBERNACHTEN

Ein alter Palast oder sogar eines der mittelalterlichen Schlösser. Eine kleine Pension in Familienregie, die mit häuslicher Atmosphäre Pluspunkte macht. Ein Bauernhof mit Gästezimmern. Ein Hotel mit allem Komfort, in dem man die Erinnerungen an frühere habsburgische Besuche atmet. Ein Wellness-Zentrum, wo man in Heu baden und physisch wieder in Form kommen kann. Ein möbliertes Zimmer zwei Schritte von den Skipisten und dem Ausgangspunkt aufregender Exkursionen entfernt. In Madonna di Campiglio und San Martino di Castrozza stehen zwei der ältesten Hotels der italienischen Alpen. Das Angebot an Unterkünften im Trentino ist breit und vielfältig; die Wahl liegt also beim Gast, der auch, was das Preis-Leistungs-Verhältnis angeht, fast immer auf seine Kosten kommen wird.

Typisches Hotel in San Martino di Castrozza

Die schöne Villa Madruzzo auf den Hügeln nahe Trento ***(siehe S. 175)***

VOM UNTERSCHLUPF ZUM GRANDHOTEL

Was Hotels betrifft, so hat die starke Präsenz ausländischer Besucher zu einer erheblichen Verbesserung der Infrastruktur und des Angebots geführt: Heute ist auch in Hotels mit nur einem Stern das Frühstück im Zimmerpreis enthalten; und es werden bei mehrtägigem Aufenthalt günstige Konditionen und Pauschalen pro Woche und für Halb- und Vollpension angeboten. Höherklassige Hotels, die es nicht nur in Trento und den berühmteren Winter- und Sommerferienorten gibt, haben sehr oft einen Swimmingpool, ein kleines Fitnesscenter und sogar eine Garage. Fürsorge und Aufmerksamkeit gegenüber dem Gast erreichen, dass viele Touristen Jahr für Jahr ins selbe Hotel zurückkehren, wobei sie oft schon lange im Voraus buchen und den Wunsch nach ganz bestimmten Zimmern äußern. Dies ist man in Orten wie Pinzolo, Lavarone und Andalo gewohnt, aber es geschieht auch nicht selten in stark besuchten Gegenden wie den Valli di Fiemme und di Fassa, in Madonna di Campiglio oder an den Ufern des Gardasees zwischen Torbole, Riva und Arco. Gerade darum – auch wenn die Zahl der Betten im Trentino inzwischen an die 300 000 reicht – ist es immer ratsam, sich telefonisch über die Verfügbarkeit von Zimmern zu informieren: unnötig vielleicht im Mai und November, aber sicherlich sehr nützlich bzw. unverzichtbar in der Wintersaison (von Mitte Januar bis Ende März) und im Sommer, wenn viele Hotels das Schild »Tutto esaurito« (Voll belegt) an die Tür hängen.

Beliebt sind auch Ferien auf dem Bauernhof, seit Jahren ein neues Feld für diejenigen, die sich Ferien in direktem Kontakt mit der Natur wünschen. Das Trentino ist in dieser Hinsicht ideal, weil es ebenso große Gehöfte inmitten von Obstplantagen im Val di Non anzubieten hat wie auch kleine Biobauernhöfe, wo man das Vieh auf die Weide zu treiben helfen oder zu Pferd die Gegend durchstreifen kann.

Sehr zahlreich sind auch die Berghütten mit Matrazenlagern, in denen man vor dem Einschlafen von der gemeinsame Tour und den magischen Panoramen der Brentagruppe oder der Marmolada schwärmen kann. Es gibt sehr viele Campingplätze, die zum Teil sogar bis in den Winter hinein benutzt werden können. Hier haben gerade die deutschen Gäste für Veränderungen gesorgt: Es werden inzwischen oft auch Kinderspielplätze und Unterhaltungsprogramme für die Kleinsten angeboten.

Das Hotel Du Lac et Du Parc in Riva del Garda

Hotelauswahl

Im Trentino stehen dem Gast Luxushotels und große Kuranlagen zur Verfügung, Pensionen im Familienbetrieb und Ferienbauernhöfe. Die Liste bietet alle diese Möglichkeiten, zieht aber diejenigen vor, die durch ihre Lage oder ihr Angebot typischer für das Trentino sind. Zu jedem Hotel gibt es Hinweise, die bei der Wahl behilflich sein können.

Trentino

Ala: *Maso Rocca* €
Ortsteil Maso Rocca. *0464 671 310.*
Ferienbauernhof in den Hügeln, 20 km von den Skipisten entfernt. Spaziergänge und Touren werden organisiert. Lesezimmer für die Gäste.
P **Zimmer:** *2 Apartments.*

Andalo: *Piccolo Hotel* €
Via Pegorar 2. *0461 585 710.* @ piccolo.hotel@interline.it
Wenige Minuten außerhalb des Ortes mit behaglichen Zimmern und neuen Suiten. Animation mit Spaziergängen und Wanderungen; Skibegleitung.
P **Zimmer:** *32*

Arco: *Villa delle Rose* €€
Via Santa Caterina 4/P. *0464 519 091.*
Bequeme, gut eingerichtete Zimmer. Für Haustiere wird ein täglicher Zuschlag erhoben. Garage.
P **Zimmer**: *49*

Baselga di Pinè: *Scoiattolo* €€
Via del Bedolè 14. *0461 557 739.*
Das Hotel in Aussichtslage bietet bequeme Zimmer und gute Freizeiteinrichtungen, darunter Boccia-, Tennis- und Minigolfplätze. Den Gästen stehen Fahrräder zur Verfügung.
P **Zimmer**: *34*

Brentonigo: *Mortigola* €
Ortsteil Mortigola. *0464 391 555.*
Der nur 5 km von den Skipisten entfernt liegende Ferienbauernhof hat einen großen Speisesaal und einen schönen Garten. In der Nähe: u.a. Schwimmbad, Mountainbikeverleih, Spielplatz.
P **Zimmer:** *8*

Calavino: *La Toresela* €
Via Garibaldi 56. *0461 564 231.*
Gehöft in den Bergen, 15 km von den Skipisten entfernt. Veranstaltung von Spaziergängen und Touren. Verkauf eigener Erzeugnisse (Eier, Wein, Obst, Gemüse). **Zimmer:** *5*

Campitello di Fassa: *Salvan* €€€
Via Dolomiti 20. *0462 750 307.* @ hotel.salvan@softcom.it
Dieses behagliche und gastfreundliche Hotel hat einen schönen Garten und eine Aussichtsterrasse.
P **Zimmer:** *27*

Campitello di Fassa: *Villa Campitello* €€€
Via Roma 6. *0462 750 002.* @ hotel@villacampitello.com
Das Hotel in der Nähe der Skianlagen verfügt über gepflegte Zimmer, sämlich mit Balkon; recht hübsch der Garten.
P **Zimmer:** *25*

Canazei: *Astoria* €€€€
Via Roma 88. *0462 601 302.* @ hotelastoria@acomedia.it
Das Hotel liegt mitten im Ort. Den Gästen stehen große, helle und behagliche Zimmer, Suiten und Minisuiten zur Verfügung.
P **Zimmer:** *39*

Canazei: *Croce Bianca Vivenes* €€€€
Via Roma 3. *0462 601 111.* @ office@hotelcrocebianca.com
Behagliches Hotel mit schöner, gut ausgestatteter Beautyfarm, ideal für Ferien im Zeichen von Entspannung und Wellness; American Bar.
P **Zimmer:** *45*

Hotel	Kreditkarten	Restaurant	Terrasse	Wellnesscenter	Kinderfreundlich
Ala: Maso Rocca			■		
Andalo: Piccolo Hotel	MC V AE DC	●	■		■
Arco: Villa delle Rose	V DC	●	■	●	■
Baselga di Pinè: Scoiattolo	MC V AE DC	●	■	●	■
Brentonigo: Mortigola	V	●			
Calavino: La Toresela		●			
Campitello di Fassa: Salvan	V	●	■	●	■
Campitello di Fassa: Villa Campitello	V	●	■	●	■
Canazei: Astoria	MC V AE DC	●	■		■
Canazei: Croce Bianca Vivenes	MC V AE DC	●	■	●	■

Zeichenerklärung siehe hintere Umschlagklappe

Preiskategorien für ein Doppelzimmer pro Nacht inkl. Frühstück, Steuern und Service:
- € unter 80 Euro
- €€ 80–130 Euro
- €€€ 130–180 Euro
- €€€€ 180–230 Euro
- €€€€€ über 230 Euro

Kreditkarten
Folgende Kreditkarten werden akzeptiert: *AE* = American Express, *DC* = Diners Club, *MC* = MasterCard, *V* = Visa.

Restaurant
Das Hotel hat ein sehr gutes Restaurant, auch für Nicht-Hotelgäste.

Terrasse
Hotel mit Terrasse und/oder Garten.

Wellnesscenter
Das Hotel bietet Fitnesscenter, Sauna, Massagen usw.

Kinderfreundlich
Einrichtungen oder Programme für Kinder.

Hotel	Preis	Kreditkarten	Restaurant	Terrasse	Wellnesscenter	Kinderfreundlich
Canazei: *Tyrol* Viale Cascata 2. ☎ *0462 601 156.* Das Familienhotel im Stil der Val di Fassa nahe dem Dorfzentrum hat gepflegte Zimmer mit Aussichtsbalkon. Das Restaurant bietet typische Speisen der Region. **P** **Zimmer:** *40*	€€€	*MC V AE DC*	●	■		■
Cavalese: *Relais Grünwald* Via G. Bresadola 3. ☎ *0462 340 369.* @ hotelgrunwald@softcom.it Freundliche Räume in einem Hotel in Familienregie, das Weinproben im eigenen Weinkeller veranstaltet. **P** ≋ **Zimmer:** *42*	€€€	*MC V AE DC*	●	■		■
Cles: *Cles* Piazza Navarino 7. ☎ *0463 421 300.* @ albergocles@tin.it Hotel in Familienleitung im Ortszentrum mit hübschem Garten, behaglichen Zimmern und guter Küche. **P** **Zimmer:** *37*	€€	*MC V AE DC*	●			
Fai della Paganella: *Sport Panorama* Via Carletti 6. ☎ *0461 583 134.* @ sporthp@tin.it Ein Hotel für Sportliche: sieben Tennispätze, Hallenfußball, Bogenschießen, Golf, Fitness, Volleyballfeld. Für die Kleinsten ein Babyclub mit Spielen und Unterhaltung. Gutes Restaurant. **P** ≋ **Zimmer:** *64*	€€	*V*	●	■	●	■
Fiera di Primiero: *Mirabello* Via Montegrappa 2. ☎ *0439 642 41.* @ info@hotelmirabello.it Typisches Holzhaus der Berge, mit praktisch möblierten Zimmern mit Balkon. Familienregie mit besonderer Aufmerksamkeit für die Bedürfnisse von Kindern und ihren Eltern. **P** ≋ **Zimmer:** *43*	€€		●	■	●	■
Folgaria: *Club Alpino* Via Colpi 170. ☎ *0464 721 102.* @ hotelalpino@tin.it Freundliches, gemütliches Hotel mit bequemen, zweckmäßig eingerichteten Zimmern. Das eigene Restaurant »La Cantina« hat eine regional typische Speisekarte. **P** ≋ **Zimmer:** *59*	€€	*MC V AE DC*	●			
Folgarida: *Gran Baita* Via Campiglio 208. ☎ *0463 986 261.* @ enza@granbaita.it Hotel nahe den Lifts in einem typischen Berghaus mit bequemen Räumlichkeiten. Billardzimmer für die Gäste. **P** **Zimmer:** *51*	€€	*MC V AE DC*	●	■		
Levico Terme: *Grand Hotel Imperial Terme* Via Silva Domini 1. ☎ *0461 706 10.* @ imperial.grandhotel@tin.it Alte habsburgische Residenz im Grün des Kurparks. Ideal für alle, die sich einen entspannenden Aufenthalt gönnen und zugleich um ihre Gesundheit und Schönheit kümmern wollen. **P** ≋ **Zimmer:** *81*	€€€€	*MC V AE DC*	●	■	●	
Lomaso: *Villa Luti* Ortsteil Campo Lomaso, Piazza Risorgimento 40. ☎ *0465 702 061.* In einem romantischen kleinen Tal liegt diese alte Villa, die in ein elegantes Hotel umgestaltet wurde. Außer einer guten Schönheitsfarm und verschiedenen sportlichen Einrichtungen gibt es einen Zubringer zu den Thermen in Comano. **P** ≋ **Zimmer:** *42*	€€	*MC V AE DC*	●	■	●	■
Madonna di Campiglio: *Diana* Via Cima Tosa 52. ☎ *0465 441 011.* @ info@hoteldiana.net Kleines Hotel nahe dem Ortszentrum mit Holzbalkonen und angenehmen Konversationsecken. Sehr gute Küche. Frühstücksbüfett im schönen Speisesaal. **P** **Zimmer:** *27*	€€	*V*	●	■	●	■
Madonna di Campiglio: *Chalet dei Pini* Via Campanile Basso 24. ☎ *0465 441 489.* @ info@chaletdeipini.com Elegantes, behagliches Gebirgschalet in der Nähe der Lifts. Wärme und Gastfreundlichkeit, verbunden mit der bequemen zentralen Lage und großer Ruhe. Frühstück auf der Veranda mit Waldblick. **P** **Zimmer:** *10*	€€€	*V*		■		

MADONNA DI CAMPIGLIO: *Golf* €€€
Via Cima Rosa 3. *0465 441 003, 800 008 777 (kostenlos)*
Es war einmal das Jagdschloss von Kaiser Franz Joseph. Große Zimmer und Suiten mit allem Komfort, schöner Salon mit Kamin vom Beginn des 20. Jahrhunderts und erlesener Speisesaal. Direkter Zugang zur Kabinenbahn Grostè; Golfklub, Skischule, Juniorklub. P **Zimmer:** *115*
MC V AE DC | ● ■ ● ■

MALÈ: *Bella di Bosco* €€
Via 4 Novembre 36. *0463 901 990.*
Das Hotel in ruhiger Lage ist von einem großen Garten umgeben, auf den das auf regionale Küche spezialisierte Restaurant blickt. Die Zimmer sind bequem.
P **Zimmer:** *25*
MC V AE DC | ● ■ ●

MALÈ: *Henriette* €€
Via Trento 36. *0463 902 110.* @ val-di-sole@val-di-sole.com
Ein ruhiges, gepflegtes Hotel mit schönem Swimmingpool im Garten. Die geräumigen Zimmer sind mit Balkons ausgestattet.
P ≋ **Zimmer:** *35*
MC V AE DC | ● ■ ● ■

MEZZANA: *Palace Ravelli* €€
Via Quattro Novembre 20. *0463 757 122.* @ ravelli@cim.it
Ein modernes Haus in Familienregie im Ortszentrum. Garten und Safe stehen den Gästen zur Verfügung.
P **Zimmer:** *50*
MC V AE DC | ● ■ ■

MOENA: *Catinaccio Rosengarten* €€
Via Someda 6. *0462 573 235.* @ hotrosencat@yahoo.com
Ruhe und Komfort sind garantiert in diesem Hotel mit Bar und kleiner Weinschenke; viel Aufmerksamkeit gilt den Kindern und denen, die wieder in Form kommen wollen. Die Lage ist zentral und bietet einen besonders schönen Blick. P ≋ **Zimmer:** *42*
V AE | ● ■ ● ■

MOENA: *Monza* €€
Via Val Santa Maria 16. *0462 573 205.* @ hotelmonza@softcom.it
Die Zimmer sind behaglich und gepflegt; Möglichkeiten für Sport und Körperertüchtigung und ein gutes Restaurant. Mountainbikes und ein privater Kleinbus vervollständigen das Angebot. P **Zimmer:** *22*
MC V AE DC | ● ■ ● ■

MOLVENO: *Miralago* €€
Piazza Scuole 3. *0461 586 935.* @ hotel.miralago@tin.it
Ein schöner Garten und eine Aussichtsterrasse gehören zu diesem Hotel in zentraler Lage; die behaglichen und ruhigen Zimmer sind geschmackvoll eingerichtet. P ≋ **Zimmer:** *35*
MC V AE DC | ● ■ ● ■

MOLVENO: *Belvedere* €€€
Via Nazionale 9. *0461 586 933.* @ info@belvedereonline.com
Hotel und Apartmenthotel in zentraler Lage mit Sportmöglichkeiten und einem Mountainbike-Verleih.
P ≋ **Zimmer:** *59*
V | ● ■ ● ■

NAGO-TORBOLE: *Villa Rosa & Villa Maria* €€
Ortsteil Torbole, Via Foci del Sarca 1. *0464 505 102.* @ villarosa@torbole.com
Das Hotel am Gardasee hat einen schönen Garten und stille, behagliche Zimmer. Für entspannte, doch sportliche Ferien ideal.
P ≋ **Zimmer:** *43*
MC V AE DC | ● ■ ● ■

NAGO-TORBOLE: *Piccolo Mondo* €€€
Ortsteil Torbole, Via Matteotti 7. *0464 505 271.* @ alchies@tin.it
Das Haus in ruhiger Lage mitten im Grün bietet behagliche Zimmer mit Safe, ein gut ausgestattetes Fitnesscenter und ein Beautycenter. Das Restaurant ist vor allem auf Fische aus dem Gardasee spezialisiert.
P ≋ **Zimmer:** *36*
V DC | ● ■ ●

PEJO: *Stella Alpina* €€
Ortsteil Cogolo, Via Roma 48. *0463 754 084.*
Ein altes Bauernhaus ist dieses kleine bequeme Hotel mit Garten, Sportanlagen und Spielhalle.
P **Zimmer:** *29*
V DC | ● ■

PERGINE VALSUGANA: *Castel Pergine* €€
Via al Castello 10. *0461 531 158.*
Von der schönen Burg und ehemaligen Residenz des Bischofs von Trento blickt man aufs grüne Tal und den See. Zimmer mit Antiquitäten. Die Küche lockt viele Feinschmecker her. P **Zimmer:** *21*
V AE | ● ■

Zeichenerklärung siehe hintere Umschlagklappe

Preiskategorien für ein Doppelzimmer pro Nacht inkl. Frühstück, Steuern und Service:

- € unter 80 Euro
- €€ 80–130 Euro
- €€€ 130–180 Euro
- €€€€ 180–230 Euro
- €€€€€ über 230 Euro

Kreditkarten
Folgende Kreditkarten werden akzeptiert: *AE* = American Express, *DC* = Diners Club, *MC* = MasterCard, *V* = Visa.

Restaurant
Das Hotel hat ein sehr gutes Restaurant, auch für Nicht-Hotelgäste.

Terrasse
Hotel mit Terrasse und/oder Garten.

Wellnesscenter
Das Hotel bietet Fitnesscenter, Sauna, Massagen usw.

Kinderfreundlich
Einrichtungen oder Programme für Kinder.

Pinzolo: *Alpina* €€
Via XXI Aprile 1. *0465 501 010.* @ hotelalpina@pinzolo.it
Die Räume für die Allgemeinheit wie der Speisesaal und der Aufenthaltsraum sind geschmackvoll und mit Sinn fürs Detail eingerichtet. Das Frühstücksbüfett ist besonders reichhaltig.
Zimmer: *30*

Pinzolo: *Chalet Maso Doss* €€€€
Ortsteil Sant'Antonio di Mavignola, Via Brenta. *0465 502 758.*
@ info@masodoss.com
Ein kleines Chalet aus Holz mitten im Grün. Dieses alte Bauernhaus bietet Zimmer mit antiken Möbeln, gestickter Bettwäsche und Holzfußböden. Im sehr romantischen Salon ist ein großer Kamin.
P **Zimmer:** *6*

Pozza di Fassa: *Touring* €€
Via Col da Prà 34. *0462 763 268.* @ hotel.touring@tin.it
Typisches Alpenhaus mit behaglichen Gesellschaftsräumen und komfortablen Zimmern mit großen Holzbalkonen.
P **Zimmer:** *27*

Predazzo: *Ancora* €€€
Via IX Novembre 1. *0462 501 651.* @ info@ancora.it
Das Hotel im Alpenstil wenige Minuten vom Skicenter Latemar entfernt hat Räume für Nichtraucher, behagliche Zimmer und Wellnesscenter.
P **Zimmer:** *37*

Riva del Garda: *Du Lac et Du Parc* €€€
Viale Rovereto 44. *0464 551 500.* @ hoteldulac@anthesi.com
Grandhotel in einem 7 ha großen Park bis hinunter zum See. Große, helle, behagliche Zimmer. Alles für Sport und Körperpflege ist da.
P **Zimmer:** *175*

Riva del Garda: *Europa* €€€
Piazza Catena 9. *0464 555 433.* @ europa@rivadelgarda.com
Hotel der Best-Western-Gruppe in einem Palazzo vom Ende des 19. Jahrhunderts direkt am Ufer des Sees. Einige der geräumigen Zimmer blicken auf den Gardasee.
P **Zimmer:** *63*

Riva del Garda: *Luise* €€€
Viale Rovereto 9. *0464 552 796.* @ luise@rivadelgarda.com
Das Haus in bester Lage im Grün eines Parks hat einen schönen Garten mit Pool und Tennisplätzen. Ruhige, sachliche Zimmer. Das gepflegte Restaurant »La Limonaia« komplettiert das Angebot.
P **Zimmer:** *69*

Roncegno: *Azienda Agricola Montibeller* €
Via Prose 1. *0461 764 355.*
Ein neu erbautes Bauernhaus. Zum Service gehören: Fahrradverleih, Wanderungen, Naturbeobachtung und kunsthandwerkliche Kurse (nach Voranmeldung). **Zimmer:** *14 plus 6 Apartments*

Rovereto: *Novecento* €€
Corso Rosmini 82/d. *0464 435 222.* @ rovereto@rovhotels.com
Freundliches und behagliches Hotel in einem Haus vom Beginn des 20. Jahrhunderts. Die Zimmer sind in verschiedenen Stilen gut ausgestattet, und das Personal ist freundlich und qualifiziert. P **Zimmer:** *49*

San Martino di Castrozza: *Belvedere* €€
Via Passo Rolle 247. *0439 680 00.* @ hotel@hbelvedere.it
Das Hotel verfügt über behagliche Zimmer und einen Miniklub mit Babysitter, Unterhaltung und Billardzimmer. Schöner Garten.
P **Zimmer:** *45*

	Kreditkarten	Restaurant	Terrasse	Wellnesscenter	Kinderfreundlich
Pinzolo: Alpina	MC V AE DC	●	■		■
Pinzolo: Chalet Maso Doss		●			
Pozza di Fassa: Touring	MC V AE DC	●	■		
Predazzo: Ancora	MC V AE DC	●	■	●	■
Riva del Garda: Du Lac et Du Parc	MC V AE DC	●	■	●	■
Riva del Garda: Europa	MC V AE DC	●			■
Riva del Garda: Luise	MC V AE DC	●			
Roncegno: Azienda Agricola Montibeller		●			
Rovereto: Novecento	MC V AE DC	●			
San Martino di Castrozza: Belvedere		●	■		■

SAN MARTINO DI CASTROZZA: *Cristallo* €€ Via Passo Rolle 51. ☎ *0439 681 34.* @ hotelcristallo@famigliataufer.it Das ruhige, sonnige Hotel bietet einen außergewöhnlichen Blick auf die Pale di San Martino, das Restaurant typische, gepflegte Küche. P **Zimmer:** *25*		●	■		■
SAN MARTINO DI CASTROZZA: *Rosetta* €€ Via Passo Rolle 151. ☎ *0439 768 622.* @ hotelrosetta@famigliataufer.it Das jüngst umgebaute Hotel in zentraler Lage hat bequeme, im Alpenstil möblierte Zimmer, die fast alle einen Balkon haben. P **Zimmer:** *55*		●	■		■
SORAGA: *Malder* €€ Via Don Zepoun 14. ☎ *0462 768 121.* @ hotelmalder@cr-surfing.net Dieses Hotel in ruhiger Sonnenlage verfügt über funktionelle, behagliche Zimmer. Den Gästen stehen viele zusätzliche Dienste zur Verfügung. P **Zimmer:** *35*	*MC V AE DC*	●			
SPIAZZO: *Mezzosoldo* €€ Ortsteil Mortaso, Via Nazionale 196. ☎ *0465 801 067.* Angenehmes Hotel mit behaglichen, zweckmäßigen Zimmern. Schöner Garten und ein wegen seiner mustergültigen Küche geschätztes Restaurant. P **Zimmer:** *26*	*V*	●			
TESERO: *Shandrani* €€€ Ortsteil Stava, Via Pampeago 36. ☎ *0462 814 737.* @ hotelshandrani@softcom.it Ein elegantes, im Detail reiches Haus. Die Zimmer sind gepflegt und gut ausgestattet. Garten, Einrichtungen für Sport und Körperpflege. P ≋ **Zimmer:** *97*	*MC V AE DC*	●	■	●	
TRENTO: *Accademia* €€ Vicolo Colico 4. ☎ *0461 233 600.* @ info@accademiahotel.it Der alte Palazzo im Stadtzentrum enthält komfortable, mit Möbeln des lokalen Kunsthandwerks ausgestattete Zimmer. Im Sommer wird das Frühstück im Garten serviert. **Zimmer:** *42*	*MC V AE DC*	●			
TRENTO: *America* €€ Via Torre Verde 50. ☎ *0461 983 010.* @ hotel_america@iol.it Das Haus in zentraler Lage verfügt über freundliche, behagliche Zimmer und schön eingerichtete Gesellschaftsräume. **Zimmer:** *51*	*MC V AE DC*	●			
TRENTO: *Villa Madruzzo* €€€ Ortsteil Ponte Alto 26. ☎ *0461 986 220.* @ info@villamadruzzo.it Villa des 19. Jahrhunderts in zauberhafter Lage über Trento, wenige Minuten außerhalb der Stadt. Die meisten Zimmer blicken auf den herrlichen Park rundum. Hochklassiges Restaurant. P **Zimmer:** *51*	*MC V AE DC*	●	■		■
TUENNO: *Agritur Giorgio Tretter* € Via E. Quaresima. ☎ *0463 451 276.* Ferienbauernhof 20 km von den Skipisten entfernt. Die Produkte des Hofs (Äpfel, Honig) kann man kaufen. **Zimmer:** *4 Apartments*		●	■		■
VIGO DI FASSA: *Ai Pini* €€ Via Nuova 19. ☎ *0462 764 501, 800 008 777 (kostenlos)* Das kürzlich umgebaute Haus im Alpenstil bietet seinen Gästen angenehme, zweckmäßige Zimmer, dazu Einrichtungen für Körperpflege und Sport. Das Restaurant serviert traditionelle lokale und italienische Gerichte. P **Zimmer:** *30*	*MC V AE DC*	●	■	●	■
VIGO DI FASSA: *Parkhotel Corona* €€€€ Via Dolomiti 8. ☎ *0462 764 211.* Ein eleganter Bau in reinem Tirolerstil mit anspruchsvollen, mit Schnitzereien verschönerten Zimmern. Beste lokale und internationale Küche, American Bar, *Stube* mit Kamin und Pianobar. P ≋ **Zimmer:** *60*	*MC V AE DC*	●	■	●	■
ZIANO DI FIEMME: *Al Polo* €€€ Via Nazionale 7/9. ☎ *0462 571 131.* Der völlig renovierte und umgestaltete Altbau bietet einfache, aber behagliche Zimmer und einen großen Garten; Kinder und Gäste mit Sinn für Körperpflege werden besonders verwöhnt. P **Zimmer:** *40*	*V*	●	■		■

Zeichenerklärung siehe hintere Umschlagklappe

Spezialitäten des Trentino

Oberitalienische und Tiroler Rezepte mischen sich in der Küche des Trentino, was das Nebeneinander von Polenta und Knödeln beweist. Was alle Gerichte eint, ist das Vorherrschen kräftiger Aromen, die man mit typischen Zutaten erzeugt: Milch und Mais vor allem, die in köstlichsten Käsen und zarten Polentas triumphieren, welche man zu Fleischragouts oder Pilzen serviert. Als Begleitung zu diesen Gerichten gibt es berühmte Weine wie den roten Teroldego von der Piana Rotaliana oder die weißen Müller-Thurgaus aus dem Valle di Cembra.

Lokale Zutaten und Varianten

Die Küche, die man im Trentino genießt, variiert von Region zu Region und auch je nach landwirtschaftlicher Spezialisierung und den Kulturen, die Gewohnheiten und Geschmack der Menschen hier beeinflusst haben. Am Gardasee und seiner nächsten Umgebung z. B. wird viel Olivenöl benutzt dank der Olivenhaine um den See (dem das Verdienst zukommt, das Klima so mild zu machen, dass der Anbau möglich ist), auf der Ebene zwischen Riva und Arco und an den ersten Berghängen rundum: ein Öl mit fruchtigem, nicht allzu kräftigem Geschmack, das in der Küche bisweilen als Ersatz für die traditionelle Butter verwandt wird, das aber häufiger dazu dient, zarte Käse oder frische Gemüse zu würzen und anzumachen.

Speck und Gemüse werden zu Vorspeisen kombiniert

Die Knödel

Die trentinischen Canederli folgen dem klassischen Tiroler Knödelrezept nur zum Teil. Zahlreich sind die Varianten nicht allein, was die Verarbeitung des Brotes betrifft, sondern auch was die Gewürze angeht, die dem Teig zugesetzt werden. Man benutzt nur altbackenes Brot, das in laue Milch eingeweicht, gesalzen und mit verschiedenen Zutaten vermengt, dann zu Klößen geformt und gekocht wird. Eine häufige Zutat ist der berühmte Tiroler Speck, klein gewürfelter Rauchspeck, der keineswegs ausschließlich aus Südtirol stammt. Eigelb zur Bindung steckt allerdings in jedem Knödel. Welche Zubereitungsvariante gewählt wird, ist letztlich davon abhängig, zu welchem Gericht diese weißlichen Klöße gereicht werden sollen: Wenn sie zum Beispiel als Beilage zu Fleischragouts mit reichlich Soße dienen, sollten sie nicht allzu groß, aber weich und zart im Geschmack sein, um das Aroma des Fleischs nicht zu verfälschen; wenn das Gericht aber eine Geschmackssteigerung nötig haben sollte, werden die Knödel in Brühe gegart, nachdem der Teig mit herzhaften Zutaten gewürzt worden ist.

Eine Auswahl typisch trentinischer Gerichte und Produkte

Als Hauptgericht ist Fleischragout mit Polenta sehr verbreitet

Gerichte mit Polenta

Polenta wird nach traditionellem Rezept zubereitet, ist überall sehr gebräuchlich, und im Valsugana ersetzt sie die Knödel sogar völlig (das »echte« Rezept verlangt, dass sie sehr fest ist und in der klassischen Version mit geschmorten Pfifferlingen gereicht wird): Polenta »al naturale« ist eine Beilage zu Schmorbraten, Ragouts und Tunken aus Kalb- oder Schweinefleich oder auch aus Wild wie Reh, Hase und Gämse, wie es die Jagdtradition in diesen Bergen will. Aber die möglichen Kombinationen der Polenta sind in der trentinischen Küche wirklich fast unendlich. Oft wird sie auch nur mit zerlassener Butter und Käse angerichtet oder wiederum zusätzlich mit Pilzen serviert. Eine Überraschung bereitet eine andere Variante dieses Gerichts: die Kartoffelpolenta, eine Mischung aus Kartoffelpüree und gelbem Maismehl, die mit Zwiebel gewürzt wird.

Lammschulter und -karree fein angerichtet

Hauptgerichte und Beilagen

Hier gibt es viele traditionelle regionale Rezepte neben Spezialitäten, die stärker von Tirol beeinflusst sind (Schweinshaxe und Gulasch zum Beispiel). Aus Fleischresten bereitet man noch heute »tronco de pontesel« zu, ein Schmorgericht, zu dem auch frische Würste mit gerösteten Semmelbröseln gehören. Typisch ist auch Selchfleisch (früher war das Pökeln die Methode, es haltbar zu machen, sodass es in vielen Häusern einen besonders kühlen und luftigen Ort gab, wo es aufbewahrt wurde), das in dünne Scheiben geschnitten, in der Pfanne gebraten und mit weißen Bohnen vermischt wird. Typisch ist auch der Gebrauch von Pferde- und Eselfleisch, woraus in Teroldego-Wein gekochte Schmorgerichte zubereitet werden. Sehr gut ist die Polenta mit Wild oder mit Hase auf trentinische Art, ein Rezept, in dem das italienische Salmì mit Gewürzen wie Zimt, Rosinen, Pinienkernen und Zucker angereichert wird. Sucht man weniger entschiedene Aromen und liebt Fisch, so wimmelt es in den Flüssen des Trentino von Forellen: Echte Wildforellen erkennt man an ihrer schlankeren Form und am festen Fleisch, ein Zeichen, dass sie in eiskaltem Wasser gewachsen sind. Sie werden gebacken, gekocht oder auch mit einer köstlichen dunklen Soße serviert. Wenn Hauptgerichte nicht von Knödeln oder Polenta begleitet werden, werden oft außer Kartoffeln zwei typische Gemüse des Trentino gereicht: Blumenkohl und Wirsing, Erben aus einer Zeit, als die Landwirtschaft fast nur diese beiden Gemüsesorten anbaute.

Käse, Obst, Gebäck und Süssspeisen

Fast unbegrenzt ist das Angebot an Käsen: von den Almkäsen aus einer Mischung aus frisch gemolkener und bereits pasteurisierter Milch bis zum berühmten bröckeligen und würzigen Trentingrana, vom herrlichen Vezzena von den Hochebenen Lavarone und Folgaria, der ein bisschen an den Asiago erinnert, bis zum Puzzone di Moena, dessen Name (Stinker) sich auf den recht deutlichen Geruch bezieht. Beim Obst sind die Äpfel aus dem Val di Non unangefochtene Könige, auch wenn ihnen durch die jüngste Produktionsdiversifizierung durch Waldfrüchte Konkurrenz gemacht wird. Äpfel, durch eine eigene Marke geschützt und immer öfter nach den Regeln des biologischen Anbaus produziert, sind auch die Basis des traditionellsten aller trentinischen Gebäcke: des Strudels aus österreichischem Erbe, der hier mit einigen Varianten beim Teig hergestellt wird (einige Konditoren mischen unter die Zutaten auch etwas Olivenöl). Probieren sollte man auch die *pinza,* ein einfaches Gebäck aus altbackenem Brot, den *smacafam* mit Rosinen, Pinienkernen, Walnüssen und Anissamen und die *rosada,* einen Mandelpudding. Weniger traditionell, aber wirklich lecker ist die Kombination aus Waldfrüchten mit Eis, Schlagsahne und Creme.

Ein ausgeklügeltes System, den Käse zum Schmelzen zu bringen

Strudel, ein mit Äpfeln gefülltes Gebäck österreichischer Herkunft

Die Weine

Bei den Weinen muss man als erstes betonen, dass sie im Trentino nicht die Konkurrenz des Biers zu fürchten haben, des Standardgetränks im nahen Südtirol. Dann, dass man wählen kann zwischen Rotweinen wie dem Teroldego oder Merlot und Weißweinen wie dem Chardonnay. Schließlich, dass viele Etiketten nicht nur die Bezeichnung DOC (mehr als 50 Prozent der trentinischen Produktion fallen darunter), sondern einige sogar das Siegel DOGC tragen dürfen. Hervorragend sind die Sekte aus Chardonnay- oder Müller-Thurgau-Trauben; ein wahres Unikum ist der rare autochthone Nosiola, der vor allem um den Lago di Toblino gedeiht und einen würzigen süßen Vin santo ergibt. Und nichts ist besser als ein Grappa aus aromatischen Reben oder einem Destillat, dem oft Waldfrüchte besondere Würze verleihen.

Brut Giulio Ferrari Riserva del Fondatore, Teroldego Rotaliano Mezzacorona und Cabernet di Bossi Fedrigotti

RESTAURANTS

Um die traditionelle trentinische Küche kennen zu lernen, muss man die typischen Restaurants und Gaststätten aufsuchen. Sie sind überall in der Provinz zu finden und haben nicht mehr als üblich unter der Globalisierung der Gastronomie gelitten, die auch zwischen den Alpengipfeln zur Verbreitung von Fastfood und der Allgegenwart von Pizzerien geführt hat. Will man also die traditionelle Küche probieren, muss man ein wenig auf die Wahl des Lokals achten und diejenigen vorziehen, die allgemein anerkannt oder für bestimmte Gerichte berühmt sind.

Typische Gerichte des Val di Non

Der Speisesaal im Hotel Millefiori

ZU TISCH IM TRENTINO

Seit einigen Jahren beginnt man im Trentino, sich auf die alten Rezepte und Gerichte zu besinnen, die aus unverfälschten, einfachen Produkten hergestellt werden. Ein Indiz dafür, dass ein Lokal in dieser Richtung arbeitet, wäre, dass man ein bestimmtes Gericht nicht bestellen kann, weil es ausverkauft ist. Wenn das in Restaurants einer bestimmten Güteklasse oder in Gasthäusern geschieht, die von den Bewohnern des Ortes gern besucht werden, ist dies eine nicht zu unterschätzende Garantie. In den auf Touristen ausgerichteten Lokalen hat nämlich der Zustrom von Fremden viele Wirte dazu verleitet, einige Spezialitäten dem Geschmack der Kundschaft anzupassen und Gerichte auf die Karte zu setzen, die mit der regionalen Tradition kaum noch etwas zu tun haben.

Auch demjenigen, der bei der Wahl des Lokals gern auf die Lage oder die Atmosphäre achtet, bietet das Trentino eine Vielzahl an Möglichkeiten, mit denen alle Wünsche zufrieden gestellt werden können: von Restaurants in alten Palästen oder mittelalterlichen Burgen, in denen die Ausstattung mit zum hohen Ansehen gehört, bis hin zu den typischen Sennereien in den Dolomiten oder auf den Hochebenen von Lavarone und Folgaria, wo der hinreißende Blick für eine Speisekarte mit nur wenigen Gerichten entschädigt.

Wenn sich hier irgendwo die Anwesenheit von Fremden sehr bemerkbar gemacht hat, dann ist es bei den Öffnungszeiten von Restaurants und Gaststätten. Die Küchen der Lokale in den frequentierteren Ferienorten sind oft den ganzen Tag im Einsatz, und das von 11 Uhr vormittags bis nicht selten tief in die Nacht. So ist es zum Beispiel im Sommer am Gardasee, wogegen es in den Dolomiten viel seltener der Fall ist. Normalerweise aber stehen Köche, vor allem die der Restaurants, die traditionelle Rezepte zubereiten, von 12 bis 15 Uhr und von 18 Uhr bis spät am Abend am Herd.

Wichtig zu wissen ist auch, dass im Trentino trotz der großen Nähe zu Südtirol ein Mittag- oder Abendessen sich wie in Italien üblich in die klassischen Antipasti, ein Vorgericht, ein Hauptgericht eventuell mit Beilagen und das Dessert unterteilt. Auch die Portionen spiegeln im großen und ganzen die italienische Tradition wider: Da es keine deftigen Eintöpfe gibt, die als Mahlzeit genügen, sind die Portionen nie sehr groß, dafür aber fast immer köstlich. Abzuraten wäre von einer Menüfolge, deren Gerichte ähnliche Zutaten enthalten (etwa ein Essen ganz im Zeichen des Käses), und unbedingt bedenken sollte man, dass Polenta oder Knödel recht schwer sind und Hauptgerichte, vor allem die mit Fleisch, ziemlich »heftig« sein können für die, die sie nicht gewohnt sind.

Die Osteria a Le Due Spade in Trento

Restaurantauswahl

Vom renommierten Restaurant, das in den namhaftesten Gastronomieführern genannt wird, bis zum Gasthaus, in dem der Wirt selbst am Herd steht, von der Pizzeria, in der sich die Touristen drängen, bis zu dem Lokal, das für seine Gerichte berühmt ist, die noch nach jahrhundertealten Rezepten gekocht werden, und der Schenke, wo es Wein zu köstlichen Häppchen gibt – alles ist im Trentino zu finden. Die Lokale in der nachfolgenden Liste sind auch nach der Besonderheit ihrer Lage ausgewählt worden.

Trentino

Restaurant	Preis	Kreditkarten	Kindermenü	Degustationsmenü	Tagesmenü	Aussicht
Arco: *Belvedere* Ortsteil Varignano, Via Serafini 2. *0464 516 144.* Gemütliche Gaststätte mit Garten. Schlichte, einfache Küche. Empfehlenswert *carne salada e fasoi* (Selchfleisch mit Bohnen). *Sommer; Mi.* **Plätze:** *60*	€€					
Arco: *Lega* Via Vergolano 8. *0464 516 205.* Gern besucht von allen, die Fische aus dem See oder Fleisch vom Grill lieben, im Sommer auch im Schatten einer Laube. *Jan; Mi.* **Plätze:** *150*	€€€	MC V AE DC				
Baselga di Pinè: *Due Camini* Ortsteil Miola, Via Pontara 352. *0461 557 200.* Elegantes Restaurant am Rand eines Kiefernwaldes, das einfache, unverfälschte Gerichte bietet. *Okt–Nov; Mo.* **Plätze:** *80.*	€€€	MC V AE DC				■
Calavino: *Floriani* Ortsteil Lagolo, Via al Lago 2. *0461 564 241.* Das Restaurant am Ufer eines typischen Alpensees bietet die klassische, einfache Gebirgsküche nicht ohne einen Hauch Originalität. *Nov; Di (außerhalb der Saison auch Mo, Mi, Do).* **Plätze:** *80.*	€€€	V AE				■
Calavino: *Castel Toblino* Ortsteil Castello, Via Caffaro 1. *0461 864 036.* Dieses Restaurant in einer imposanten Burg ist bevorzugtes Ziel, wenn es etwas zu feiern gibt. Gepflegte Küche. Empfehlenswert die Pasta mit Gemüse. *Di.* **Plätze:** *396.*	€€€€	V				■
Canazei: *La Montanara* Via Dolomiti 147. *0462 601 352.* Diese Schenke bietet vor dem Abendessen köstliche Häppchen mit Aufschnitt, Selchfleisch und Käse. Unter den warmen Gerichten: die Fondue. Ideal nach dem Ski und auch nach dem Abendessen. *mittags im Winter.* **Plätze:** *70.*	€€	V				
Carisolo: *All'Antica Segheria* Via Campiglio 2. *0465 500 612.* Ein schönes typisches Lokal, wo es auch Pizza aus dem Holzofen gibt. Die Karte enthält alle typisch trentinischen Gerichte, dazu hausgemachtes Gebäck und Eis. *Nov; Mo.* **Plätze:** *200.*	€€	MC V AE DC	●			■
Cavalese: *Costa Salici* Via Costa dei Salici 10. *0462 340 140.* Das Restaurant in den Hügeln oberhalb des Dorfes hat eine holzgetäfelte Stube mit gepflegter, nüchterner Ausstattung. Die Karte basiert auf traditionellen regionalen Gerichten und wechselt je nach Jahreszeit. *Mo, Di mittags.* **Plätze:** *45.*	€€€	MC V AE DC		■	●	■
Cavalese: *El Molin* Piazza Battisti 11. *0462 340 074.* Das Lokal im Bergbauernstil in einer alten Mühle des 17. Jahrhunderts bietet typische traditionelle Gerichte mit einem Hauch Fantasie. Die Weinkarte enthält mehr als 400 Etiketten. *Di, mittags im Winter.* **Plätze:** *40.*	€€€	MC V AE DC		■	●	

Zeichenerklärung siehe hintere Umschlagklappe

Preiskategorien für ein Drei-Gänge-Menü mit einer halben Flasche Wein, Steuern, Service.
€ unter 25 Euro
€€ 25–35 Euro
€€€ 35–44 Euro
€€€€ 44–50 Euro
€€€€€ über 50 Euro

KREDITKARTEN
Folgende Kreditkarten werden akzeptiert: *AE* = American Express, *DC* = Diners Club, *MC* = MasterCard, *V* = Visa.

KINDERMENÜ
Auf Wunsch kleine Portionen.

DEGUSTATIONSMENÜ
Auswahlmenü lokaler Gerichte und regionaler Weine.

TAGESMENÜ
Einfaches Menü zum Fixpreis.

AUSSICHT
Restaurant mit besonders schöner Aussicht.

CIVEZZANO: *Maso Cantanghel* €€€
Via alla Madonnina 33. *0461 858 714.*
Ein romantisches, elegantes Restaurant. Die einfache Küche verwendet die Erzeugnisse der Region. Besonders gut die Pilzspezialitäten.
● *Weihnachen, 15. Aug; Sa, So.* **Plätze:** *28.*

CLES: *Antica Trattoria* €€€
Via Roma 13. *0463 421 631.*
Ein umgebauter Altbau beherbergt dieses Hotel-Restaurant, dessen Küche auf die klassische trentinische Tradition zurückgreift. Empfehlenswert die *strangolapreti* (Spinat-Ricotta-Klößchen) und die Schnecken.
● *Juni–Juli; Fr abends, Sa.* **Plätze:** *45.*

FAEDO: *Da Silvio* €€€
Ortsteil Masetto. *0461 650 384.*
Ursprünglich und gepflegt, wie auch die Küche, in der Erzeugnisse der Region den Ton angeben. ● *So abends, Mo.* **Plätze:** *120.*

FOLGARIA: *Grott Stube* €€€
Ortsteil Guardia 48. *0464 720 190.*
In einer warmen, klassischen *Stube* wenige Tische und eine einfache, der Tradition verbundene Küche. ● *Mo.* **Plätze:** *30.*

GIUSTINO: *Mildas* €€€€
Ortsteil Vadaione, Via Rosmini 7. *0465 502 104.*
Innovative Küche mit einigen traditionellen Gerichten. Empfehlenswert die Spinat-Ricotta-Klößchen, Spaghetti *alla Mildas,* Kalbskotelett in Bier. Gutes Weinangebot.
● *Juni–Nov; Mo, Di–Fr mittags.* **Plätze:** *50.*

LEVICO TERME: *Boivin* €€
Via Garibaldi 9. *0461 701 670.*
Exzellente Trattoria, mit das beste in der echten regionalen Küche.
● *Mo, Di–Sa mittags.* **Plätze:** *60.*

MADONNA DI CAMPIGLIO: *Artini* €€
Via Cima Tosa 47. *0465 440 122.*
Man kann Pizza aus dem Holzofen oder köstlichere Gerichte wählen, vor allem unter den Hauptgerichten. ● *Frühling, Herbst; Mi.* **Plätze:** *150.*

MADONNA DI CAMPIGLIO: *Boch* €€
Zwischenstation Seilbahn Grosté. *0465 442 236.*
Berghütte in einem erhabenen Winkel des Gebirges. Spezialitäten in Gebirglertradition. ● *Mai–Juni, Okt–Nov.* **Plätze:** *180.*

MADONNA DI CAMPIGLIO: *Pradalago* €€
Ortsteil Pradalago. *0465 442 388.*
Das Restaurant, von dem man einen schönen Blick auf die Brentagruppe hat, bietet leckere, traditionelle Gerichte: Pilzsuppe, Wacholder-Reh, Polenta mit Käse, Butter, frischer Wurst und Pilzen.
● *Mai, Juni, Okt.* **Plätze:** *120.*

MADONNA DI CAMPIGLIO: *Stube Diana* €€
Via Cima Tosa 52. *0465 441 011.* info@hoteldiana.net
Ein perfektes Gebirgslokal, ideal, um die typisch trentinische Küche kennen zu lernen. Klassiker hier ist der gemischte Grillteller.
● *Sommer.* **Plätze:** *60.*

MALÈ: *Conte Ramponi* €€€
Ortsteil Magras, Piazza San Marco 38. *0463 901 989.*
Elegantes und beruhigendes Ambiente mit den typischen Gerichten der Region wie Hirsch-Carpaccio mit Preiselbeermarmelade, gefüllten Wachteln, Knödeln. Gut die Süßspeisen.
● *1.–20. Juni, 1.–20. Okt; Mo.* **Plätze:** *80.*

	Kreditkarten	Kindermenü	Degustationsmenü	Tagesmenü	Aussicht
Civezzano: Maso Cantanghel	V				■
Cles: Antica Trattoria	V			●	
Faedo: Da Silvio	MC V AE DC				
Folgaria: Grott Stube	DC				
Giustino: Mildas	MC V AE DC				
Levico Terme: Boivin	MC V AE DC				
Madonna di Campiglio: Artini	MC V AE DC	●	■	●	
Madonna di Campiglio: Boch	V	●	■		■
Madonna di Campiglio: Pradalago	V				■
Madonna di Campiglio: Stube Diana	MC V AE DC				
Malè: Conte Ramponi	MC V AE DC	●	■		

MALÈ: *Segosta* €€ Via Trento 59. *0463 901 390.* Hier steht alles im Zeichen trentinischer Tradition: von der Innenausstattung bis zur Küche und dem Namen, der an die großen, am Rauchfang hängenden Töpfe erinnert. *Juni, Mitte Sep–Mitte Okt; Mo abends, Di.* **Plätze:** *180.*					
MEZZOLOMBARDO: *Al Sole* €€€ Via Rotaliana 5. *0461 601 103.* Es verdient einen Besuch, dieses 100-jährige Hotel mit gutem Restaurant. Typische Gerichte: Parmesanauflauf mit Spinatsoße oder Pilzen, gebackene Lammhaxe und Zwiebelsuppe. *2 Wochen im Juli; So.* **Plätze:** *40.*	*MC V AE DC*		■		
MEZZOCORONA: *La Cacciatora* €€€ Via Canè 133. *0461 650 124.* Dieses Restaurant mitten im Grün am Ufer der Etsch bietet gute Küche der Region. *Juli; Mi.* **Plätze:** *200.*	*MC V AE DC*				■
MOENA: *Post Tyrol* €€€ Piazza Italia 10. *0462 573 760.* Typisches Gebirgslokal, dessen Küche mit Geschmack die lokale Tradition neu interpretiert. Regionale Weine. *20. Apr–20. Juni, 25. Sep–6. Dez; Di.* **Plätze:** *55.*	*MC V AE DC*		■		
MOENA: *Malga Panna* €€€€ Via Costalunga 29. *0462 573 489.* Romantische, gemütliche Sennerei, die aus der Höhe ganz Moena überschaut. Hochkarätige, innovative, durch die Region inspirierte Küche. *Mai, Juni, Nov; Mo.* **Plätze:** *60.*	*MC V AE DC*		■		■
NOGAREDO: *Maso Sasso Locanda D&D* €€€ Via Maso 2. *0464 410 777.* Ein einzeln stehendes Bauernhaus auf einem Hügel über der Val Lagarina. Das rustikale Innere beherrscht ein großer Kamin für die Grillgerichte. *Nov–Dez; Di, mittags.* **Plätze:** *60.*	*MC V AE DC*	●			■
OSPEDALETTO: *Và Pensiero* €€€ Via Pradanella 7/b. *0461 768 383.* Gute Trattoria mit alter Tradition am Rande eines Waldes. *Mi.* **Plätze:** *25.*	*V AE*		■		■
PERGINE VALSUGANA: *Cà Rossa* €€€ Ortsteil Ischia. *0461 511 100.* Das Restaurant mit Blick auf den Lago di Caldonazzo bietet eine vor allem auf Fisch basierende Küche und einen guten Weinkeller. *Nov; Di.* **Plätze:** *150.*	*MC V AE DC*				■
PERGINE VALSUGANA: *Castel Pergine* €€€ Via al Castello 10. *0461 531 158.* Das Restaurant in einem der schönsten Schlösser des Trentino ist ideal für Empfänge, Hochzeiten und romantische Abendessen. *Nov–Ostern; Mo mittags.* **Plätze:** *60.*	*V AE*				■
PINZOLO: *La Roda* € Viale Marconi 15. *0465 502 505.* Restaurant-Pizzeria mit Garten, wo es nicht an den Spezialitäten der Region fehlt. Der Blick schweift über die Brentagruppe. *Mai, Okt; Mi.* **Plätze:** *70.*	*V*	●	■	●	■
PINZOLO: *Alla Stube da Sergio* €€ Via Maturi 4. *0465 501 679.* Sehr typisches und gemütliches Lokal. Spezialitäten des Hauses sind gebackene Schweinshaxe mit Risotto, Gulasch mit Polenta und Spinat-Ricotta-Klößchen à la trentina. *Mai, Okt; Do.* **Plätze:** *22.*					
RIVA DEL GARDA: *Al Volt* €€ Via Fiume 73. *0464 552 570.* Das Restaurant mitten im Zentrum, das mit antikem Mobiliar ausgestattet ist, bereitet vor allem Fisch aus dem See zu. Romantisches Ambiente. *Feb–März; Mo.* **Plätze:** *65.*	*MC V AE DC*				

Preiskategorien für ein Drei-Gänge-Menü mit einer halben Flasche Wein, Steuern, Service.
€ unter 25 Euro
€€ 25–35 Euro
€€€ 35–44 Euro
€€€€ 44–50 Euro
€€€€€ über 50 Euro

KREDITKARTEN
Folgende Kreditkarten werden akzeptiert: *AE* = American Express, *DC* = Diners Club, *MC* = MasterCard, *V* = Visa.
KINDERMENÜ
Auf Wunsch kleine Portionen.
DEGUSTATIONSMENÜ
Auswahlmenü lokaler Gerichte und regionaler Weine.
TAGESMENÜ
Einfaches Menü zum Fixpreis.
AUSSICHT
Restaurant mit besonders schöner Aussicht.

RIVA DEL GARDA: *Restel de Fer* €€€
Via Restel de Fer 10. ☎ *0464 553 481.*
In einem Gehöft aus der Mitte des 16. Jahrhunderts genießt man eine traditionelle trentinische Küche.
● *Mitte Nov–Dez; Di.* 🏠 🍷 **Plätze:** *70.*

RONZONE: *Orso Grigio* €€€
Via Regole 10. ☎ *0463 880 625.*
In einem schönen, typischen Berghaus, dessen Speisesaal mit Sorgfalt eingerichtet und mit Kaminfeuer geheizt ist. Gute, auf der Region und den Jahreszeiten basierende Küche. Großartige Weine.
● *Mitte Jan–Mitte Feb; Di.* 🏠 🍷 **Plätze:** *45.*

ROVERETO: *Mozart 1769* €€€
Via Portici 36. ☎ *0464 430 727.*
Ein kleines Restaurant in Familienregie mitten in der Altstadt. Unbedingt empfehlenswert die gratinierte Zwiebelsuppe, die die französische Ehefrau des Wirts zubereitet.
● *15. Aug; Di.* 🏠 **Plätze:** *30.*

ROVERETO: *Novecento de l'Hotel Rovereto* €€€
Corso Rosmini 82/d. ☎ *0464 435 454.*
Elegant, aber zugleich familiär ist dieses Restaurant in einem schönen alten Palazzo mit Garten und einer Nichtraucherzone. Traditionelle regionale und padanische Küche von der Po-Ebene, woher die Besitzer kommen.
● *1.–15. Aug; So.* 🏠 🍷 **Plätze:** *50.*

ROVERETO: *Al Borgo* €€€€€
Via Garibaldi 13. ☎ *0464 436 300.*
Ein elegantes, romantisches Restaurant, seit Jahren an der Spitze der trentinischen Gastronomie. Ein Muss: Kartoffelgnocchi mit Pfifferlingen.
● *So abends, Mo.* 🍷 **Plätze:** *55.*

SAN MARTINO DI CASTROZZA: *Capanna Cervino* €€
Rollepass. ☎ *0439 769 095.* @ capanna.cervino@tin.it
Berghütte in 2000 Meter Höhe, zu Füßen der Nordkette der Pale di San Martino. Berühmt für die Knödel, die Graupensuppe, Polenta und Pilze. Den Apfelstrudel sollte man unbedingt probieren.
● *Frühling, Herbst.* 🏠 🍷 **Plätze:** *150.*

SAN MARTINO DI CASTROZZA: *Malga Ces* €€
Ortsteil Ces 3. ☎ *0439 682 23.*
In Aussichtslage etwa 2 km vom Ort entfernt. Das elegante und alles in allem gemütliche Restaurant bietet klassische regionale Gerichte.
● *Mitte Apr–Mitte Juni, Okt–Nov.* 🏠 🍷 **Plätze:** *200.*

SAN MICHELE ALL'ADIGE: *Da Pino* €€€
Ortsteil Grumo, Via Postal 39. ☎ *0461 650 435.*
Klassische trentinische Gerichte und regionale Weine bietet dieses elegante Restaurant mit Konferenzräumen und Garten. 🏠 🍷 **Plätze:** *350.*

SIROR: *Drei Tannen* €€
Via Passo Rolle 237. ☎ *0439 683 25.*
Elegantes Restaurant und Bierlokal im Ortszentrum mit Live-Musik. Spezialitäten u. a. Wurst-und-Käse-Brett und die fabelhaften Suppen.
● *Frühling, Herbst.* 🍷 **Plätze:** *100.*

SIROR: *La Canisela* €€€
Via Passo Rolle 144. ☎ *0439 683 30.*
Einfache Gerichte und traditionelle Aromen, unter denen die Enten-Tortelloni, die *Maltagliati alla primierotta* (Nudeln à la Val di Primiero) und bestes Backwerk aus eigener Herstellung herausragen.
● *Frühling, Herbst.* 🍷 **Plätze:** *50.*

Restaurant	Kreditkarten	Kindermenü	Degustationsmenü	Tagesmenü	Aussicht
Restel de Fer	MC V AE DC				■
Orso Grigio	MC V AE DC		■		■
Mozart 1769	V		■		
Novecento de l'Hotel Rovereto	MC V AE DC		■		
Al Borgo	MC V AE DC		■		
Capanna Cervino	MC V AE DC		■	●	■
Malga Ces	MC V AE DC	●	■	●	■
Da Pino	MC V AE DC	●	■		■
Drei Tannen	MC V AE DC		■		■
La Canisela	MC V AE DC	●	■		■

SIROR: *Trattoria Noal* € Via Cismon 22/a. ☎ *0439 646 03.* Diese Trattoria an der Straße nach San Martino di Castrozza, nahe der Brücke von Siror, bietet die traditionelle regionale Küche und Preise, die mehr als günstig sind. ● *Frühling, Herbst.* 🍷 **Plätze:** *80.*			■		
SPIAZZO: *Mezzosoldo* €€€ Ortsteil Mortaso, Via Nazionale 198. ☎ *0465 801 067.* Ein elegantes Restaurant in einem schönen Haus voller Charme. Spezialitäten: Pilze, Kürbisblüten, Radicchio dell'Orso, Polenta mit Kartoffeln und Zwiebeln. ● *Ostern–15. Juni, 1. Okt–30. Nov; Do.* **Plätze:** *70.*	V				
TONADICO: *Al Cacciatore* €€ Ortsteil Val Canali, Castrona. ☎ *0439 762 298.* @ alcacciatore@primieroiniziative.it Das kürzlich umgebaute Restaurant ist bekannt für die typische Küche und die regionalen Spezialitäten: Gnocchi, Knödel, Polenta, Wild, Grillgerichte und Süßes aus eigener Herstellung. ● *Nov–Mitte Dez; Do.* 🍷 **Plätze:** *100.*	MC V AE DC	●			■
TONADICO: *La Ritonda* €€ Ortsteil Sabbionare 2. ☎ *0439 762 223.* Man kann wählen zwischen einem Saal im Bergbauernstil mit 85 Plätzen und einer schönen intimen *Stube* von 1740 mit antiken Möbeln und Tiroler Tischtüchern. Auf der Karte: Knödel, Polenta, Pilze, Luganega (Wurst). ● *Mitte Jan–Mitte März; Mo.* 🍷 **Plätze:** *110.*	MC V AE DC		■	●	■
TORBOLE: *La Terrazza* €€€€ Via Benaco 14. ☎ *0464 506 083.* Schön und romantisch der Blick auf den Gardasee, aber der Grund für den Erfolg dieses Restaurants ist seine Küche auf der Basis von Fischen aus dem See. ● *Dez–Mitte März; Di.* 🍷 **Plätze:** *25.*	MC V AE DC				■
TRENTO: *Al Vò* €€ Vicolo del Vò 11. ☎ *0461 985 374.* Typisches Restaurant mit einer Küche, die sich an der Tradition regionaler Rezepte orientiert. ● *Juli; So.* **Plätze:** *90.*	MC V AE DC				
TRENTO: *Villa Madruzzo* €€€ Ortsteil Ponte Alto 26. ☎ *0461 986 220.* In einer alten Villa auf einem Hügel wenige Kilometer von der Stadt entfernt bietet dieses elegante und romantische Restaurant eine originelle und zugleich traditionelle Küche der Region. ● *Aug; So.* 🍷 **Plätze:** *100.*	MC V AE DC				■
TRENTO: *Chiesa* €€€€ Via San Marco 64. ☎ *0461 238 766.* In einem Palazzo des 18. Jahrhunderts nahe am Castello del Buonconsiglio. Die traditionelle Küche verwendet Produkte der Jahreszeit in Rezepten aus der Vergangenheit. Ein Muss: das Apfelrisotto und die Blätterteigtasche mit Apfelfüllung. ● *So.* 🍷 **Plätze:** *100.*	MC V AE DC				
TRENTO: *Osteria a Le Due Spade* €€€€ Via Don Arcangelo Ricci 11. ☎ *0461 234 343.* Das Restaurant von 1545 bietet traditionelle, originell revidierte Gerichte in einer *Stube* des 18. Jahrhunderts. ● *Mo mittags, So.* 🍷 **Plätze:** *30.*	MC V AE DC		■		
VEZZANO: *Fior di Roccia* €€€€ Via Nazionale 2. ☎ *0461 864 029.* Kreative Küche unter Verwendung jahreszeitlicher Produkte. Probieren sollte man das selbst gebackene Brot und das Selchfleisch. ● *So abends, Mo.* 🍷 **Plätze:** *50.*	MC V AE DC		■		
VIGO DI FASSA: *Interhotel* € Via Nuova. ☎ *0462 764 442.* Das Restaurant in einem schönen Garten zählt zu seinen Spezialitäten Antipasti heimischer Wurst- und Käsesorten, Risotto mit Aromen der Saison, gebackenes Huhn und eine große Auswahl an Süßem. ● *Frühling, Herbst; So.* **Plätze:** *70.*	MC V AE DC	●		●	■
VIGO DI FASSA: *Millefiori* € Via Carezza 5. ☎ *0462 769 000.* Das von einem schönen Garten umgebene Restaurant ist auf Gerichte der traditionellen regionalen Küche spezialisiert. ● *Mo.* 🍷 **Plätze:** *25.*	MC V	●		●	■

Zeichenerklärung siehe hintere Umschlagklappe

Bars und Cafés

AUF EINEN KLEINEN GRAPPA, eine Scheibe Apfelstrudel mit Schlagsahne und Vanillecreme. Auf einen Imbiss, eine heiße Schokolade. Es gibt so viele Vorwände, in eine Bar am Domplatz in Trento, in ein schickes Café an der Hauptstraße in Canazei oder Madonna di Campiglio, in ein Lokal an der Seepromenade in Riva del Garda oder in eine Berghütte einzutreten.

Lokale im Trentino

Zu den überall praktizierten Ritualen wie dem des Aperitifs oder des Kaffees am Vormittag gesellen sich einige, die eher typisch für ausländische Besucher sind (z. B. der Cappuccino mit Schlagsahne), und andere, die sich aus dem gebirgigen Charakter des Trentino erklären (u. a. der Glühwein in den Berghütten). Das Angebot an Lokalen ist also recht vielfältig: Einige, gänzlich in Holz eingerichtet, sind typisch trentinisch (und hier kann es passieren, dass man auf Gäste stößt, die schon am frühen Morgen ein Glas Wein trinken oder dem Kaffee mit etwas Grappa auf die Beine helfen), andere sind bekannt für ihre Stammkundschaft oder sie werden plötzlich »in«, weil sich die jungen Leute in ihnen treffen (um den Waltherplatz in Trento gibt es viele von ihnen, oft im Technostil ausgestattet), wieder andere schließlich locken die Gäste mit einem ausgeklügelten Angebot an süßen Spezialitäten an. Ihnen machen die Weinschenken und Probierstuben Konkurrenz, wo man nicht selten zu einem Glas Rot- oder Weißwein einen Teller mit Speck oder regionalen Käsesorten erhält.

Aperitif in Lo Scrigno del Duomo in Trento

Bars und Eisdielen

Bar Stelo
Civezzano. *Piazza Santa Maria 12.*
0461 858 535.

Gelateria Roby
Malè. *Piazza Garibaldi 5.*
0463 901 126.

Bar da Giorgio
Trento. *Via Rosmini 56.*
0461 232 589.

Bar Italia
Trento. *Piazza Duomo 7.*
0461 987 026.

Bar Perini
Trento. *Via Perini 131.*
0461 916 598.

Bertelli
Trento. *Via Oriola 29.*
0461 984 765.

Caffè Marchiodi
Trento. *Piazza C. Battisti 4.*
0461 235 795.

Gelateria Nuova
Trento. *Via Mazzini 11.*
0461 983 857.

Gelateria Torre Verde
Trento. *Via Suffragio 6.*
0461 232 039.

Nuovo Caffè Trento
Trento. *Via Roma 48.*
0461 232 313.

Bierlokale

Dixie Pub
Tesero. *Via Benesin.*
0462 814 303.

El Gazer
Moena. *Via Lungo Avisio.*
0462 573 722.

Husky Pub
Canazei. *Via Roma 3.*
0462 601 111.

Stube
San Martino di Castrozza. *Via Val di Roda.*
0461 684 91.

Musikbars

Baita
Moena. *Via Sassolungo.*
0462 573 136.

Betty Blue
Moena. *Via Lungo Avisio 35.*
0462 574 627.

Poldo Pub
Predazzo. *Via Mazzini 46.*
0462 501 646.

Schälchen mit Waldbeeren und Creme

Schenken

El Filò
Molveno. *Piazza Scuole 3.*
0461 586 151.

Osteria Il Cappello
Trento. *Piazzetta B. Lunelli 5.*
0461 235 850.

Konditoreien

Tana del Grillo
Cavalese. *Piazza Verdi 2.*
0462 230 169.

Pasticceria Suisse
Madonna di Campiglio. *Piazza Righi.*
0465 441 023.

Pasticceria Simion
San Martino di Castrozza. *Piazza Dazio.*
0439 681 84.

Weinlokale

Ambrosia
Cles. *Via Marconi 4.*
0463 421 051.

Casa del Vino
Isera. *Piazza San Vincenzo 1.*
0464 468 057.

Cliffhanger
Madonna di Campiglio. *Via Adamello 18.*
0465 440 183.

Chalet Bastione
Riva del Garda. *Ortsteil Bastione.*
0464 522 151.

DOC
Trento. *Via Milano 148.*
0461 237 489.

Lo Scrigno del Duomo
Trento. *Piazza Duomo 30.*
0461 220 030.

Università
Trento. *Via Prati 6.*
0461 236 524.

Sport und Aktivurlaub

SNOWBOARD UND SKI FAHREN, Skilanglauf durch die verschneite Natur im Winter; Touren ins Hochgebirge und Spaziergänge im Sommer. Die berühmte »3 Tre«-Strecke von Madonna di Campiglio und die Internationale Segelwoche in Riva del Garda. Rafting im reißenden Noce, Mountainbiking durch die Valli di Fassa und di Fiemme, Paragliding für die Mutigsten.

Paragliding über den verschneiten Gipfeln des Trentino

Die Sportarten

Die Gefahr, sich in sportlicher Hinsicht zu langweilen, gibt es im Trentino nicht, denn hier findet man alles und für jeden Geschmack. Eine wichtige Stellung nimmt natürlich das Gebirge im Winter ein; es gibt hier einige Skigebiete, die es ermöglichen, von einer Piste zur anderen zu wechseln – auch in unterschiedlichen Tälern –, ohne jemals die Bindung zu lösen (Folgarida war eines der ersten Gebiete, in denen separate Pisten für Skiläufer und Snowboarder eingerichtet wurden). Skitouren, Langlauf (der Marcialonga zählt alljährlich mehr als 10 000 Teilnehmer!) und Eisklettern an gefrorenen Wasserfällen kommen hinzu. Immer mehr Gäste kommen aber im Sommer ins Trentino, und dort natürlich in die Dolomiten, aber auch in die Täler im Westen, die im Naturpark Adamello-Brenta und im Nationalpark Stilfser Joch liegen. Zahllose Wege führen zu den Berghütten in über 2000 Meter Höhe, und ebenso zahlreich sind die weniger strapaziösen Spazierwege für Müßiggänger. Eine Besonderheit ist der Gardasee, das »Meer des Trentino«, Paradies für Segler und Windsurfer, denen sich seit einigen Jahren die Liebhaber des Tauchsports hinzugesellt haben.

Rafting auf dem Noce

Bergsteigen

Bergführer Dolomiti-Fassa
0462 763 788.

Bergführer Campiglio und Pinzolo
0465 442 634, 0465 503 218.

Bergführer San Martino di Castrozza
0439 768 795.

Dolomiti Superski

www.dolomitisuperski.com
info@dolomitisuperski.com

Fassa-Carezza
0462 601 113 45, 0471 613 126.

San Martino di Castrozza
0439 768 867.

Tre Valli (Moena)
0462 573 122.

Bergwanderungen

Bergführer Trentino
0461 981 207.

Fahrradtouren

Scuola italiana Mountain Bike *0461 912 600.*

Paragliding – Drachenfliegen

Scuola Parapendio Val di Sole
0463 902 538.

Scuola di Volo Libero Alto Garda
Arco. *0464 531 080.*

Rafting

Canyoning Center Wet Way
Riva del Garda.
335 639 90 63.

Centro Canoa Rafting Val di Sole
Dimaro, Via Gole 105.
0463 973 278.

Skilanglauf

Centro Fondo Passo Campo Carlo Magno
0465 441 633, 0465 440 862.

Centro Fondo Val di Fassa
0462 602 035.

Hundeschlitten

Scuola Italiana di Sleddog Madonna di Campiglio
0465 441 025, 0465 804 329.

Skipass

San Martino e Passo Rolle
0439 685 05.

Sella Ronda
0462 601 583.

Val di Fassa
0462 573 440.

Val di Fiemme
0462 502 929.

Tauchsport

Federazione Italiana Pesca Sportiva e Attività Subacquea
0461 260 679.

Windsurfen

Circolo Velico Altogarda Riva del Garda
0464 520 223.

Skischulen

Scuola Folgaria-Passo Coe
0464 783 565.

Scuola Madonna di Campiglio
0465 441 140.

Scuola Moena Dolomiti
0462 573 770.

Läden und Märkte

WELCHES ERZEUGNIS ist typisch für das Trentino? Eine objektive Antwort darauf ist schwierig, vor allem, wenn man die Spezialitäten auf dem Gebiet des Weins und der Gastronomie hinzuzählt. Aber nach einer gewisssen Anfangsunsicherheit, die daher kommt, dass es auf den ersten Blick keine Erzeugnisse gibt, die unlösbar mit dieser Region verbunden sind (Speck, Wein und Holzschnitzerei haben sie mit Südtirol gemein), entdeckt man überrascht traditionelle, dem Fremden vielleicht manchmal kaum sichtbare Gewerke, die in vielen jahrhundertealten Häusern ihre Wurzeln haben.

KUNSTHANDWERK

Dies ist z. B. bei Metallen (Zinn, Eisen, Kupfer, Messing) der Fall, die heute noch im ganzen Valsugana (ein altes Erzbaugebiet) und in Trento in Kunstschmieden bearbeitet werden, bei den Musikinstrumenten, die ebenso wie die Holzmöbel Tesero berühmt gemacht haben, oder bei den Terrakotten, die als bemalte Töpfe auf dem Herd benutzt werden.

Die kunsthandwerkliche Bemalung von Holzmöbeln

TYPISCHE PRODUKTE

Der gastronomische Sektor ist natürlich der, der die Besucher am meisten anzieht, reich an Spezialitäten wie er ist, wo es ihnen spontan in den Sinn kommt, als Erinnerung an den Urlaub etwas nach Hause mitzunehmen. Sehr beliebt ist hierbei vor allem das Olivenöl vom Gardasee, aber auch ein Stück Tiroler Speck oder ein Käse wandern oft mit ins Gepäck. Bei Käse schwankt die Wahl zwischen Trentingrana und Vezzena, um dann bei Almkäsespezialitäten zu landen, die nur aus Sommermilch oder aus zu bestimmten Tageszeiten gemolkener Milch hergestellt werden können. Auch Wein ist ein beliebtes Mitbringsel, wozu die Winzergenossenschaften ihren Beitrag leisten, die vor dem Kauf Weinproben anbieten: Recht begehrt sind der rare Nosiola und der Marzemino, der Mozart bei seinen zahlreichen Konzertaufenthalten in der Region so sehr gefiel, aber auch die »Klassiker« Pinot oder Chardonnay oder die Schaumweine, die sich seit einiger Zeit in die Reihe der geschätztesten Italiens vorgearbeitet haben. Wenn man auf der Suche nach etwas Ungewöhnlichem ist, bieten sich Maismehl für die Polenta, getrocknete Steinpilze aus den Bergen, die ideal für Soßen sind, und ein Stück Spressa an, ein Magerkäse, den es nur in den Valli Giudicarie gibt.

Eine Renette aus dem Val di Non

Die traditionelle Kupferbearbeitung

FEINKOST-SPEZIALITÄTEN

Bar Stelo
Civezzano. *Piazza Santa Maria 12.*
0461 858 535.

Cooperativa Contadini Basso Sarca
Arco. *Via Galas 37.*
0464 518 551.

Frantoio Ivo Bertamini
Arco. *Via Mazzini 12.*
0464 517 229.

Macelleria Pederzolli
Arco. *Via della Croseta 51.*
0464 516 756.

Bottega della Carne
Campitello di Fassa
Piazza Centrale 4.
0462 750 401.

Caseificio Sociale Val di Fiemme
Cavalese.
Ortsteil Carano.
0462 340 284.

Hilde
Cavalese.
Via Bronzetti 3.
0462 340 311.

Cooperativa Agri Novanta
Condino. *Via Regensburger 23.*
0465 686 614.

Caseificio di Folgaria e Costa
Costa. *Via Maffei 269.*
0464 720 763.

Macelleria Cappelletti
Folgaria. *Via Emilio Colpi 1.*
0464 721 109.

Latteria Cooperativa Di Cappella
Lavarone.
0464 783 106.

Caseificio Sociale
Mezzana.
0463 757 282.

Geschmolzener Almkäse, Mosa

Salumeria Felicetti
Moena. *Salita Vajolet 1.*
0462 573 216.

Caseificio Sociale
Predazzo. *Via delle Fiamme Gialle 34.*
0462 501 287.

Fior di Bosco
Predazzo. *Via Garibaldi 7.*
0462 502 454.

Associazione Agraria
Riva del Garda. *Via Lutti 10.*
0464 552 133.

Fratelli Vivaldelli
Riva del Garda.
0464 522 057.

Omezzoli
Riva del Garda. *Via Brione 9.*
0464 551 642.

Macelleria Stifan
Rovereto. *Via Mazzini 3.*
0464 421 263.

Massimo Zenatti
Rovereto.
0464 434 386.

Cooperativa Agri Novanta
Storo.
0465 686 614.

L'Artigiano dei Salumi e Formaggi Trentini
Strembo. *Via Nazionale 31.*
0465 804 666.

Bottega del Formai
Trento. *Via Calepina 33.*
0461 239 174.

Gastronomia Mattei
Trento. *Via Mazzini 46.*
0461 238 053.

Gilli Ezio
Trento. *Via Suffragio 132.*
0461 987 312.

Macelleria e Salumi Postal
Trento. *Via Carducci 30.*
0461 984 636.

Macelleria Ravagni
Trento. *Piazza Duomo 45.*
0461 980 061.

Panificio Sosi
Trento. *Via del Commercio 4.*
0461 822 266.

Azienda Agricola Andrea Paternoster
Vigo di Ton. *Via Castel Thun 6.*
0461 657 582.

Weinhandlungen und Kellereien

La Scaletta
Campitello di Fassa.
0462 750 466.

Cantina d'Isera
Isera. *Via al Ponte 1.*
0464 433 795.

Cantina La Vis
Lavis. *Via del Carmine 7.*
0461 246 325.

G. Sebastiani
Lavis. *Via Clementi 31.*
0461 246 315.

Cantina Rotari
Mezzocorona.
Via del Teroldego 1.
0461 616 300.

Mezzacorona
Mezzocorona.
Via IV Novembre 127.
0461 605 163.

Letrari
Nogaredo. *Palazzo Lodron.*
0464 411 093.

Ca'Vit
Ravina di Trento.
Via del Ponte 31.
0461 381 711.

Gaierhof
Rovere della Luna.
Via IV Novembre 51.
0461 658 514.

Conti Bossi Fedrigotti
Rovereto. *Via Unione 43.*
0464 439 250.

Finarolli Alimentari
Rovereto.
Via Mercerie 7.
0464 434 319.

Ferrari Fratelli Lunelli
Trento. *Via del Ponte 15.*
0461 972 311.

Fässer in der Weinkellerei La Vis

Kunsthandwerk

Artigianato Fiemmese
Cavalese. *Via Chiesa 40.*
0462 231 353.

La Bottega del Legno
Cavalese. *Piazza Battisti 9.*
0462 341 351.

Gemmarium Lapidator
Cavalese. *Percorso Unterberger 22.*
0462 342 662.

Marco Nones
Cavalese. *Via Cavallaia 52.*
0462 230 715.

Il Picchio
Cavalese. *Percorso Unterberger 18.*
0463 422 98.

Raffaele Zancanella
Cavalese. *Via Marmolaia 14.*
0462 317 80.

Artigianato Artistico di V. Tironi
Cembra.
Viale IV Novembre 22.
0461 683 283.

Ervino Franchi
Cloz.
Via Santa Maria 38.
0463 874 542.

Artigianato Trentino
Coredo.
Via Inama 23.
0463 536 144.

Guido Martello
Levico Terme.
Via Marconi 22.
0461 702 334.

Weihnachtliche Schnitzfiguren

La Bottega del Mobile
Pinzolo. *Via Milani 10.*
0465 501 538.

Maga Allegra
Predazzo. *Via IV Novembre 7.*
0462 503 060.

Bottega dei Maestri Cesellatori di Pierino Navarini e Figli
Ravina.
Via Val Gola 22.
0461 923 330.

Arrigo Degasperi
Trento.
Via Fersina 6/1.
0461 916 37.

Artigianato Artistico di Dolores Pedrotti
Trento.
Vicolo Vò 21.
0461 983 571.

CORSO
CORSO

Zu Gast in Südtirol

ÜBERNACHTEN

Wer nach Südtirol fährt, tut es auch, um in einem der Hotels abzusteigen, die diese Region in ganz Europa berühmt gemacht haben. Wenn man einen Urlaub im Alpenschnee plant, ist die Aufnahme im Hotel in allen ihren Details, die einen sich sofort wie zu Hause fühlen lassen, sicherlich ein wichtiges Element bei der Wahl der Unterkunft. Entscheidet man sich für die Nordseite der Dolomiten, so hat man oft die bunten Blütenkaskaden der Geranien im Sinn, die im Sommer die Fassaden der Häuser im Pustertal noch malerischer erscheinen lassen.

Zeichen des Hotels Elephant in Brixen

Eine Berghütte unter den Dolomitengipfeln im Villnößtal

Gastlichkeit

Die Hoteliers Südtirols, Bollwerke der Gastlichkeit, die nicht so sehr italienisch wie äußerst kundenfreundlich ist, sind ihrer Zeit weit voraus, denn es ist ihnen gelungen, ihre Region in eine Gegend zu verwandeln, die für Besucher praktisch keine »tote« Jahreszeit mehr kennt. Sie haben in Italien die Regel eingeführt, dass das Frühstück im Zimmerpreis inbegriffen ist (was nördlich der Alpen schon immer galt). Sie sind die ersten gewesen, die bei längerem Aufenthalt günstige Angebote und Paketlösungen zu Pauschalpreisen (neuerdings sogar »all inclusive«, auch der Skipass) vorgestellt haben. Und sie sind es schließlich, die der Meinung sind, der Aufenthalt des Gastes müsse einen freundlichen und gemütlichen Rahmen haben, am besten in einem typischen Haus der Region. Und so sind alle, die aus den Ferien in Südtirol zurückkommen, vom Service und dem hervorragenden Preis-Leistungs-Verhältnis begeistert, auch wenn man einige Gegenden der Provinz wie z. B. das Grödner Tal und das Gadertal nicht mehr als so günstig wie früher bezeichnen kann.

Wenn es vielleicht schwierig ist, ein Hotel mit kleinem Garten oder einer Garage zu finden, in der man das Auto abstellen kann, damit es niemanden stört, gibt es doch immer mehr Hotels, auch unter denen mit nicht gar so vielen Sternen, die Swimmingpool, Sauna und Fitnesscenter bieten. Ein weiterer positiver Aspekt der Unterkünfte in Südtirol ist ihre Bauart. Manche finden, dass die Häuser ein bisschen uniform sind und allzu sehr dem gängigen Tirol-Klischee entsprechen, aber man muss zugeben, dass sie sich gut in die Gebirgslandschaft einfügen und dass die Gebäude, die das Bild sprengen und die Landschaft verunstalten, sehr selten sind, selbst in der Hauptstadt Bozen, obwohl sie ein Ort des Handels und der Industrie ist. Wenn Südtirol auf dem Gebiet der Hotellerie die Avantgarde gebildet hat, so kann man dasselbe vom Agriturismo (Ferien auf dem Bauernhof) sagen, der in dieser Region durch den Respekt vor der Umwelt und den Naturschutz möglich geworden ist, sei es in von den großen Touristenströmen etwas abseits liegenden Tälern (wie dem Ahrntal oder dem Münstertal), sei es in Gegenden, die schon in der zweiten Hälfte des 19. Jahrhunderts von den ersten fremden Bergsteigern entdeckt worden sind. Diesen steht eine recht große Zahl Berghütten zur Verfügung, und sehr zahlreich sind auch die Campingplätze, die oft so ausgestattet sind, dass sie auch im Winter geöffnet haben. Für alle diese Unterkünfte gilt, dass man sich telefonisch nach der Verfügbarkeit von Plätzen erkundigen muss; ein Rat, der inzwischen fast für das ganze Jahr gilt, auch für einfache Hotels, Pensionen und Ferienwohnungen.

Die gemütliche *Stube* im Hotel Schwarzer Adler in Seis

Hotelauswahl

DIE HOTELUNTERKÜNFTE in Südtirol sind dafür bekannt, dass sie oft sehr viel Deutsches an sich haben, sei es was das Äußere der Häuser, sei es was ihre Gastlichkeit betrifft. Die folgende Tabelle umfasst traditionelle Hotels wie auch Pensionen, Gasthöfe und Gasthäuser. Bei der Auswahl sind nicht nur vorwiegend die typischeren Häuser, sondern auch die in Aussichtslage berücksichtigt worden.

Südtirol

Hotel	Kreditkarten	Restaurant	Terrasse	Wellnesscenter	Kinderfreundlich
SEISER ALM / ALPE DI SIUSI: *Sportbotel Floralpina* €€ Ortsteil Saltria, Via Saltria 50. *0471 727 907.* @ info@floralpina.com Ideal für einen entspannten Urlaub. Das Hotel stellt den Gästen Sportanlagen zur Verfügung. Die Küche bietet auch Diätmenüs. P **Zimmer:** *48.*	MC V AE DC	●	■	●	■
BOZEN / BOLZANO: *Alpin* €€€ Via Alto Adige 35. *0471 970 535.* @ alpi@sudtirol.com Das Hotel in Bahnhofs- und Altstadtnähe bietet sachliche, geräumige Zimmer, Bar, Wäscheservice. Es organisiert Ausflüge. P **Zimmer:** *111*	MC V AE DC	●			■
BOZEN / BOLZANO: *Parkbotel Laurin* €€€€€ Via Laurin 4. *0471 310 000.* @ info@laurin.it Dieses Luxushortel in einem üppigen Park bietet Zimmer mit allem Komfort und Salons mit antiken Möbeln und Gemälden. Sehr gut ist das Restaurant »La Belle Epoque«. P **Zimmer**: *96*	MC V AE DC	●	■		■
PRAGS / BRÀIES: *Erika* €€ Braies di Fuori 66. *0474 748 684.* Das Hotel in ruhiger Aussichtslage bietet auch Anlagen für Wellness und Sport. Aus der Küche kommt schlichte häusliche Kost. P **Zimmer**: *28*	MC V AE DC	●	■	●	■
BRIXEN / BRESSANONE: *Dominik* €€€ Via Terzo di Sotto 13. *0472 830 144.* @ info@hoteldominik.com Anspruchsvolle, gemütliche Atmosphäre, die Zimmer sind geschmackvoll und elegant möbliert. Gutes Standquartier zum Skilaufen oder für schöne Spaziergänge. Hervorragendes Restaurant. P **Zimmer:** *28*	V AE DC	●	■	●	■
BRIXEN / BRESSANONE: *Elephant* €€€ Via Rio Bianco 4. *0472 832 750.* @ elephant.brixen@acs.it Behagliches Hotel in einem Park, mit gutem Restaurant (empfehlenswert der »Piatto dell'Elefante«) und schönem Blick auf die Berge; gepflegte Zimmer mit Parkett oder Teppich. Gratisfahrräder. P **Zimmer:** *44*	V AE DC	●	■	●	■
BRUNECK / BRUNICO: *Petrus* €€ Ortsteil Reischach, Reinthalstr. 11. *0474 548 263.* @ petrus@pass.dnet.it Ein Hotel im typischen Regionalstil, nahe bei den Lifts zum Kronplatz. Aussichtsterrasse mit Tischen und Liegestühlen. Die Zimmer sind gepflegt und mit massiven Kiefernmöbeln ausgestattet. P **Zimmer:** *33*	MC V	●	■	●	■
BRUNECK / BRUNICO: *Royal Hinterhuber* €€€€ Ortsteil Reischach, Riedstr. 1a. *0474 541 000.* @ info@royal-hinterhuber.com Das Hotel inmitten von 10 ha Grün hat gemütliche Zimmer und eine schöne *Stube*. Den Gästen stehen Sport- und Wellnesseinrichtungen zur Verfügung. Zubringer zu den Skianlagen. P **Zimmer:** *55*	MC V	●	■	●	■
BRUNECK / BRUNICO: *Rubner Rudolf* €€€€ Ortsteil Reischach, Reischachstr. 33. *0474 570 570.* @ info@hotel-rudolf.com Exklusiv und freundlich. Das Hotel hat einen Garten und einen Sport- und Wellnessbereich. P **Zimmer:** *37*	MC V AE DC	●	■	●	
FREIENFELD / CAMPO DI TRENS: *Romantik Hotel Stafler* €€€ Via Mules 10. *0472 771 136.* @ stafler@acs.it Faszinierendes Hotel der Romantik-Hotels-Kette in einer ehemaligen Poststation des 13. Jahrhunderts. Schön möblierte Zimmer mit allem Komfort. Sehr geschätzt ist die Küche des Restaurants. P **Zimmer:** *38*	V AE	●			■
KASTELRUTH / CASTELROTTO: *Zum Wolf* €€ Oswald-von-Wolkenstein-Str. 5. *0471 706 332.* @ info@hotelwolf.it Das Gebäude des 16. Jahrhunderts steht im historischen Ortskern. Zimmer mit Spannteppich und Holzmöbeln; angenehme, regionaltypisch möblierte Gesellschaftsräume. Üppiges Frühstücksbüfett. P **Zimmer:** *23*	MC V AE DC	●			

Zeichenerklärung siehe hintere Umschlagklappe

Preiskategorien für ein Doppelzimmer pro Nacht inkl. Frühstück, Steuern und Service:
€ unter 80 Euro
€€ 80–130 Euro
€€€ 130–180 Euro
€€€€ 180–230 Euro
€€€€€ über 230 Euro

KREDITKARTEN
Folgende Kreditkarten werden akzeptiert: *AE* = American Express, *DC* = Diners Club, *MC* = MasterCard, *V* = Visa.

RESTAURANT
Das Hotel hat ein sehr gutes Restaurant, auch für Nicht-Hotelgäste.

TERRASSE
Hotel mit Terrasse und/oder Garten.

WELLNESSCENTER
Das Hotel bietet Fitnesscenter, Sauna, Massagen usw.

KINDERFREUNDLICH
Einrichtungen oder Programme für Kinder.

	Kreditkarten	Restaurant	Terrasse	Wellnesscenter	Kinderfreundlich
KASTELRUTH / CASTELROTTO: *Alpenflora* €€ Oswald-von-Wolkenstein-Str. 32. ☎ *0471 706 326.* @ info@alpenflora.com Familiäre Atmosphäre herrscht in diesem Hotel mit allerbester Küche und schönem Blick auf die Dolomiten. P **Zimmer:** *32*	*V AE*	●	■	●	■
KASTELRUTH / CASTELROTTO: *Cavallino d'Oro* €€ Piazza Krausen. ☎ *0471 706 337.* @ cavallino@cavallino.it Stimmungsvolle Zimmer in einem Haus des 14. Jahrhunderts. Zwei *Stuben* des 17. Jahrhunderts und kostbare antike Möbel. Frühstücksbüfett mit Süßem aus eigener Herstellung, Speck und regionalem Käse. P **Zimmer:** *21*	*MC V AE DC*	●	■	●	■
KOLLFUSCHG / COLFOSCO: *Cappella* €€€€ Strada Pecei 17. ☎ *0471 836 183.* @ info@planac.com Hotel mit Panoramablick und Animation in der Hochsaison. Idealer Ausgangspunkt für Spaziergänge oder Touren mit Fahrrädern, die man in der Nähe des Hotels leihen kann. P **Zimmer:** *36*	*MC V AE DC*	●	■		■
CORVARA: *Royal* €€ Via La Sieia 10. ☎ *0471 836 231.* @ royal@altabadia.it Das Hotel nahe dem Stadtzentrum besitzt einen großen Garten mit Riesen-Schachbrett und bietet Einrichtungen für alle, die sich wieder in Form bringen wollen. P **Zimmer:** *34*		●	■	●	■
CORVARA: *Sassongher* €€€€ Strada Sassongher 45. ☎ *0471 836 085.* @ sassongher@altabadia.it Einen schönen Blick hat man aus den großen Zimmern dieses Hotels, das für Familien mit Kindern geeignet ist. Einrichtungen für die Kinder, Wellnessbereich; auch eine Boutique ist vorhanden. P **Zimmer:** *54*	*MC V*	●	■	●	■
CORVARA: *Romantik-Hotel La Perla* €€€€€ Strada Col Alto 105. ☎ *0471 836 132.* @ la-perla@romantik.de Ein Hotel im Tiroler Stil des 15./16. Jahrhunderts mit Heilwasserzentrum, Önothek, Boutique, Friseur, Bildergalerie. Das Restaurant »La Stua di Michil« bietet eine reichhaltige Karte und über 600 Weine. P **Zimmer:** *52*	*MC V AE*	●	■	●	■
TOBLACH / DOBBIACO: *Alpen Ratsberg* €€ Via Monte Rota 12. ☎ *0474 972 213.* @ info@alpenhotel-ratsberg.com Einen herrlichen Blick hat man aus den Zimmern dieses Hotels, in dem das Wohlbefinden Vorrang hat. Rodelbahn und Eisschießen als winterliche Vergnügungen. P **Zimmer:** *29*	*MC V AE DC*	●	■	●	■
TOBLACH / DOBBIACO: *Gratschwirt* €€ SS 49, Via Grazze 1. ☎ *0474 972 293.* @ info@gratschwirt.com Das typisch Tiroler Hotel in Panoramalage wird aufmerksam und freundlich von der Familie Pircher geführt. Gutes Restaurant mit einer bildschönen *Stube*; regionale Küche, Diät. P **Zimmer:** *20*	*MC V AE DC*	●	■	●	■
TOBLACH / DOBBIACO: *Santer* €€€ Via Alemagna 4. ☎ *0474 972 142.* @ hotel_santer@pass.dnet.it Freundliches Hotel in einem schönen Garten, in dem man sich im Sommer herrlich sonnen kann. Kinder und alle, die sich in Form halten wollen, werden bevorzugt behandelt. P **Zimmer:** *53*		●	■	●	■
VÖLS / FIÈ: *Heubad* €€ Via Sciliar 12. ☎ *0471 725 020.* @ hotel.heubad@dnet.it Nettes Hotel mit großen Zimmern, ideal für alle, die wieder in Form kommen wollen. Üppiges Frühstücksbüfett und sehr gute Küche. P **Zimmer:** *43*	*V*	●	■	●	
VÖLS / FIÈ : *Romantik-Hotel Turm* €€€ Piazza della Chiesa 9. ☎ *0471 725 014.* @ info@hotelturm.it Erst Burg (13. Jahrhundert), später Gericht und Gefängnis, heute ein gemütliches Hotel mit gepflegten Zimmern, im Tiroler Stil bemalten Türen mit schmiedeeisernen Beschlägen und einer Küche für verwöhnte Gaumen. **Zimmer:** *26*	*MC V*	●			

VILLNÖSS / FUNES: *Sporthotel Tyrol* € Santa Maddalena km 5. *0472 840 104.* Das Haus in ruhiger Aussichtslage nahe am Wald hat einen schönen Garten mit allen Bequemlichkeiten. P ≋ **Zimmer:** *28*	*V*	●	■		■
LANA: *Monte San Vigilio* €€ Ortsteil Monte San Vigilio. *0473 561 236.* Dieses herrliche Bergchalet in Familienregie ist nur mit der Seilbahn von Sankt Vigil aus erreichbar. Die Zimmer, alle holzgetäfelt, haben einen grandiosen Blick. Schlichte und unverfälschte Küche. P ≋ **Zimmer:** *29*	*MC V AE DC*	●	■		
STERN / LA VILLA: *La Villa* €€€ Via Boscdaplan 176. *0471 847 035.* lavilla@altabadia.it Eine Frühstückspension mit allem Komfort eines Hotels: Man kann Bowling und Boccia und Schach auf dem Riesenbrett im Garten spielen. Sport- und Fitnesseinrichtungen. P **Zimmer:** *27*	*MC V AE DC*	●	■	●	■
MARLING / MARLENGO: *Oberwirt* €€€ Via San Felice 2. *0473 447 111.* oberwirt@dnet.it Sehr schönes Tirolerhaus des 19. Jahrhunderts kurz vor Meran. Sehr gemütliche Zimmer, vor allem das im Turm mit einem großen Aussichtsbalkon. Elegantes Restaurant mit exzellenter regionaler Küche. P ≋ **Zimmer:** *45*	*MC V AE DC*	●	■		
MERAN / MERANO: *Castel Labers* €€€€ Via Labers 25. *0473 234 484.* Die Burg des 13. Jahrhunderts in den Weinbergen am Rande von Meran bietet aus ihren Zimmern einen hinreißenden Blick auf die Stadt. Sehr umsichtige Leitung und freundliches Personal. P ≋ **Zimmer:** *32*	*MC V AE DC*	●	■		■
MISSIAN / MISSIANO: *Schloss Korb* €€€ Via Castello Appiano Alto 5. *0471 636 000.* Das Haus in zauberhafter Lage inmitten von Weinbergen und Obstgärten hat einen stupenden Blick auf Bozen und die Dolomiten. Raffinierte Küche aus Produkten der Region. Zwei Tennisplätze für Gäste. P ≋ **Zimmer:** *56*	*MC V AE DC*	●	■		■
WELSCHNOFEN / NOVA LEVANTE: *Angelo Hotel Engel* €€€ Via San Valentino 3. *0471 613 131.* hotel.engel@acs.it Ein Salon mit großem Kamin empfängt die Gäste. Es gibt eine *Stube* mit Bar und ein sehr gutes Restaurant. Gepflegte Zimmer. Fitnessräume, Tennisplätze, Golf und Mountainbiking. P ≋ **Zimmer:** *70*	*MC V*	●	■	●	■
SANKT ULRICH / ORTISEI: *Uhrerhof Deur* €€ Ortsteil Pufels. *0471 797 335.* In der Stille oberhalb von St. Ulrich bietet dieses typische Tirolerhaus einen grandiosen Blick auf die Dolomiten; Zimmer und Gemeinschaftsräume im traditionellen Stil. Restaurant mit regionaler Küche. P **Zimmer:** *10*	*MC V AE DC*	●	■		
SANKT ULRICH / ORTISEI: *Classic Am Stetteneck* €€€ Via Rezia 14. *0471 796 563.* hotel.stettenech@dnet.it Gemütliche Zimmer mit Parkettböden und sachlichen Möbeln. Schöner Garten mit Liegestühlen und Sonnenliegen. Es gibt die Möglichkeit, gratis an den von der Bergschule organisierten Exkursionen teilzunehmen. P **Zimmer:** *25*	*V*	●	■		■
SANKT ULRICH / ORTISEI: *Adler* €€€€ Via Rezia 7. *0471 775 000.* info@hotel-adler.com Seit 1810 bürgt die Familie Sanoner für eine Gastlichkeit der Sonderklasse: große Zimmer, beste Küche, Wellnessbereich im »Mondo delle Acque Aguana« und ein 9000 m² großer Park. Touren mit Bergführer, im Winter auch auf Ski. P ≋ **Zimmer:** *100*	*V AE*	●	■	●	■
RASEN ANTHOLZ / RASUN ANTERSELVA: *Ansitz Heufler Hotel* €€ Ortsteil Oberrasen. *0474 496 288.* Kleines, perfekt erhaltenes mittelalterliches Schloss mit sehr gut möblierten Zimmern, die sich den Zauber der Zeit erhalten haben. In den gemütlichen Räumen findet man alte Rüstungen und Fresken. P **Zimmer:** *8*	*MC V AE DC*	●	■		■
RADEIN / REDAGNO: *Berghotel Zum Zirmerhof* €€ Oberadein 59. *0471 887 215.* Altes Bauernhaus auf den Almen zwischen dem Naturpark Monte Corno und Obereggen. Es atmet einen einzigartigen Zauber auch dank einer *Stube* in dunklem Holz aus dem 19. Jahrhundert, einer kleinen Bibliothek mit Kamin und südtirolerisch eingerichteten Zimmern. P ≋ **Zimmer:** *32*	*MC V AE DC*	●	■		■

Zeichenerklärung siehe hintere Umschlagklappe

Preiskategorien für ein Doppelzimmer pro Nacht inkl. Frühstück, Steuern und Service:
€ unter 80 Euro
€€ 80–130 Euro
€€€ 130–180 Euro
€€€€ 180–230 Euro
€€€€€ über 230 Euro

Kreditkarten
Folgende Kreditkarten werden akzeptiert: *AE* = American Express, *DC* = Diners Club, *MC* = MasterCard, *V* = Visa.

Restaurant
Das Hotel hat ein sehr gutes Restaurant, auch für Nicht-Hotelgäste.

Terrasse
Hotel mit Terrasse und/oder Garten.

Wellnesscenter
Das Hotel bietet Fitnesscenter, Sauna, Massagen usw.

Kinderfreundlich
Einrichtungen oder Programme für Kinder.

	Kreditkarten	Restaurant	Terrasse	Wellnesscenter	Kinderfreundlich
Mühlbach / Rio di Pusteria: *Huber* €€ Via Valles 38. ☎ *0472 547 186.* @ hotelhuber@d.net Ein schöner Kamin empfängt die Gäste im geräumigen Salon dieses Hotels in Familienregie. Unmittelbar an den Skipisten gelegen, ist das Haus im Sommer Ausgangspunkt angenehmer Ausflüge ins Tal; Spaziergänge in die Natur werden organisiert. P **Zimmer:** *34*	*MC V AE DC*	●	■	●	■
Innichen / San Candido: *Cavallino Bianco* €€€ Via Duca Tassilo 1. ☎ *0474 913 135.* @ cavallino.bianco@dnet.it Das Hotel, seit der Mitte des 18. Jahrhunderts in Familienregie, hat viele Sporteinrichtungen, so für Bowling, Pingpong und Billard. In der Schenke von 1609 ein renommiertes Restaurant mit Kamin und *Stube.* P **Zimmer:** *56*	*MC V AE DC*	●	■	●	■
Innichen / San Candido: *Orso Grigio* €€€ Via P. P. Rainer 2. ☎ *0474 913 115.* @ info@orsohotel.it Kleines, altes Hotel im Ortszentrum, das sich seinen Zauber der Vergangenheit erhalten hat. Antike Möbel, Biedermeierstühle und -tische und eine schöne Standuhr schmücken das Lesezimmer. Gutes Restaurant. P **Zimmer:** *24*	*MC V AE DC*	●	■	●	■
Innichen / San Candido: *Parkhotel Sole Paradiso* €€€€ Via Sesto 13. ☎ *0474 913 120.* @ parkhotel@sole-paradiso.com Bezauberndes Chalet in einem behutsam umgebauten Bauernhaus des 19. Jahrhunderts in einem dichten Nadelwald. Ideal, um sich wieder in Form zu bringen. P **Zimmer:** *43*	*MC V AE*	●	■	●	■
Innichen / San Candido: *Posthotel & Residence* €€€ Via Sesto 1. ☎ *0474 913 133.* @ posthotel@dnet.it Ein Familienbetrieb, geeignet für die ganze Familie. Auf regionale Küche spezialisiertes Restaurant, *Stube*, Pianobar. P **Zimmer:** *48*	*V AE*	●	■	●	■
Innichen / San Candido: *Schmieder* €€€ Via Duca Tassilo 16. ☎ *0474 913 144.* @ hotel.schmieder@dnet.it Angenehme Zimmer, Gästebibliothek und Teestube im Jugendstil. Und zum Tee: Sachertorte und Apfelstrudel. P **Zimmer:** *25*	*V*	●	■		■
Sankt Kassian / San Cassiano: *Ciasa Salares* €€€€ Via PreDevi 31. ☎ *0471 849 445.* @ salares@sinolagroup.it Eine elegante Berghütte in der Nähe des Naturparks Fanes-Sennes-Prags mit großem Garten zum Ausruhen und Sonnen. Zahlreich die Möglichkeiten, Sport zu treiben, z. B. Boccia und Mountainbike. P **Zimmer:** *493*	*MC V AE DC*	●	■	●	■
Sankt Kassian / San Cassiano: *Rosa Alpina* €€€ Via Centro 61. ☎ *0471 849 500.* @ info@rosalpina.it Das Hotel bietet jeden Komfort für die Körperpflege, den Sport (u.a. Billardzimmer und Golfplatz) und die Kleinsten; schöne *Stube.* Typische Küche mit einem einladenden, reichhaltigen Salatbüfett. P **Zimmer:** *53*	*MC V AE DC*	●	■	●	■
Sankt Kassian / San Cassiano: *Armentarola* €€€€ Via Armentarola 78. ☎ *0471 849 522.* @ info@armentarola.com Ideal für alle, die Sport im Freien lieben: Reiten, Tennis, Fahrradverleih, Golf, Wanderungen und Skilaufen. Sehr gepflegte Küche. P **Zimmer:** *52*	*MC V AE DC*	●	■	●	■
Sankt Martin / San Martino: *Putia* € Untermoi/Antermoia. ☎ *0474 520 114.* @ info@putia.com Ein neues Hotel mit einem großen Raum, in dem der Kamin behagliche Atmosphäre schafft. Moderne Zimmer mit Bergblick. Viele Einrichtungen zum Entspannen. P **Zimmer:** *22*	*V AE*	●	■		■
Sankt Vigil / San Vigilio: *Almhof Hotel Call* €€€ Via Plazores 8. ☎ *0474 501 043.* @ info@almhof-call.com Wunderschönes Chalet mit diversen Services: von Ausritten auf Islandponys bis zur Vitaminbar für einen kleinen Imbiss. Ideal für Ferien im Zeichen der Wellness. P **Zimmer:** *33*	*V*	●	■	●	■

Sankt Vigil / San Vigilio: €€€
Monte Sella
Via al Plan 110. ☎ *0474 501 034.* @ info@monte-sella.com
Jugendstilhotel mit äußerst geschmackvoller Einrichtung und großen Räumen. Küche mit den Düften des Kräutergartens, und das Bad hilft, wieder in Form zu kommen. P **Zimmer:** *30*
MC V | ● | ■ | ● | ■

Sankt Christina / Santa Cristina: €€€
Sporthotel Diamant
Via J. Skasa 1. ☎ *0471 796 780.* @ hotel-diamant@val-gardena.com
Zu dem Hotel für die ganze Familie gehört das Vital Center Dona Dindia, wo man Heu- und Moorbäder, Aromatherapie und andere Kuren ausprobieren kann, um wieder in Form zu kommen. P ≋ **Zimmer:** *38*
V | ● | | |

Wolkenstein / Selva: €€€€€
Alpenroyal Sporthotel
Via Mëisules 43. ☎ *0471 795 178.* @ info@alpenroyal.com
Das Hotel in einem 15 000 m² großen Park bietet zur Pflege des Körpers eine Wiese mit Sonnenliegen und einen Golfplatz mit Lehrer. Gepflegte Zimmer, fast alle mit Balkon. P ≋ **Zimmer:** *39*
MC V | ● | ■ | ● | ■

Sexten / Sesto: *Passo Monte Croce* €€
Via San Giuseppe 55. ☎ *0474 710 328.* @ kreuzbergpass@acomedia.it
Das von Wiesen und Bergen umgebene Hotel hat im Winter eine Skischule und die Pisten praktisch vor der Tür; im Sommer Golf- und Tennisplatz. Die Küche des Restaurants ist erstklassig. P ≋ **Zimmer:** *55*
MC V AE DC | ● | ■ | ● | ■

Sexten / Sesto: *Berghotel Tirol* €€€
Ortsteil Moos, Via Monte Elmo 10. ☎ *0474 710 386.* @ info@berghotel.com
Ein gemütliches Hotel mit geschmackvoll eingerichteten großen Zimmern. Das Restaurant ist nur für die Hotelgäste da. P **Zimmer:** *36*
| | ■ | ● | ■

Sexten / Sesto: *Rainer* €€
Ortsteil Moos, Via San Giuseppe 40. ☎ *0474 710 366.* @ info@hotelrainer.com
Prickelnd-kühle Luft, der Blick auf die Dolomiten und die Gastlichkeit der Familie Rainer kennzeichnen die Atmosphäre des Hotels direkt an den Sommerskipisten, das Ausgangspunkt von Touren und Spaziergängen ist. Brotbackkurse. P ≋ **Zimmer:** *49*
V | ● | ■ | ● | ■

Sexten / Sesto: *Sport & Kurthotel Bad Moos* €€€
Ortsteil Moos, Via Val Fiscalina 27. ☎ *0474 713 100.* @ badmoos@dnet.it
Das Hotel ist von 1765, d. h. aus der Zeit, als die Thermalquelle von Bad Moos entdeckt wurde. Vollkommen umgebaut bietet es heute Therapien aller Art zur Pflege des Körpers. Renommierte Küche. P ≋ **Zimmer:** *70*
MC V | ● | ■ | | ■

Seis / Siusi: *Florian* €€
Via Ibsen 17. ☎ *0471 706 137.*
Hotel im Tirolerstil mit großem Garten voller Apfelbäume und einem Weiher. Die Zimmer sind ganz aus Holz und haben einen kleinen Balkon mit Blumen. Gute Küche. P ≋ **Zimmer:** *30*
MC V AE DC | ● | ■ | ● | ■

Seis / Siusi: *Bad Ratzes* €€€
Via Ratzes 29. ☎ *0471 706 131.* @ info@badratzes.it
Eine Oase der Ruhe mit Wiesen und Wäldern umgibt das Hotel, in dem Kinder sehr willkommen sind. Gepflegte Küche. P ≋ **Zimmer:** *43*
MC V | ● | ■ | ● | ■

Seis / Siusi: *Schwarzer Adler - Aquila Nera* €€€
Via Laurin 7. ☎ *0471 706 146.*
Hotel in Familienregie im Zentrum von Seis mit einer gemütlichen *Stube* zum Lesen und Sich-unterhalten. Gute Zimmer mit allem Komfort, fast alle mit Balkon. Die Südtiroler und italienischen Spezialitäten, die der Wirt persönlich zubereitet, sollte man sich nicht entgehen lassen. P ≋ **Zimmer:** *22*
MC V AE DC | ● | ■ | ● |

Tiers / Tires: *Cyprianerhof* €€€
Via San Cipriano 88a. ☎ *0471 642 143.* @ hotel@cyprianerhof.com
Ein kleines Juwel ist dieses Hotel mit nur wenigen schönen, gemütlichen Zimmern, in die der Duft des nahen Waldes weht; der Blick von der Terrasse auf den Rosengarten ist atemberaubend. Der Wellnessbereich stellt alle Wünsche zufrieden. Frühstücksbüfett. P **Zimmer:** *15*
MC V | ● | ■ | ● | ■

Sterzing / Vipiteno: *Gasteigerhof* €€
Ortsteil Gasteig, Via Passo Giovo 52. ☎ *0472 779 090.*
Typisches Chalet mit Holztäfelungen und entsprechender Möblierung. Die Zimmer sind freundlich und groß. Gut und gepflegt die Restaurantküche. Viele Möglichkeiten für Sport und Wellness. P ≋ **Zimmer:** *30*
V | ● | ■ | | ■

Zeichenerklärung siehe hintere Umschlagklappe

Spezialitäten Südtirols

Speck und Löwenzahn als Antipasto

ANDERS ALS die trentinische Küche ist die Südtirols »deutscher«, d. h. in diesem Fall österreichischer: Der starke italienische Einfluss in der südlicheren Provinz ist hier kaum zu spüren. Deutsche Reisende werden Vertrautes finden: Kartoffeln statt Polenta, Bier statt Wein usw., aber die starke österreichische Mehlspeisenkomponente (Knödel, Nudeln) tritt hinzu. Tiroler Bauernspeck, Apfelstrudel und Pilze haben beide Provinzen gemeinsam. Und der Wein, der hier wächst, wird natürlich auch getrunken: Das sind zum Teil recht berühmte Weine, die entlang der Südtiroler Weinstraße wachsen, wie z. B. Traminer, Kalterer, weißer Pinot und Blauburgunder.

Österreichisches Erbe

IN DIESER NÖRDLICHSTEN Provinz Italiens, dem ewigen Grenzland zwischen der nordischen deutschen und der mediterranen Welt, ist eigentlich so gut wie nichts mehr italienisch – sehr zur Verwirrung der aus dem Süden anreisenden Italiener, die sich oft den Gaumen an den Gerichten verrenken und die Zunge zerbrechen, wenn sie deren Namen auszusprechen versuchen. So heimisch wie Deutsche sich hier fühlen, so fremd fühlen sich oft Italiener in ihrem eigenen Land.

Die Vorgerichte

KNÖDEL GIBT es in Südtirol natürlich in sehr viel mehr Varianten als im Trentino (die trentinischen *canederli siehe S. 176*); und auch die Deutschen staunen über diese Vielfalt. Hier verknetet die Hausfrau das altbackene Brot, das in warmem Wasser oder in Brühe eingeweicht wird, sehr sorgfältig mit Dingen, die von anderen Gerichten übrig geblieben sind, so dass kaum jemals gleich schmeckende Knödel dabei herauskommen. Und so ist es auch in den Restaurants, die je nach Verfügbarkeit auf dem Markt und je nach Jahreszeit verschiedenste Gemüse oder Speckwürfel untermischen. Tausendfach sind auch die Varianten einer anderen typischen Südtiroler Vorspeise, der Schlutzkrapfen, fleischlosen Teigtaschen, in denen der traditionelle Spinat ersetzt werden kann durch Rüben, Mangold oder Wirsing. Etwas Ähnliches geschieht auf dem Gebiet der Suppen, die aus verschiedenen Gemüsen oder nur aus einer einzigen Zutat in Kräuterform, auf der Basis von Fleisch oder mit dem leicht rauchigen Geschmack des Südtiroler Bauernspecks, der mitgekocht wurde, aus Graupen oder einfach nur aus Fleischbrühe mit gerösteten Brotwürfeln bestehen können. Und fast immer werden die Suppen mit einem Schuss Sahne ein wenig eingedickt. Südtiroler Kochbücher sind übrigens beliebte Souvenirs …

Grüne Gnocchi

Knödel aus Ziegenricotta auf Spinatcreme

Steinpilzauflauf

Hauptgerichte und Beilagen

AUCH BEI DEN Hauptgerichten, die dem Gast in Südtirol als typische Spezialitäten serviert werden, ist er Österreich viel näher als Italien. Im Vinschgau und im Pustertal zum Beispiel wird Wild mit vielen Gewürzen geschmort und – ganz unitalienisch – mit einer Marmelade (Himbeeren, Johannis- oder Preiselbeeren) serviert, weil die Liebe zu Süßsaurem für diese Region typisch ist. Ein anderes Indiz für die österreichische Herkunft der Südtiroler Küche ist die reichliche Verwendung von Schweinefleisch: Weltberühmt und wirklich sehr gut ist die Schweinshaxe, die am Ufer der Eisack mit Weiß- und Rotkohl, Salzkartoffeln und viel Soße auf den Tisch kommt; ebenso berühmt sind die feinen oder groben Schweinswürste (ein »Bauernschmaus« verlangt neben einem Rippenstück Leber- und Blutwürste); sehr verbreitet ist der so genannte Bauernbraten aus Schweineschulter und -rippen mit Knoblauch und verschiedenen Gewürzen. Der Grund liegt darin, dass früher anderes Fleisch teuer war und nur Reiche es sich leisten konnten; daran erinnern das Herrengröstl – ein Pfannengericht, das aus einem halben Kilo geschnetzel-

Rehlende in Speckhülle auf Wirsing mit Nelkenpfeffer

tem, mit Butter, Zwiebel, Majoran, Knoblauch und Lorbeer gebratenem Kalbfleisch besteht, das mit der gleichen Menge Bratkartofffeln gemischt wird – und das einfachere Bauerngröstl (das statt dessen aus Bratenresten oder Schweinefleisch zubereitet wird). An Gemüsen sind für Südtirol nur die Sorten typisch, die auch im Gebirge wachsen: Weiß- und Rotkohl, Wirsing und vor allem Kartoffeln, die es hier erst seit dem 18. Jahrhundert gibt, die sich aber als ideale Beilage und würdiger Ersatz für das Brot voll durchgesetzt haben.

Obst- und Cremetorten wechseln sich mit einfacherem Gebäck ab

Brot, Gebäck & Süsses

Auch beim Brot zeigt sich deutlich der deutsch-österreichische Einfluss in Südtirol: Es gibt Brot in einer für Italiener völlig ungewohnten Vielfalt, was Formen, Qualität und Zutaten betrifft: Vollkornbrot, Weißbrot, Roggenbrot – das am besten zu Tiroler Speck passt – liegen in den Bäckereien im Regal neben Brot mit Nüssen, mit Rosinen und allen nur denkbaren Samen und Körnern. Brot ist in Südtirol etwas anderes und mehr als nur eine einfache Zutat wie im übrigen Italien, und so kommt es zum Beispiel normalerweise nur mit etwas Butter noch vor der Vorspeise auf den Tisch und wird fast nie zum Auftunken der Soße gebraucht (wofür ja die Kartoffeln oder Knödel da sind). Was die Knödel angeht, so gibt es hier auch die süße Variante, die oft anstelle des Strudels als Nachtisch serviert wird; in diesem Fall werden der Speck und die salzigen Zutaten duch Zucker und Früchte ersetzt. Etwas würzigere Aromen kennzeichnen neben dem Strudel (in Südtirol verlangt das Rezept außer Zimt ausdrücklich Mohn) den »Scheiterhaufen« (ein Kuchen aus altbackenem Weißbrot, Äpfeln, Mandeln, Zimt und Zitronenschale), während der Brotpudding aus etwa denselben Zutaten im Wasserbad gegart wird. Aus Eiern, Milch, Mehl, Zucker, Sultaninen und Butter besteht der Kaiserschmarrn – der Legende nach handelte es sich ursprünglich um einen missglückten Pfannkuchen am Kaiserhof in Wien. Wenn die traditionellen Süßspeisen und Kuchen eher zur Einfachheit neigen, kann sich die moderne Konditorkunst in Südtirol gar nicht genug tun an Cremes und Obst, Schokolade und Sahne, womit sie erneut die Prunkgelage des habsburgischen Kaiserreichs heraufbeschwört.

Die große Brotvielfalt im Ultental

Schnäpse und andere Alkoholika sind oft aus Früchten destilliert

Weine und Schnäpse

Gewürztraminer ist ein aromatischer Traminer, als Weißburgunder wird im Deutschen der Pinot bianco bezeichnet und als Blauburgunder der Pinot nero. Zu den verbreiteteren Rebsorten insbesondere der Berge im Eisacktal zählt außerdem der Silvaner, den auch das Kloster Neustift *(siehe S. 142f)* produziert und verkauft. Auf dem Gebiet des Weinbaus sind denn auch die Unterschiede zwischen Südtirol und dem Trentino weniger deutlich. Oft wechseln die Namen, aber die Rebsorten sind immer dieselben, obgleich nur Südtirol sich – nach dem Vorbild der deutschen und elsässischen Weinstraße – einer entsprechenden Strecke rühmt, die im Überetsch zur Entdeckung der Weinkellereien einlädt. Doch einen Unterschied in der Weinherstellung gibt es zwischen den beiden Provinzen: Es ist die deutliche Vorliebe für würzige, aromatische Weine, die Südtirol kennzeichnet, vielleicht wegen der direkten Konkurrenz des Biers (dem Südtiroler Nationalgetränk). Liebhaber von Schnäpsen und anderen »geistigen« Getränken werden trockene und süße, auch sehr hochprozentige Brände und viele Obstgeiste entdecken, die nicht selten eisgekühlt serviert werden, um ihr Aroma zusätzlich zu steigern.

Silvaner des Klosters Neustift

Restaurants

Die erste Mahlzeit des Tages in Südtirol wird im Frühstücksraum des Hotels oder der Pension eingenommen. Dann, nach einem Imbiss am Vormittag, um die auf der Skipiste verbrauchte Energie aufzutanken, ist die wichtigste Mahlzeit des Tages das Mittagessen in einem Restaurant oder Gasthof. Etwa um 15 Uhr kommt der Moment für eine Tasse Tee oder Kaffee und ein schönes Stück Torte. Ab 18.30 Uhr beginnt man, ans Abendessen zu denken, das nur in den Fremdenverkehrsorten erst nach 21.30 Uhr serviert wird.

L'Orso Grigio in Innichen

Der freundliche Empfang im Hotel Erica

Zu Tisch in Südtirol

Diese Rhythmen im Bewusstsein zu behalten, fällt deutschen Besuchern im Gegensatz zu vielen Italienern nicht schwer, denn sie stimmen mehr oder weniger mit denen zu Hause überein. Das Frühstück, das man in vielen Hotels schon morgens ab 6.30 Uhr bekommen kann, ähnelt im großen und ganzen dem deutscher Hotels: Auf dem Büfett stehen Wurst- und Käseplatten, verschiedene Sorten Joghurt, Getreideflocken jeder Art, Obst, Marmeladen und Kompotts, Honig und mehrererlei Brotsorten, um die anspruchsvollsten Wünsche der Gäste zufrieden zu stellen, die sich so oft bedienen können, wie sie wollen. Das wissen die Skiläufer im Winter und die Wanderer im Sommer besonders zu schätzen, denn so können sie die Energie tanken, die sie auf den Pisten oder auf den Wanderwegen benötigen.

Man glaubt es kaum, dass nach einem so reichhaltigen Frühstück die Lust auf einen Imbiss am Vormittag aufkommen kann; doch in den Bäckereien drängen sich die Leute, um sich eine Laugenbrezel zu kaufen, den idealen Begleiter zu einem Glas Bier. Für die Hauptmahlzeit, die gewöhnlich um die Mittagsstunde stattfindet, kann man zwischen Restaurants, die mit Sternen, Gabeln oder Kochmützen prämiert sind, und kleinen Gaststätten oder Lokalen wählen. In jedem Fall wird so sorgfältig gekocht, dass man selten enttäuscht wird, auch nicht vom Preis-Leistungs-Verhältnis.

Nicht nur die Aufmerksamkeit gegenüber den Fremden hat dazu geführt, dass die Küche immer gepflegt ist und oft die traditionellen Rezepte respektiert. In Südtirol hat man die Modernität den Pizzerien und Fastfood-Läden überlassen, die sich inzwischen ziemlich ausgebreitet haben, auch in den Dolomitendörfern. Wer nur ein Stück – warmen! – Apfelstrudel mit Schlagsahne und dem unvermeidlichen Vanilleeis essen oder sich ein Stück Sachertorte oder eine »Bavarese« genannte Sahneschnitte genehmigen will, muss nur dorthin gehen, wo sich die Bewohner des Ortes am frühen Nachmittag versammeln: in eine Konditorei, wo eine Tasse Tee und die Leckereien des Hauses sich perfekt ergänzen. Die Südtiroler Portionen sind auch hier nicht kleiner als bei einem typischen Essen. Denn da es den Begriff der Vorspeise praktisch nicht gibt, beginnt man in Südtirol das Essen oft mit einem Salat und nimmt danach das Hauptgericht ein, das immer sehr reichlich ist. Danach lassen sich nur noch die »Mutigen« zu einem der Desserts überreden, die ebenfalls recht üppig sind.

Der Speisesaal im Hotel Turm in Völs

Restaurantauswahl

Auch im Bereich der Gastronomie treten die österreichischen Wurzeln Südtirols deutlich zutage: Der Rhythmus der Mahlzeiten ist eher deutsch, die Portionen sind sehr reichlich, und die Lokale selbst sehen sehr viel deutscher als italienisch aus, wenn sie neben dem üblichen Speiseraum die völlig aus Holz bestehende *Stube* haben. Die Unternehmen der folgenden Liste wurden auch nach der Besonderheit ihrer Lage ausgewählt.

Südtirol

Aldein / Aldino: *Krone* €€
Piazza Principale 4. ☎ *0471 886 825.*
Altes Hotel am Hauptplatz des Ortes, in dem man die wahre Südtiroler Küche kosten kann: Schlutzkrapfen, Knödel mit zerlassener Butter und Speck, Gröstl, Kalbskopf Bäuerinnen-Art und einen fantastischen Strudel. In den Felsen gegrabener Weinkeller. ● *Nov, Apr; Mo.* **Plätze:** *60*

Eppan / Appiano: *Zur Rose* €€€
Via Josef Innerhofer 2. ☎ *0471 662 249.*
In dem an der Weinstraße gelegenen Landhaus aus dem Jahr 1200 bietet Herbert Hintner eine der interessantesten Küchen Südtirols.
● *Juli; So, Mo mittags.* **Plätze:** *50*

Bozen / Bolzano: *Gummer* €€
Via Weggenstein 36. ☎ *0471 970 280.*
Das klassische Brett mit Speck und Tiroler Gürkchen, dazu ein gutes Glas Gewürztraminer oder Blauburgunder. ● *Sa abends, So.*

Bozen / Bolzano: *Vögele* €€
Goethestr. 3. ☎ *0471 973 938.*
In einem hübschen Winkel der Altstadt nahe dem Obstmarkt Gerichte der Südtiroler Tradition: Knödel, Gulaschsuppe, Selchfleisch, Kalbskopf, Apfelstrudel. ● *Juli; Sa abends, So.* **Plätze:** *60.*

Brixen / Bressanone: *Cavallino d'Oro* €
Via Brennero 3. ☎ *0472 835 152.* @ hotelgold.roessl@dnet.it
Man kann wählen zwischen schmackhaften Pizzen aus dem Holzofen oder raffinierten Gerichten der Tiroler Küche. ● *Mi.* **Plätze:** *120.*

Brixen / Bressanone: *Dominik* €€
Via Terzo di Sotto 13. ☎ *0472 830 144.*
Das Restaurant in einem wunderschönen Park bietet eine Küche, die auf den Düften der Region basiert, von den Vorgerichten bis zu den Desserts.
● *Jan–März; Di.* **Plätze:** *110.*

Brixen / Bressanone: *Fink* €€
Kleine Lauben 4. ☎ *0472 834 883.*
Das Restaurant unter den Laubengängen der Altstadt bietet Tiroler Vorspeisen, Hirschkoteletts und als Dessert gebackene Apfelringe. Weine kann man auch glasweise bestellen. ● *Feb; Di abends, Mi.* **Plätze:** *100.*

Brixen / Bressanone: *Orso Grigio* €
Via Mercato Vecchio 27. ☎ *0472 836 472.* @ grauer_baer@hotmail.com
Das Restaurant im Zentrum von Brixen bietet alle Spezialitäten der Tiroler Küche wie Knödel, Hirschschinken, Gulasch, Strudel, aber auch einige italienische Gerichte. ● *Mitte Nov–25. Dez; Di.* **Plätze:** *80.*

Brixen / Bressanone: *Oste Scuro* €€
Vicolo del Duomo 3. ☎ *0472 835 343.* @ info@finsterwirt.com
1870 war es eine rustikale Weinschenke. Heute ist es ein gehobenes Restaurant, das Speckknödel, geräucherte Forellenfilets und Schlutzkrapfen mit Schnittlauchbutter bietet. ● *3 Wochen im Jan; So abends, Mo.* **Plätze:** *80.*

Bruneck / Brunico: *Gasthof Langgenhof* €€
Ortsteil Stegen, Via San Nicolò 11. ☎ *0474 553 154.* @ hotel@langgenhof.com
Ein modernes, sehr einfaches Lokal, ideal, um die echte Küche des Pustertals kennenzulernen. Empfehlenswert der »Räucherteller« mit Speck, Bündner Fleisch und Hirschschinken und die Ravioli mit Schnittlauch aus dem Pustertal.
● *Juni; Mo.* **Plätze:** *60.*

	Kreditkarten	Kindermenü	Degustationsmenü	Tagesmenü	Aussicht
Aldein: Krone	V AE	●	■	●	■
Eppan: Zur Rose	MC V AE DC	●	■	●	■
Bozen: Gummer	MC V AE DC		■	●	
Bozen: Vögele	V				
Brixen: Cavallino d'Oro	V		■	●	
Brixen: Dominik	MC V AE DC		■	●	
Brixen: Fink	MC V	●			
Brixen: Orso Grigio				●	
Brixen: Oste Scuro	MC V AE DC		■		■
Bruneck: Gasthof Langgenhof	MC V AE			●	■

Preiskategorien für ein Drei-Gänge-Menü mit einer halben Flasche Wein, Steuern, Service.
€ unter 25 Euro
€€ 25–35 Euro
€€€ 35–44 Euro
€€€€ 44–50 Euro
€€€€€ über 50 Euro

KREDITKARTEN
Folgende Kreditkarten werden akzeptiert: *AE* = American Express, *DC* = Diners Club, *MC* = MasterCard, *V* = Visa.

KINDERMENÜ
Auf Wunsch kleine Portionen.

DEGUSTATIONSMENÜ
Auswahlmenü lokaler Gerichte und regionaler Weine.

TAGESMENÜ
Einfaches Menü zum Fixpreis.

AUSSICHT
Restaurant mit besonders schöner Aussicht.

	KREDITKARTEN	KINDERMENÜ	DEGUSTATIONSMENÜ	TAGESMENÜ	AUSSICHT
BRUNECK / BRUNICO: *Gasthof Oberraut* €€ Ortsteil Ameto, Via Ameto 1. *0474 559 977.* @ gasthofoberraut@dnet.it Das Restaurant mitten im Wald bietet ausgefeilte, bisweilen raffinierte Gerichte: Ravioli mit Kartoffel-Ricotta-Füllung, Käseauswahl, originelle Süßspeisen. *15. Jan–5. Feb, 15.–30. Juni; Do.* **Plätze:** *45.*	*MC V AE DC*		■	●	■
BRUNECK / BRUNICO: *Rudolf Niederkofler* €€ Ortsteil Reischach, Reischachstr. 33. *0474 570 570.* @ info@hotel-rudolf.com Schlösschen nahe am Ort, wo man köstliche Wurst- und Käseplatten serviert, die man mit bestem Wein oder Bier begießen kann. *Apr, Nov.* **Plätze:** *80.*	*MC V AE DC*	●	■	●	■
KOLLFUSCHG / COLFOSCO: *Cappella* €€€ Via Pecei 17. *0471 836 183.* @ cappella@altabadia.it Typische Gerichte in diesem kleinen Lokal: Carpaccio vom geräucherten Schweinsrücken mit Schnittlauchknödeln und Himbeervinaigrette, Sellerie-Rüben-Gemüse mit Rehgulasch, selbst gemachtes Honigeis. *Apr–Mai, Okt–Nov.* **Plätze:** *30.*	*MC V AE DC*	●	■	●	■
CORVARA: *La Stua di Michil* €€€€ Strada Col Alt 105. *0471 836 132.* Warme, angenehme Atmosphäre mit Kerzenlicht auf den Tischen und einer originalen *Stube* des 16./17. Jahrhunderts. Typisch ladinische Küche. *Apr–Anfang Dez; Mo, immer mittags.* **Plätze:** *27.*	*V AE*		■	●	
TOBLACH / DOBBIACO: *Frieda* €€ Via Alemagna 14. *0474 972 553.* Rustikales Restaurant mit Blick auf den Toblacher See, ideal zum Probieren von Südtiroler Gerichten: Bandnudeln mit Wildragout, Knödel, Graupensuppe, gebackene Apfelringe. *16.–24. Juni, 10.–24. Dez; Mi.* **Plätze:** *60.*	*MC V AE DC*	●			■
TOBLACH / DOBBIACO: *Gustav Mahler Stube* €€€ Via Carbonin Vecchia 3. *0474 972 347.* @ gustav-mahler-stube@dobbiaco.it Das holzgetäfelte, geschmackvoll eingerichtete Restaurant bietet Tiroler Küche und Wild. Hit ist der Rehrücken mit Steinpilzen und mindestens fünf Beilagen. *Nov, Juni; Do.* **Plätze:** *60.*	*V*	●	■	●	■
PFALZEN / FALZES: *Schöneck* €€€ Ortsteil Mühlen, Via Castello Schöneck 11. *0474 565 550.* Angenehmes Haus an einem Bach und mit vier *Stuben*. Küche von hoher Qualität, basierend auf regionalen Produkten. Sehr gut die Pilze, die je nach Jahreszeit wechseln. *März; Mo, Di mittags.* **Plätze:** *120.*	*MC V AE DC*			●	■
VÖLS / FIÈ: *Heubad* €€ Via Sciliar 12. *0471 725 020.* @ hotel.heubad@dnet.it Das Restaurant des Hotels bietet die typische Südtiroler Küche und Diätmenüs. Sehr gutes Weinangebot. *Nov–Mitte Dez, 1.–15. Jan; Mi.* **Plätze:** *50.*	*V*		■	●	■
VÖLS / FIÈ: *Turm* €€ Piazza della Chiesa 9. *0471 725 014.* @ turm@romantik.de Typische Gerichte mit einem Hauch Fantasie: Schwertfisch auf Eis mit Rucola, Bandnudeln mit weißem Trüffel, Käse-Trüffel-Ravioli, Drachenkopf mit Tomate und Artischocken. *Nov–21. Dez, 8.–20. Jan; Do.* **Plätze:** *80–100.*	*MC V*	●	■	●	■
VÖLS / FIÈ: *Volserhof* €€€ Via Castello 1. *0471 725 421.* @ info@volserhof.it Berühmt für seine Wildgerichte und die köstlichen Vorspeisen. Sehr gut: Kartoffelgnocchi mit Entenragout und die Rouladen mit Käse, Speck und roten Zwiebeln. *Nov–25. Dez; Mo.* **Plätze:** *40.*	*V*		■		■
STERN / LA VILLA: *Blumine* €€ Via La Villa 48. *0471 847 035.* Die Gaststätte des Hotels La Villa. In freundlichem Gebirgsambiente eine Riesenauswahl an Spezialitäten der ladinischen Küche. Großes Weinangebot. *Mitte Apr–Ende Juni, Mitte Okt–Anfang Dez.* **Plätze:** *25.*	*V*	●	■	●	

MERAN / MERANO: *Sissi* €€€€
Via Galilei 44. *0473 231 062.*
Lokal im Angedenken an die Kaiserin Sissi im Stadtzentrum gegenüber von der Burg. Raffinierte italienische Küche mit der Betonung auf piemontesischen und Südtiroler Gerichten. *Mo.* **Plätze:** *50.*

NATURNS / NATURNO: *Steghof* €€
Bivio Val Senales. *0473 668 224.*
Wunderschönes mittelalterliches Bauernhaus mit zwei herrlichen alten *Stuben*. Vor allem Wildkräuter und Gartengemüse kommen zum Einsatz, die köstliche Omeletts und aromatische Suppen ergeben. Selbst gebackene Obsttorten. *15. Jan–15. Feb, 15. Juni–15. Juli; Mo, Di.* **Plätze:** *30–50.*
V, AE — (–, –, –, ■)

WELSCHNOFEN / NOVA LEVANTE: *Pardeller* €€
Via Roma 18. *0471 613 144.* @ info@pardeller.com
Der Wirt selbst bereitet hier die leckeren traditionellen Gerichte zu. Eine schöne *Tirolerstube* verschönert den Speisesaal.
16. Apr–22. Juni; So. **Plätze:** *50.*
MC, V, AE, DC — (–, ■, ●, –)

WELSCHNOFEN / NOVA LEVANTE: *Rosengarten* €€
Via Catinaccio 43. *0471 613 262.* @ rosengarten@welschnofen.com
Freundliches, familiäres Ambiente. Hirschsalami, selbst gebackenes Brot, Almkäse und Süßes aus eigener Herstellung sind im Angebot.
Nov; Mo. **Plätze:** *60.*
MC, V, AE, DC — (●, ■, ●, ■)

DEUTSCHNOFEN / NOVA PONENTE: *Erica* €€
Via Principale 17. *0471 616 517.* @ info@erica.it
Traditionelle Küche in diesem jüngst umgebauten, ganz mit Holz getäfelten Restaurant mit herzlicher Atmosphäre.
Nov–Mitte Dez, Ostern–Mitte Mai. **Plätze:** *100.*
MC, V, DC — (●, ■, ●, –)

DEUTSCHNOFEN / NOVA PONENTE: *Ganischgerhof* €€
Via Rio Nero 22. *0471 616 504.* @ office@ganischgerhof.com
Küche im Zeichen der alten Rezepte, begleitet von einer großen Auswahl vorzüglicher Weine. *Nov, Ostern–Mitte Mai; Mi.* **Plätze:** *30.*
MC, V — (●, ■, ●, –)

DEUTSCHNOFEN / NOVA PONENTE: *Pfosl* €€
Via Rio Nero 2. *0471 616 537.*
Typisch südtirolerische Gerichte, aber auch internationale Küche in diesem schönen Lokal mit Blick auf den Rosengarten und den Latemar.
Nov–8. Dez, Mitte Apr–Mitte Mai; Di. **Plätze:** *30.*
MC, V — (●, ■, ●, ■)

NEUSTIFT / NOVACELLA: *Pacher* €
Via Pusteria 6. *0472 836 570.*
Das Restaurant an der Straße zum Pustertal ist einen Halt wert. Berühmt sind seine typischen Gerichte in bester Pustertaler Tradition.
Nov–22. Dez; Mo. **Plätze:** *120.*
MC, V — (●, ■, ●, –)

SANKT ULRICH / ORTISEI: *Adler* €€
Via Rezia 7. *0471 775 000.* @ info@hotel-adler.com
Das Restaurant des gleichnamigen Hotels bietet typische, mit viel Gusto überarbeitete Gerichte. *Nov, Mitte Apr–Mitte Mai.* **Plätze:** *56.*
MC, V, AE — (–, –, –, ■)

SANKT ULRICH / ORTISEI: *Concordia* €€
Romstraße 41. *0471 796 276.*
Rustikales Ambiente in diesem Restaurant in Familienregie.
Dank des Küchenpersonals werden die Gerichte mit viel Stil und Gefühl für Details zubereitet. *20. Apr–20. Juni, 15. Okt–1. Dez; Mi.* **Plätze:** *55.*
MC, V — (–, ■, ●, –)

SANKT ULRICH / ORTISEI: *Vedl Mulin* €€
Via Rezia 142. *0471 796 089.* @ snaltnerhof@val-gardena.com
Das Lokal im Zentrum von St. Ulrich bietet in freundlicher Atmosphäre typische Gerichte der traditionellen Küche. *Nov, Mai.* **Plätze:** *55.*
MC, V, AE, DC — (●, –, ●, –)

PEDRATSCHES / PEDRACES: *Lech da Sompunt* €€
Via Sompunt 36. *0471 847 015.*
In familiärem Ambiente gibt es typisch ladinische Gerichte nach alten Rezepten. Sehr gut: Spanferkel am Spieß. *Okt–Nov, Apr–Mai.* **Plätze:** *60.*
MC, V — (●, ■, ●, ■)

PEDRATSCHES / PEDRACES: *Luch Runch* €€
0471 839 796.
Ferienbauernhof alten Schlages mit freundlicher bäuerlicher Atmosphäre. Fußböden, Decken, Heuboden, Einrichtung: alles wie früher. Klassisches, traditionelles Menü. Während der Wintermonate stehen Pferdeschlitten zur Verfügung. *Frühling, Herbst.* **Plätze:** *25.*
(●, ■, ●, ■)

Zeichenerklärung siehe hintere Umschlagklappe

Preiskategorien für ein Drei-Gänge-Menü mit einer halben Flasche Wein, Steuern, Service.

- € unter 25 Euro
- €€ 25–35 Euro
- €€€ 35–44 Euro
- €€€€ 44–50 Euro
- €€€€€ über 50 Euro

Kreditkarten
Folgende Kreditkarten werden akzeptiert: *AE* = American Express, *DC* = Diners Club, *MC* = MasterCard, *V* = Visa.

Kindermenü
Auf Wunsch kleine Portionen.

Degustationsmenü
Auswahlmenü lokaler Gerichte und regionaler Weine.

Tagesmenü
Einfaches Menü zum Fixpreis.

Aussicht
Restaurant mit besonders schöner Aussicht.

	Kreditkarten	Kindermenü	Degustationsmenü	Tagesmenü	Aussicht
Mühlbach / Rio di Pusteria: *Zur Linde* € Via Katharina Lanz 80. *0472 849 733.* Das von der Familie Steger geführte Restaurant bietet alle typischen Spezialitäten der Region; die alte *Stube* ist für das Probieren der vielen lokalen Weine reserviert. *Ende Nov–26. Dez; So abends, Mo.* **Plätze:** *165.*	*MC V AE DC*	●		●	
Mühlbach / Rio di Pusteria: *Ansitz Strasshof* €€ Via Spinga 4. *0472 888 045.* Restaurant mit warmer Atmosphäre, berühmt für die reichlichen und guten Portionen der Schweinerippchen und anderer rustikaler Gerichte aus der Tradition des Pustertals. *Jan; Mi.* **Plätze:** *150.*	*MC V AE DC*	●		●	■
Innichen / San Candido: *Gasthof Wiestbaler* €€ Via Duca Tassilo 3. *0474 913 103.* Typisches Lokal mit originaler *Tirolerstube*, das jede Art von Köstlichkeit der regionalen und internationalen Gastronomie bietet; auf Vorbestellung gibt es Kalbshaxe und Rehrücken. *Juni; Di.* **Plätze:** *55.*	*V AE*			●	
Innichen / San Candido: *Kupferdachl* €€ Via Sesto 20. *0474 913 711.* Das Restaurant in Familienregie bietet in einfachem, herzlichem Ambiente die typischen Gerichte aus der Südtiroler Küchentradition. *Juni, Nov; Do.* **Plätze:** *40.*	*MC V AE DC*				■
Innichen / San Candido: *Orso Grigio* €€ Via P. P. Rainer 2. *0461 650 435.* info@orsohotel.it In einem Haus des 18. Jahrhunderts befindet sich dieses schöne Lokal mit der typischen Küche Südtirols. *Okt–20. Dez, Apr–Mitte Juni; Do.* **Plätze:** *30.*	*MC V AE DC*				
Innichen / San Candido: *Sole Paradiso* €€€ Via Sesto 8. *0474 913 120.* Ein altes Lokal mitten in einem wunderschönen Wald. Die Küche bevorzugt die Tradition des Pustertals mit Speck, Knödeln, Kalbsrücken, Forellen. *Nach Ostern–Mai, 8. Okt–20. Dez; immer mittags.* **Plätze:** *150.*	*V AE*		■		■
Sankt Kassian / San Cassiano: *Armentarola* €€€ Ortsteil Armentarola 78. *0471 849 522.* info@armentarola.com Das von den Skiläufern in der Mittagspause viel und gern besuchte gastliche Restaurant bietet klassische Gerichte: Kaninchenfilet, Perlhuhnbrust, Bandnudeln, Polenta und, unter den Desserts, die so genannte »Bavarese«. *Okt–Nov, Mitte Apr–Mai.* **Plätze:** *90.*	*V*	●		●	■
Sankt Kassian / San Cassiano: *Fanes* €€€ Via Pecei 19. *0471 849 470.* hotelfanes@hotelfanes.it Das Restaurant in ruhiger Lage mit elegantem Tiroler Ambiente eignet sich für ein Abendessen besonderer Art. Jede Woche gibt es ladinisches Abendbrot mit typischen regionalen Gerichten. *Mai, Juni, Okt, Nov.* **Plätze:** *30.*	*MC V*	●	■	●	■
Sankt Kassian / San Cassiano: *Restaurant St. Hubertus* €€€€€ Via Micura de Rò 20. *0471 849 500.* info@rosalpina.it Das Restaurant in perfektem Tiroler Stil ist eines der interessantesten der Region. Sehr gut das Weinangebot. *Di.* **Plätze:** *24.*	*MC V*		■	●	
Sankt Martin / San Martino: *Luch de Vanc* €€ Via Seres 36. *0474 590 108.* Ein altes Bauernhaus in Seres, in einer *vila*, die bei vielen als die schönste der Gegend gilt. Die Köstlichkeiten – *panicia, turtres, crafuns mori, bales* – werden in der ladinischen *Stube* serviert. **Plätze:** *60.*		●	■	●	■
Sankt Vigil / San Vigilio: *Ciolà* €€ Via Plan de Corones 17. *0474 501 701.* Das auf Fleisch- und Gemüse-Grillgerichte spezialisierte Restaurant bietet typische traditionelle Gerichte in einem ebensolchen Ambiente. *Mai, Juni, Nov; Do.* **Plätze:** *134.*	*MC V AE DC*	●	■	●	

SANKT VIGIL / SAN VIGILIO: *Locanda Garsun* €€
Via Mantena 14. *0474 501 282.*
Ein rustikales Berggasthaus am Ortseingang, wo alle traditionellen Gerichte aus unverfälschten Zutaten zubereitet werden: Graupensuppe, Ravioli mit Gemüsefüllung, Haxe mit Pilzen oder Kohl und, als Dessert, Apfelstrudel mit Sahne und die leckeren mit Waldbeeren gefüllten Eierkuchen. Reservierung erforderlich.
● *2 Wochen Okt, 2 Wochen Juni; Mo.* **Plätze:** *30.*

SANKT VIGIL / SAN VIGILIO: *Tabarel* €€€
Via Katharina Lanz 27. *0474 501 210.*
In diesem uralten Lokal kann man wählen zwischen Tagliolini mit Krabben und Gemüse, Lammfilet in Kartoffelkruste, Nieren mit Polenta und Pilzen. Leckere Desserts, so die Blätterteigtasche mit Marscarpone. Die Karte wechselt täglich.
● *Anfang Apr–Anfang Juni, Okt–Nov; Di.* **Plätze:** *45.*

WOLKENSTEIN / SELVA: €€€
Chalet Gerard
Ortsteil Plan de Gralba 37. *0471 795 274.* gerard@val-gardena.com
Das auf Südtiroler Küche spezialisierte Restaurant, ein reizendes Bergchalet mitten in der Natur, ist für seine Pilzgerichte berühmt.
● *Nov, Ostern–Juni.* **Plätze:** *60.*

SEXTEN / SESTO: *Stubele* €€€
Via San Giuseppe 55. *0474 710 328.*
Das Restaurant neben dem Hotel Passo Monte Croce hat eine atemberaubende Aussicht auf die Sextener Dolomiten. Man kann sich laben an Wild, Lamm, Suppen, selbstgemachten Nudeln. Die Weinkarte nennt 250 Namen.
● *Mitte Okt–Nov, Ende Apr–Mai.* **Plätze:** *30.*

TISENS / TESIMO: *Zum Löwen* €€€
Via Centro 72. *0473 920 927.*
Altes Südtiroler Bauernhaus, wo man in dem typischen und behaglichen Ambiente speist. Fluss- und Seefische, Fleisch der Region und Wild, sehr gute Süßspeisen. ● *Mo mittags, So.* **Plätze:** *35.*

TIERS / TIRES: *Laurin* €
Via San Cipriano. *0471 642 138.*
Der Besitzer selbst kocht aus unverfälschten Zutaten die typischen Gerichte Südtirols. Im Sommer sitzt man angenehm auf der Aussichtsterrasse.
● *10. Nov–15. Dez; Mi.* **Plätze:** *40.*

TIERS / TIRES: *Tschwamin-Schwaige* €
Via San Cipriano 81. *0471 642 010.*
Tirolerische und italienische Küche, und jeden Tag gibt es frisch gefischte Forellen aus dem See des Restaurants. Am Mittwochabend nur Grillgerichte.
● *Nov–Mai.* **Plätze:** *60.*

TIERS / TIRES: *Dosses* €€
Via San Cipriano 85b. *0471 642 195.* info@dosses.com
Die jahreszeitlich wechselnden Menüs sind immer raffiniert und von hoher Qualität. Im gemütlichen Lokal gibt es eine alte *Tirolerstube* ganz aus Holz. Beim Wein verlassen Sie sich auf den Rat des Chefs.
● *Mitte März–Anfang Mai, Mitte Nov–20. Dez.* **Plätze:** *25.*

VAHRN / VARNA: *Gasthof Hanserhof* €
Via Spelonca 9. *0472 835 377.*
Das Restaurant mit Blick aufs Brixener Becken bietet heimische Küche. Die Gerichte werden aus natürlichen Produkten des Hauses zubereitet. ● *Mo.* **Plätze:** *50.*

VAHRN / VARNA: *Weingut Kofererhof* €
Neustift 3. *0472 836 649.*
Das Restaurant hinter dem Kloster Neustift in einem alten Landgut bietet Gerichte der traditionellen Küche und Weißweine eigener Produktion aus dem Eisacktal. Im Herbst finden hier das *Törggelen* statt, die Verkostung des neuen, jungen Weins; dazu gibt's geröstete Maronen.
● *Mitte Jan–Mitte Feb; Di.* **Plätze:** *200.*

STERZING / VIPITENO: *Kleine Flamme* €€€€
Città Nuova 31. *0472 766 065.*
Im Zentrum des Städtchens liegt dieses kleine, sehr gepflegte Lokal, das die Düfte und Aromen des Orients erfolgreich mit der europäischen Küche und den regionalen Produkten verbindet. ● *So abends, Mo.* **Plätze:** *28.*

Restaurant	Karten				
Locanda Garsun		●	■	●	
Tabarel	MC V AE DC	●	■		
Chalet Gerard	MC V		■		■
Stubele	MC V AE DC	●	■	●	■
Zum Löwen	MC V AE DC				■
Laurin	V	●		●	■
Tschwamin-Schwaige		●		●	
Dosses		●	■	●	■
Gasthof Hanserhof		●	■	●	■
Weingut Kofererhof	V DC	●	■	●	■
Kleine Flamme	V			●	

Bars und Cafés

EINE BAR AM WALTHERPLATZ in Bozen mit Blick auf die bunten Kacheln des Doms. Eine Ecke in einer Konditorei in Meran, deren Auslagen an die Gelage der kaiserlichen Vergangenheit erinnern. Ein Tisch im Freien in einem Café im Zentrum von St. Ulrich, im Rücken die bunt bemalte Fassade eines typischen Hauses, im Hintergrund die Seiser Alm oder der Raschötz.

Das Weinlokal Piz La Ila in Stern im Gadertal

Die Lokale in Südtirol

Die Bars sind die Lokale, die am stärksten an Italien erinnern, wogegen Konditoreien und Cafés die Vorliebe der Tiroler für Innenräume belegen, in denen sie Kaffee und Kuchen genießen können. Vor allem Bars sind die Orte des Aperitifs, der auch nur aus einem Glas Bier bestehen kann. Um in Gesellschaft zu trinken, sind die *Stuben* ideal, Lokale, in denen der Wein glasweise serviert wird – ein Zeichen der langen österreichischen Herrschaft – und das Bier in Strömen fließt. Man erkennt sie ganz einfach an den typischen schmiedeeisernen, oft vergoldeten Ladenschildern.

Cafés und Bars

Bar des Parkhotels Laurin
Bozen / Bolzano
Laurinstr. 4. ☎ *0471 311 000.*

Café Streitberger
Bozen / Bolzano
Museumstr. 15. ☎ *0471 978 303.*

Café Pupp
Brixen / Bressanone
Altenmarktgasse 37.
☎ *0472 834 736.*

Hellweger's
Meran / Merano
Galleria Raffl, Pfarrplatz 30.
☎ *0473 212 581.*

Bierlokale

Hopfen & Co.
Bozen / Bolzano
Obstmarkt 17. ☎ *0471 300 788.*

Time Out
Brixen / Bressanone
Dantestr. 34. ☎ *0472 831 450.*

Purger's Pub
Sankt Ulrich / Ortisei
Via Purger 8. ☎ *0471 798 401.*

Kronenkeller
Sterzing / Vipiteno
Altstadt 31. ☎ *0472 766 499.*

Weinlokale

Unterwirt
Klausen / Chiusa
Ortsteil Gudon 45. ☎ *0472 844 000.*

Genziana
Toblach / Dobbiaco
Silvesterstr. 31.
☎ *0474 979 072.*

Baita Sofie / Hutte
Sankt Ulrich / Ortisei
Monte Seceda. ☎ *335 527 12 40.*

Patscheiderhof
Ritten / Renon
Ortsteil Signat 178.
☎ *0471 365 267.*

Konditoreien

Pasticceria Heiss
Brixen / Bressanone
Große Lauben 20.
☎ *0472 836 487.*

Pasticceria Richard Winkler
Bruneck / Brunico
Via Centrale 9. ☎ *0474 555 635.*

Pasticceria Visentin
Kaltern / Caldaro
Ortsteil Auer, Via Nazionale 50.
☎ *0471 810 137.*

Cafè König-Pasticceria
Meran / Merano
Freiheitsstraße 168.
☎ *0473 237 162.*

Pasticceria Alex
Sankt Ulrich / Ortisei
Via Pedetliva 36.
☎ *0471 797 760.*

Mussner Adolf
Wolkenstein / Selva
Ortsteil Villa Rita, Via Nives 71.
☎ *0471 795 027.*

Pasticceria Häusler
Sterzing / Vipiteno
Neustadt 11.
☎ *0472 765 189.*

Treffpunkte

Batzenhäusl / Ca' dei Bezzi
Bozen / Bolzano
A.-Hofer-Str. 30. ☎ *0471 976 183.*

Vögele-Aquila Rossa
Bozen / Bolzano
Goethestr. 3. ☎ *0471 973 938.*

Weinlokal Piz La Ila
Stern / La Villa
Rifugio Piz La Ila. ☎ *0471 847 403.*

Siglu
Sankt Ulrich / Ortisei
Via Rezia 7. ☎ *336 450 104.*

Laurinkeller
Wolkenstein / Selva
Via Mëisules. ☎ *0471 795 059.*

Die Bar des Parkhotels Laurin in Bozen

Sport und Aktivurlaub

DIE GESCHICHTE des Alpinismus wurde zum Teil in den Dolomiten geschrieben, den Rosengarten und den Langkofel im Auge, die das Wohl und Wehe ganzer Bergsteigergenerationen waren. Und der Ruf Südtirols als Skiparadies beruht zum Teil auf der berühmten Skitour Sella Ronda, einer 40 Kilometer langen Abfahrt rund um die Sellagruppe, auf stets wechselnden Pisten.

Die Sportarten

Auch wenn diese beiden Aspekte schon für sich einen Urlaub in der Provinz Bozen rechtfertigen, so sind die Möglichkeiten in den Tälern ebenfalls nicht gering. Den Fans des Mountainbikings steht eine eigene Route durchs Pustertal zur Verfügung, oder sie können die Schluchten des Passeiertals herausfordern. Das Ahrntal und das obere Eisacktal bieten sich fürs Rafting und Kanu fahren an, und hinreißend ist es, die Seiser Alm zu Pferde zu erkunden. Einen unvergleichlichen Reiz hat das Phänomen des »Errötens« der Dolomiten, das man vom Karersee aus und in den Naturparks beobachten kann. Und Natur pur bietet der Langlauf im Fischlein- oder im Martelltal.

anglauf auf der Seiser Alm

kigebiete

eiser Alm Skirama
eiser Alm / Alpe di Siusi
0471 706 759.

olomiti Superski
www.dolomitisuperski.com
info@dolomitisuperski.com

eiten und Trekking

eitstall berlanzinerhof
iser Alm / Alpe di Siusi
0471706575.

Zyprianhof
Welschnofen / Nova Levante
0471 613 55 61.

Reiterstübele
Ratschings / Racines
0472 656 225.

Touren und Trekking

Bergführer Monguelfo
Welsberg / Monguelfo
0474 944 118.

Naturpark Stilfser Joch
Schlanders / Silandro
0473 730 155.

Golf

Carezza Golf Club
Karersee / Carezza
0471 612 200.

Golf Club Alta Badia
Corvara *0471 836 655.*

Mountainbike

Dolomit Live Club Active
Seiser Alm
Alpe di Siusi
0471 705 343.

Paragliding und Drachenfliegen

Time to Fly
Sand in Taufers
Campo Tures
0474 678 422.

Club Jochropp'n
Ridnaun / Ridanna
0472 656 238.

Rafting und Wildwasser

Scuola Alpina Dolomiten
Kastelruth / Castelrotto
Via Volgeweider 6.
0471 705 343.

Club Acquaterra
Latsch / Laces *336 611 336.*

Club Rafting
Sterzing / Vipiteno
Zona Sportiva. *0472 765 660.*

Mountainbiking in den Dolomiten

Skilanglauf

Scuola Azzurra
Toblach / Dobbiaco
0474 972 970.

Skischulen

Toblach / Dobbiaco
0474 972 581.

Sankt Ulrich / Ortisei
0471 796 153.

Innichen / San Candido
0474 913 488.

Wolkenstein / Selva
0471 795 156.

Sexten / Sesto
0474 710 355.

Skipass

(siehe auch Skigebiete)

Corvara
0471 836 366.

Toblach / Dobbiaco
0474 972 583.

Sankt Ulrich / Ortisei
0471 799 022.

Sankt Vigil / San Vigilio
0474 551 500.

Wolkenstein / Selva
0471 795 157.

Rodeln

Scuola di Sci Watles
0473 830 757.

Wedelschule

Scuola di Sci di Fondo e Telemark NORDIC
Reischach / Riscone
0474 555 526.

Läden und Märkte

Zahlreich sind die typischen Produkte Südtirols, und alle zeichnet sie ein starker österreichisch-tirolerischer Einschlag aus. Dies trifft auf die Hauptkleidungsstücke ebenso zu (Lodenjacke, Tirolerhut, Lederhosen oder Knickerbocker, natürlich aus echtem Leder) wie auf Spezialitäten aus Küche und Keller (Speck, Weine und Biere, Süßspeisen und Kuchen und das Brot), das Kunsthandwerk (Schnitzereien des Gadertals, Klöppelspitzen des Ahrntals) oder den typischen Weihnachtsbaumschmuck aus bemaltem Holz.

Feinkost-Spezialitäten

Der Wunsch, allen diesen Produkten die Tiroler Authentizität zu erhalten, hat die Provinz veranlasst, eine Qualitätsmarke einzuführen, die gleichzeitig Schutzmarke ist. Bei Lebensmitteln findet man die Bezeichnung »IGP« am berühmten Tiroler Speck, der sie nur führen darf, wenn er mindestens 20 Wochen gereift ist, sowie zum Beispiel am Honig. Wer diese Region schon öfter bereist hat, weiß, dass die Regeln des biologischen Landbaus seit Jahren auf die Apfelproduktion (das Marienkäfersymbol macht die Äpfel aus dem Vinschgau kenntlich) und auf den Weinbau im Überetsch angewandt werden und dass einige Bäckereien nur reine Mehle für ihre Roggen- und dunklen Mischbrote verwenden. Dasselbe gilt für den Bereich der Weine: In Magrè an der Weinstraße bei der Winzerei Alois Lageder keltert man die Trauben, bringt den Most zur Gärung und füllt den Wein auf Flaschen in einem Gebäude, das eigens nach den Richtlinien der Bioarchitektur errichtet wurde, damit das Produkt so unverfälscht wie möglich ist.

Den Speck schützt eine eigene Qualitätsmarke

Ein Speiseschrank mit einigen Südtiroler Brotarten

Kunsthandwerk

»DOC«, die kontrollierte Ursprungsbezeichnung, gibt es auch in vielen anderen Bereichen. Zum Beispiel bei den Holzschnitzfiguren, die das Grödner Tal berühmt machen. Das einzige, was sich in über 500 Jahren Tradition geändert hat, ist die Herkunft des Rohmaterials: Das Zirben- oder Fichtenholz kommt nicht mehr aus den Südtiroler Wäldern, sondern wird importiert. Im übrigen ist alles noch so wie im 16. Jahrhundert, als diese Kunst zu einer nützlichen Verdienstquelle in den langen Wintermonaten wurde. Dasselbe kann man von den Stoffen der Trachten aus dem Sarntal sagen, Produkte geschickter Hände, die sie mit feinsten Stichen besticken, von den Klöppelspitzen des Ahrntals, diesen Wunderwerken an Leichtigkeit und Raffinement, von den handbemalten Tonwaren, auf denen oft dieselben Muster zu finden sind wie auf den antiken Tiroler Öfen, und von den typischen Filzpantoffeln, die ebenfalls oft mit typischen Mustern verziert sind. Schwerer ist es, echten Loden zu finden, ganz zu schweigen von einer Walkfilzjacke oder einem Dirndl.

Holzskulptur aus dem Grödner Tal

Wildfrüchte werden oft für Kuchen und Obstbrände verwandt

Hier heißt Tirol sehr oft Österreich – die Herkunft ist damit fast egal, es stammt auf jeden Fall aus Tirol.

Kunsthandwerk

August Mittelberger
Bozen / Bolzano
Via Castel Firmiano 33.
0471 633 374.

Ceramica Thun
Bozen / Bolzano
Galvanistr. 29.
0471 245 111.

Jasmin
Bozen / Bolzano
Eisackstr. 4.
0471 978 036.

Platzleiner Georg
Prags / Braies
Ortsteil Innerprags 67.
0474 748 775.

Eisenstecken Egger Kuno
Brixen / Bressanone
Altmarkt 34.
0472 836 510.

Tschaffert Franz
Brixen / Bressanone
Oswald-von-Wolkenstein-Str. 30.
0472 813 726.

Josef Gabrielli
Bruneck / Brunico *Stadtgasse 8.*
0474 555 301.

Kuntner & Co.
Bruneck / Brunico
Bruder-Willram-Str. 31.
0474 411 164.

Lanificio Moessmer
Bruneck / Brunico
Walther-von-der-Vogelweide-Str.
0474 858 14.

Tessitura Artistica Ulbric
Bruneck / Brunico
Tieltpromenade 17/A.
0474 555 900.

Bemalung traditioneller Schlitten

Fruehauf
Meran / Merano *Passeirergasse1.*
☎ *0473 236 443.*

Willy Wiemann
Meran / Merano
Leonardo-da-Vinci-Str. 7-11.
☎ *0473 237 471.*

Dorner Peter
Welsberg / Monguelfo
P.-Troger-Str. 1.
☎ *0474 944 253.*

Alton Georg
Sankt Ulrich / Ortisei
Romstr. 32.
☎ *0471 798 307.*

Canins Franz
Sankt Ulrich / Ortisei
Via Pedetliva 10.
☎ *0471 797 758.*

Moroder David
Sankt Ulrich / Ortisei
Via Scurcià 109.
☎ *0471 796 626.*

Ainhauser Peter
arnthein / Sarentino
ia Villa 67.
☎ *0471 623 307.*

haler Johann
arnthein / Sarentino
ia Roher 41.
0471 623 258.

stituto Statale d'Arte
olkenstein / Selva
an da Tieja 90.
0471 793 331.

ondin Robert
amin / Termeno
a Molino.
0471 860 187.

amper Eusebius
rol / Tirolo
a Castello 2.
0473 923 492.

Lebensmittel

Panificio dei Francescani
Bozen / Bolzano
Binderg. 9.
☎ *0471 977 017.*

Panificio Franziskaner
Bozen / Bolzano
Franziskanerg.
☎ *0471 976 443.*

Salumeria Masè
Bozen / Bolzano *Goethestr.*
☎ *0471 978 685.*

Dariz Delikatess
Bruneck / Brunico
Via Stuck.
☎ *0474 410 177.*

Karl Bernardi
Bruneck / Brunico *Stadtgasse.*
☎ *0474 555 472.*

Nocker Anton & Co.
Bruneck / Brunico *Dolomitenstr.*
☎ *0474 972 186.*

Mair Adolf & Co.
Glurns / Glorenza *Via Flora 9.*
☎ *0473 831 207.*

Salumeria Meranese
Meran / Merano.
Laurinstr. 59.
☎ *0473 443 095.*

Seibstock
Meran / Merano.
Laubengasse 227.
☎ *0437 237 107.*

Mendel Speck
Tramin / Termeno
Bahnhofstr.
☎ *0471 812 834.*

Weinhandlungen und Kellereien

Cantina Sociale San Paolo
Eppan / Appiano
Via Castel Guardia.
☎ *0471 662 183.*

Käseknödel

J. Brigl
Eppan / Appiano
Via San Floriano 8.
☎ *0471 662 419.*

Baccus
Bozen / Bolzano *L.-da-Vinci-Str. 1.*
☎ *0471 970 176.*

Cantina Gries
Bozen / Bolzano *Griesplatz 2.*
☎ *0471 270 909.*

Cantina Sociale Santa Maddalena
Bozen / Bolzano *Brennerstr. 15.*
☎ *0471 972 944.*

Enoteca Edy
Bozen / Bolzano *Waltherplatz 8.*
☎ *0471 978 330.*

Gidi
Bozen / Bolzano *Gasmairstr. 20/D.*
☎ *0471 270 456.*

Vinum
Bozen / Bolzano *Brennerstr. 28.*
☎ *0471 981 666.*

Riesling von Hofstätter

Enoteca Bernardi
Bruneck / Brunico *Stadtgasse 26.* ☎ *0474 854 72.*

Fratelli Schondorf
Bruneck / Brunico *Stadtgasse 55.* ☎ *0474 554 771.*

Castel Salleg
Kaltern / Caldaro
Vicolo di Sotto 15.
☎ *0471 963 132.*

Viticoltori Caldaro
Kaltern / Caldaro
Via delle Cantine 12.
☎ *0471 963 149.*

Cantina Produttori Colterenzio
Schreckbichl / Colterenzio
☎ *0471 664 246.*

Meraner Weinhaus
Meran / Merano *Romstr. 76.*
☎ *0473 232 253.*

Grappoteca Kugler
Innichen / San Candido
Herzog-Tassilo-Str. 4/A.
☎ *0474 733 12.*

Feinkost Vinotheque Holzer
Sexten / Sesto
Via Heidech.
☎ *0474 703 40.*

Pinotheque
Tramin / Termeno
Piazza Municipio 5.
☎ *0471 860 161.*

Hofer Market
Sterzing / Vipiteno
Brennerstr. 21.
☎ *0472 765 152.*

GRUND-INFORMATIONEN

REISEINFORMATIONEN 210-213

Reiseinformationen

Das Auto, die Eisenbahn und Omnibusse. Alle drei sind perfekte Verkehrsmittel, um ins Trentino und nach Südtirol zu gelangen. Das Auto garantiert die größte Unabhängigkeit und man kann mit einem verzweigten Straßennetz in bestem Zustand rechnen – selbst im Winter (der Reschen- und der Brennerpass sind selten wegen Schnee gesperrt, die hohen Dolomitenpässe schon eher). Die Bahn ist ideal für alle, die sich im Etsch- und Eisacktal bewegen wollen, weil dort die wichtige Strecke von Innsbruck über den Brennerpass in Richtung Verona mit häufigen Verbindungen in beide Richtungen besteht. Autobusse fahren von den Hauptstädten Bozen und Trento aus selbst in die abgelegensten Winkel der beiden Provinzen.

Seilbahn im Gadertal

Regionale Buslinien verzweigen sich über die ganze Region

Flugzeug

Bis vor einigen Jahren war es unmöglich, ins Trentino oder nach Südtirol zu fliegen, weil keine der beiden Provinzen einen eigenen Flughafen besaß. Und so gab es, um mit dem Flugzeug nach Südtirol zu kommen, kaum eine andere Möglichkeit als den Flughafen Innsbruck und für das Trentino den von Verona Villafranca im Veneto. Seit einigen Jahren aber steht der Flughafen Bozen nationalen und internationalen Flügen als Landeplatz zur Verfügung, so zum Beispiel einem täglichen Direktflug ab Rom. Hinzu kommen andere von der Jahreszeit abhängige Flüge aus einigen anderen europäischen Hauptstädten sowie Charterflüge, die vor allem im Winter die Skifahrer in die Nähe der berühmten Abfahrten der Dolomiten transportieren.

Autobus

Wer im Gebirge ungern Auto fährt oder in völliger Entspannung die Landschaften des Trentino und Südtirols betrachten möchte, dem steht ein Autobusnetz zur Verfügung, das sich selbst ins einsamste Tal im Trentino und das entlegenste Dorf in Südtirol schlängelt. Trento und Bozen sind die Ausgangspunkte dieses Systems, und viele Buslinien warten die wichtigsten Zugverbindungen ab, zu denen sie den Anschluss bilden. Andere Knotenpunkte sind Rovereto und Riva del Garda für das Trentino und Meran und Brixen für Südtirol. Einige Orte in den Dolomiten sind jedoch von Cortina d'Ampezzo oder Belluno im Veneto leichter erreichbar.

Die Seilbahnen

Trotz aller Klimaveränderungen und Winterkapriolen bleiben das Trentino und Südtirol eines der wichtigsten Ziele des alpinen Tourismus, und das auch dank der Seilbahnen und der anderen Beförderungsmittel, die es den Urlaubsgästen ermöglichen, im Winter Ski zu fahren und im Sommer zu Punkten mit atemberaubender Aussicht zu gelangen. Diese Bahnen und Lifte werden nur für die Zeit ihrer Wartung geschlossen (gewöhnlich in der zweiten Maihälfte und im November). Ansonsten sind sie stets ausgelastet, sei es im Grödner Tal, wo die Seilbahnen von Wolkenstein aus auf das Grödner Joch fahren, oder sei es in Madonna di Campiglio, das per Sesselbahn mit Pinzolo und Folgarida verbunden ist.

Station der Seilbahn, die von Corvara zum Skigebiet Dolomiti Superski fährt

Ein Hochgeschwindigkeitszug auf der Brenner-Strecke

Das Eisenbahnnetz

Nur wenige wissen, dass das Monopol der italienischen Staatlichen Eisenbahnen eine Ausnahme kennt: Die Strecke zwischen Toblach und der österreichischen Grenze in Winnebach gehört zwar nominell zur italienischen Bahn, wird aber von der österreichischen Eisenbahn verwaltet (eine Kuriosität in Folge der Friedensschlüsse nach dem Ersten Weltkrieg, als Südtirol an Italien fiel). Südtirol und das benachbarte Trentino werden der Länge nach von der Brenner-Eisenbahn durchfahren. Der Fernverkehr über diese Strecke ist seit Jahren durch schnelle und moderne ICE- und Eurocity-Verbindungen garantiert, die von Deutschland aus über München und Innsbruck laufen. Hinzu kommen viele Regional- und Interregio-Zugverbindungen. Fast 100 Jahre alt ist die Eisenbahn von Trento nach Malè, die von Mezzocorona das Val di Non und das Val di Sole durchfährt. Sehr alt ist auch die Südtiroler Strecke zwischen Bozen und Meran, die früher einmal einen Großteil des Vinschgaus durchfuhr (diese Strecke wurde jedoch vor einigen Jahren geschlossen).

Logo von Trenitalia

Auf einen Blick

Trentino / Südtirol

Brenner-Autobahn
☎ *0471 202 628.*

Staatliche Eisenbahn
☎ *848 880 88.*
W *www.fs-on-line.it*

Flughafen Bozen
☎ *0471 254 070.*

Abschleppdienst
☎ *116.*

Erste Hilfe
☎ *118.*

Notarzt
☎ *112.*

Feuerwehr
☎ *115.*

Notruf
☎ *113.*

Autoverleih
Avis.
☎ *199 100 133.*
Europcar.
☎ *800 014 410.*
W *www.europcar.it*
Hertz.
☎ *199 112 211.*
Maggiore.
☎ *147 867 067.*
W *www.maggiore.it*

Das Eisenbahnnetz

Hauptlinie ist die Brenner-Eisenbahn, die über den Brennerpass in Richtung Verona verkehrt. Aus den größeren Zentren zweigen dann die Linien in die verschiedenen Seitentäler ab.

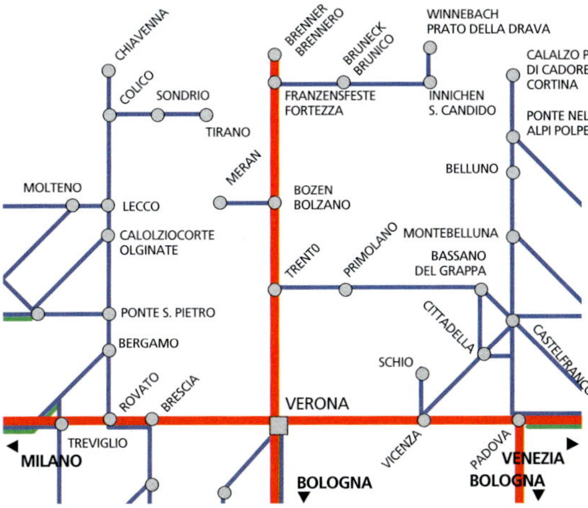

Legende

- Hauptstrecken
- Regionale Strecken

Reisen im Auto

Weil Südtirol und das Trentino für die Reisenden aus Deutschland, Skandinavien und Osteuropa als das »Tor nach Italien« gelten, hat man an alles gedacht, um den Autofahrern zu helfen: von den mehrsprachigen Aufschriften auf der Autobahn bis zu den Verkehrsschildern, die wegen der Zweisprachigkeit in Südtirol durchweg italienisch und deutsch sind.

Staatsstrassen

Obwohl das Gebiet nur zum geringsten Teil eben und zum größten Teil hochgelegen und gebirgig ist, ist das System der Staats- und Hauptstraßen sehr gut, äußerst verzweigt und zu jeder Jahreszeit in bester Ordnung. Viele Straßen, auf denen winters wie sommers die Touristen lange Schlangen bilden, sind uralt: Die Große Dolomitenstraße z. B., die von Bozen zum Karerpass und von da hinab in das Val di Fassa führt, wurde von den Österreichern Ende des 19. Jahrhunderts zu militärischen Zwecken gebaut, ist aber inzwischen zu einer der beliebtesten Touristenstrecken in die Dolomiten geworden. Die ebenso berühmte Fahrt von den Pässen zur Sellagruppe wird im Sommer durch drei Staatsstraßen möglich gemacht, die ihre ständigen Kehren mit immer herrlicheren Blicken auf die Berge belohnen. Grandios auch die Aussichten, die entlang der Tonale-Staatsstraße den Aufstieg aus dem trentinischen Val di Sole zur gleichnamigen Passhöhe begleiten. Im Hintergrund sieht man die Dolomitengipfel, während man das Pustertal auf der SS 49 durchfährt, und trotz des Verkehrs ist auch die SS 12 vom Brenner hinunter sehr eindrucksvoll, vor allem zwischen Brixen und Bozen, wo sie sich den knappen Platz mit der Autobahn und den Eisenbahngleisen streitig macht.

Zweisprachiger Autobahn-Wegweiser

Das Strassennetz in Trentino-Südtirol

Auf der Karte ist blau die Brenner-Autobahn eingezeichnet; rot sind die Staats- und Hauptstraßen im Trentino und in Südtirol markiert.

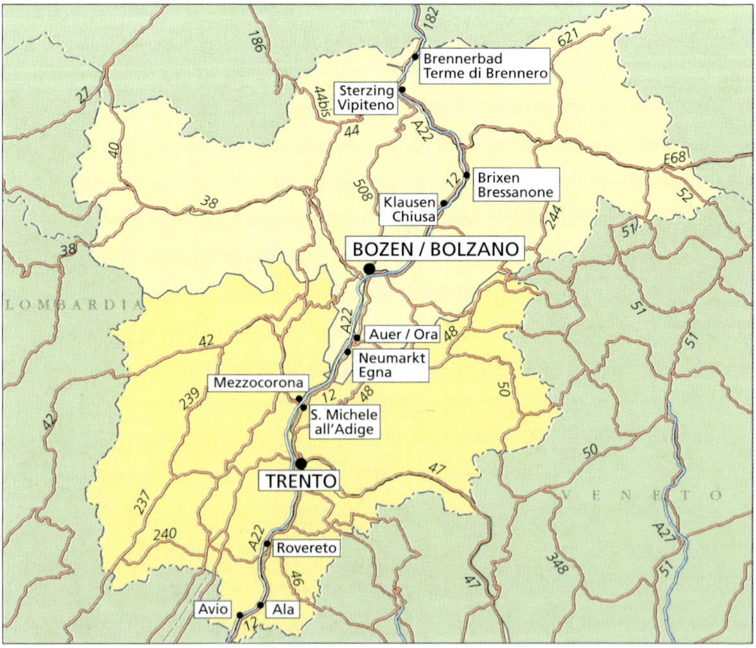

Die Kehren der Straße zwischen Sella Joch und Grödner Joch

Autobahnen

Nicht nur auf den Titelseiten der italienischen Tageszeitungen liest man von den Autoschlangen, die im Schritttempo die Brenner-Autobahn A22 in Richtung Modena hinunterschleichen. Dieses Asphaltband, das sich am Brenner ins italienische Südtirol hineinwälzt und südlich von Mezzocorona ins Trentino gelangt, ist der Hauptverbindungsweg zwischen den beiden Provinzen und eine der wichtigsten internationalen Verbindungsstraßen Europas, auch dank eines Alpenpasses, der nicht allzu hoch und daher fast das ganze Jahr schneefrei ist. Die Trasse windet sich durch die Täler von Etsch und Eisack, oft Seite an Seite mit der Staatsstraße (SS) 12 und der Eisenbahn. Wo sich früher einmal lange Autoschlangen an der Grenze bildeten, sind heute durch das Schengener Abkommen über den freien Personen- und Warenverkehr die Kontrollen abgeschafft. Staut sich dennoch der Verkehr, so geschieht das im wesentlichen nur noch während der Sommerferien und an Winterwochenenden. Die Qualität von Autobahnen haben die SS 12 zum Valsugana, die von Trento ins Veneto bei Bassano del Grappa hinunterführt und über lange Strecken in eine Schnellverkehrsstraße umgewandelt worden ist, und die SS 38 zum Reschenpass, zu der zwischen Bozen und Meran parallel eine Schnellstraße verläuft.

Das Autobahnnetz

Die Autobahn A22 Brenner–Modena im Detail

Hinweis

Auf allen Autobahnen muss auch tagsüber mit Abblendlicht gefahren werden!

Legende

- (grün) Ausfahrt
- (gelb) Raststätte

A22 Brenner – Modena

ÖSTERREICH km 313,5

km	Ausfahrt / Raststätte	Richtung
	Staatsgrenze	
4,5 km	BRENNER-BAD	ss 12 Brennerpass
16 km	STERZING	
20 km	Raststätte	
38 km	BRIXEN	ss 49 Bruneck-Toblach ▸ Cortina d'Ampezzo
42 km	Raststätte	
53 km	KLAUSEN	▸ Villnößtal; ss 242 St.Ulrich-Laion ▸ Passo Gardena ▸ Sella Joch ▸ Seiser Alm
68,8 km	Raststätte	
77 km	BOZEN-NORD	▸ Seiser Alm ▸ Ritten; ss 508 Sarntal
85 km	BOZEN-SÜD	ss 38 Stilfser Joch Meran ▸ Vinschgau; ss 42 Eppan-Kaltern
98,8 km	Raststätte	
102 km	NEUMARKT-AUER	ss 48 Val di Fiemme Val di Fassa ▸ Tramin-Kaltern
121 km	S. MICHELE-MEZZOCORONA	
129 km	Raststätte	ss 43 Val di Non ▸ Madonna di Campiglio
131 km	TRENTO-NORD	▸ Trento ▸ Interporto-Zoll
136 km	TRENTO	▸ Pergine-Levico T. ▸ Madonna di C.
158 km	ROVERETO-NORD	
159,7 km	Raststätte	▸ Folgaria-Lavarone ▸ Schio-Thiene; ss 46 Recoaro T.
167 km	ROVERETO-SÜD GARDASEE-NORD	ss 46 del Pasubio; ss 240 Riva del Garda ▸ Arco-Malcesine
179 km	ALA-AVIO	ss 12 Brenner ▸ Avio-Belluno Verona
187,4 km	Raststätte	
207 km	AFFI-GARDASEE-SÜD	ss 12 Valpolicella
208 km	Raststätte	
225 km	VERONA-NORD	ss 11 Peschiera del Garda ▸ Gardasee
	➔ A4 TORINO-TRIESTE	
240,8 km	Raststätte	
244 km	NOGAROLE-ROCCA	
277 km	PEGOGNAGA	▸ Ferrara ▸ Guastalla-Parma
286 km	REGGIOLO-ROLO	▸ Guastalla-Parma ▸ Reggio Emilia
302 km	CARPI	
309,1 km	Raststätte	▸ Correggio ▸ Reggio Emilia
312 km	MODENA-CAMPOGALLIANO	▸ Modena ▸ Nonantola
313,5 km	➔ A1 MILANO-NAPOLI	

Register

Seitenzahlen in **fetter** Schrift beziehen sich auf Haupteinträge.

D

E

F

G

H

I

J

K

L

T

U

V

Danksagung und Bildnachweis

DORLING KINDERSLEY bedankt sich bei allen Personen und Institutionen, durch deren Arbeit und Unterstützung dieses Buch möglich wurde.

BESONDERER DANK

Alto Adige Marketing: Katja Werth; Apt Provincia di Trento: Patrizia Pizzini; Apt Trento: Dr. Giovanna Collauto, Marina Malcotti; Apt Valle di Fassa, Canazei: Tarcisio Davarda; Consorzio Alta Badia; Magnifica Comunità di Fiemme; Museo Archeologico dell'Alto Adige, Bolzano: Dr. Alex Susanna, Dr. Angelika Fleckinger; Museo d'Arte Moderna e Contemporanea di Trento e Rovereto; Museo del Castello del Buonconsiglio di Trento; Museo Diocesano Tridentino: Dott.ssa Domenica Primerano; Museo degli Usi e Costumi della Gente Trentina, S. Michele all'Adige; Museo della Val Gardena, Ortisei: Robert e Paulina Moroder; Romantik Hotel Turm, Fiè allo Sciliar: Stephan Pramstrahler; Temi Editrice, Trento: Dr. Marika Bortolotti.

DER VERLAG bedankt sich bei allen Tourismusvereinen, Kirchen, Museen, Hotels, Restaurants, Geschäften, Bildergalerien, Parks und allen denen, die Material beigesteuert und zu diesem Reiseführer beigetragen haben; sie sind jedoch so zahlreich, dass sie nicht alle einzeln genannt werden können.

DORLING KINDERSLEY hat sich intensiv bemüht, alle Urheber von Fotos ausfindig zu machen. Sollte uns das in einigen Fällen nicht gelungen sein, bitten wir dies zu entschuldigen und uns zu benachrichtigen. In der nächsten Auflage werden wir versäumte Nennungen nachholen.

BILDNACHWEIS

o = oben; ol = oben links; olm = oben links Mitte; om = oben Mitte; or = oben rechts; orm = oben rechts Mitte; mro = Mitte rechts oben; ml = Mitte links; m = Mitte; mr = Mitte rechts; mlu = Mitte links unten; mu = Mitte unten; mru = Mitte rechts unten; ul = unten links; u = unten; um = unten Mitte; uml = unten Mitte links; ur = unten rechts; (s) = speziell.

Alle Fotos in diesem Buch sind von IMAGE BANK, Milano, mit Ausnahme von:

ALTO ADIGE MARKETING: 33u (Achim Sperber), 34ul (Andergassen, *Vigneti Caldaro*), 36/37m (Andergassen, *Catinaccio*), 36ml (Andergassen, *Lago di Carezza*), 37ul (F. Milanesio, *S. Leonardo in Val Passiria*), 39or (*altare a portelle nella parrocchiale dell'Assunta di Lana*), 40om (*mercatini di Natale*), 40cs (Johannes Fein), 40mr (A. Gruber, *Wolkensteinritt*), 40ul (Laslo Irmes), 41ml (Helmuth Rier), 41mr (*Klosen*), 41ul (Andergassen, *Törggelen*), 106 (Capobussi, *Lago di Caldaro*), 116or (Andergassen, *Vigneti Appiano*), 129o (Andergassen, *Lago di Resia*), 131ur (*Waalweg*), 132ur (De Biasi, *Primavera a Merano*), 133o (Tappeiner, *Val Senales*), 165o (De Biasi, *Val Gardena*), 205or (Tappeiner, *Dolomiti Mountainbike*), 205ml (Tappeiner, *Alpe di Siusi*)

APT CAVALESE: 90ur, 91ul

APT VALLE DI FASSA, Canazei: 16ul
FABRIZIO ARDITO, Roma: 57mr, 61ol

ADRIANO BACCHELLA, Torino: 35or, 139, 154u, 156ol, 177ol, 187ol, 197ml, 204ol, 206ul, 207ol, 207um
ROBERTO BARCELLONA, Vicenza: 3m, 28/29, 37or, 38ml, 38ur, 42, 104, 109, 110 alle, 111ol, 111ul, 112ur, 116ul, 122u, 123u, 125, 129ur, 130ol, 133mr, 134mlu, 135ol, 140 alle, 143 alle, 160ul, 204ur, 212or

MARCO BIANCHI, Milano: 94mr, 95ol, 97om, 118ur, 150or, 153ul

PAOLO BONFÀ-SIMONETTA GOFFETTI, Mantova: 150-1m, 152mo, 153mr

CONSORZIO ALTA BADIA: 155o, 156ml, 157or, 157ur, 210om

FABIO DE ANGELIS, Milano: 54, 56ul, 57ol, 64or, 65o, 68ol, 76ur, 88or, 102ur, 108ul, 111mr, 112ml, 113o

GIOVANNI FRANCESIO, Mantova: 35u, 90mr, 97mr, 147or, 150ol, 151ul, 161ol

CRISTINA GAMBARO-GINO FRONGIA, Milano: 34or, 102or, 105, 115or, 115ml, 116mr, 117ol, 118o, 119or, 119ml, 124ol, 124mr, 138ml, 153ol, 154ol, 154or, 157ol, 161mr, 161ur, 162or, 163bm, 165mru, 187mr, 190ml, 210ml

ROBERTO MAGRONE, Trento: 66ol

MAGNIFICA COMUNITÀ DI FIEMME: 11o

STEFANO MALDINI, Bologna: 15ur

ALBERTO MANI, Mantova: 80ur, 82ul, 83o, 83ur, 153ur

MUSEO ARCHEOLOGICO DELL'ALTO ADIGE, Bolzano, www.iceman.it: 43um (Foto: Marco Samadelli)

MUSEO D'ARTE MODERNA E CONTEMPORANEA DI TRENTO E ROVERETO: 65m

MUSEO DEGLI USI E COSTUMI DELLA GENTE TRENTINA: 12ur,

MUSEO DEL CASTELLO DEL BUONCONSIGLIO, Trento: 24/25m, 60mr, 62/63 alle

EUGENIO ORTELLI, Como: 134um

GHIGO ROLI, Modena: 1, 10, 14ul, 15mr, 15ul, 32, 33om, 36or, 36ul, 72, 76ol, 77or, 77ml, 81ol, 82or, 82ml, 83mr, 91om, 92ml, 92ul, 93o, 93mr, 95mr, 96or, 96ml, 96/97m, 96/97u, 100/101, 120, 132 ol, 148ul, 149o, 149ur, 155u, 158or, 158mlu, 158ur, 159or, 159mr, 160ol, 160ml, 163or, 164 alle, 165mro, 165ur, 213ol

ROMANTIK HOTEL TURM, Völs am Schlern: 196or, 196ul, 196ur, 197or, 206or

GUIDO STECCHI, Milano: 177ur, 196ul, 196ml, 197mr, 207mr

GIANNI ZOTTA, Trento: 6/7, 9, 12ol, 12m, 14or, 16or, 18-9 alle, 20, 21ur, 26mru, 27mr, 27ur, 50ul, 51mr, 51ur, 53u, 55or, 55ur, 58ol, 58or, 58ml, 58ul, 59mr, 60ul, 61ur, 67ur, 69ol, 69ur, 74ol, 74ur, 75or, 75ul, 78ul, 86or, 87, 89ml, 98mr, 98ur, 99 alle, 170ml, 176ml, 176mr, 176ul, 177or, 177ml, 178mo, 184 alle, 186m, 186ul, 187um

Sprachführer

Notfälle

Hilfe!	**Aiuto!**
Halt!	**Fermate!**
Ruf einen Arzt.	**Chiama un medico**
Ruf einen Krankenwagen.	**Chiama un' ambulanza**
Ruf die Polizei.	**Chiama la polizia**
Ruf die Feuerwehr.	**Chiama i pompieri**
Wo ist das Telefon?	**Dov'è il telefono?**
Das nächste Krankenhaus?	**L'ospedale più vicino?**

Grundwortschatz

Ja/Nein	**Si/No**
Bitte	**Per favore**
Danke	**Grazie**
Verzeihung	**Mi scusi**
Guten Tag	**Buon giorno**
Auf Wiedersehen	**Arrivederci**
Guten Abend	**Buona sera**
der Morgen	**la mattina**
Nachmittag	**il pomeriggio**
der Abend	**la sera**
gestern	**ieri**
heute	**oggi**
morgen	**domani**
hier	**qui**
dort	**là**
Welche/r/s?	**Quale?**
Wann?	**Quando?**
Warum?	**Perchè?**
Wo?	**Dove?**

Nützliche Redewendungen

Wie geht's?	**Come sta?**
Sehr gut, danke.	**Molto bene, grazie.**
Erfreut, Sie kennen zu lernen.	**Piacere di conoscerla.**
Bis später.	**A più tardi.**
In Ordnung.	**Va bene.**
Wo ist/sind ...?	**Dov'è/Dove sono ...?**
Wie lange braucht man nach ...?	**Quanto tempo ci vuole per andare a ...?**
Wie komme ich nach ...?	**Come faccio per arrivare a ...?**
Sprechen Sie Deutsch?	**Parla tedesco?**
Ich verstehe nicht.	**Non capisco.**
Könnten Sie bitte langsamer sprechen?	**Può parlare più lentamente, per favore?**
Entschuldigung.	**Mi dispiace.**

Nützliche Wörter

groß	**grande**
klein	**piccolo**
heiß	**caldo**
kalt	**freddo**
gut	**buono**
schlecht	**cattivo**
genug	**basta**
gut (Adv.)	**bene**
offen	**aperto**
geschlossen	**chiuso**
links	**a sinistra**
rechts	**a destra**
geradeaus	**sempre dritto**
nahe	**vicino**
weit	**lontano**
oben	**su**
unten	**giù**
früh	**presto**
spät	**tardi**
Eingang	**entrata**
Ausgang	**uscita**
Toilette	**il gabinetto**
frei, nicht besetzt	**libero**
frei, gratis	**gratuito**

Telefonieren

Ich möchte ein ... ... Ferngespräch führen.	**Vorrei fare una interurbana.**
... ein R-Gespräch führen.	**Vorrei fare una telefonata a carico del destinatario.**
Ich versuche es später noch mal.	**Ritelefono più tardi.**
Kann ich eine Nachricht hinterlassen?	**Posso lasciare un messaggio?**
Einen Moment, bitte.	**Un attimo, per favore**
Könnten Sie bitte etwas lauter sprechen?	**Può parlare più forte, per favore?**
Ortsgespräch	**telefonata locale**

Sehenswürdigkeiten

Gemäldegalerie	**la pinacoteca**
Bushaltestelle	**la fermata dell'autobus**
Kirche	**la chiesa**
	la basilica
Wegen Urlaub geschlossen	**chiuso per le ferie**
Garten	**il giardino**
Bibliothek	**la biblioteca**
Museum	**il museo**
Bahnhof	**la stazione**
Fremdenverkehrsbüro	**l'ufficio di turismo**

Zahlen

1	**uno**
2	**due**
3	**tre**
4	**quattro**
5	**cinque**
6	**sei**
7	**sette**
8	**otto**
9	**nove**
10	**dieci**
11	**undici**
12	**dodici**
13	**tredici**
14	**quattordici**
15	**quindici**
16	**sedici**
17	**diciassette**
18	**diciotto**
19	**diciannove**
20	**venti**
30	**trenta**
40	**quaranta**
50	**cinquanta**
60	**sessanta**
70	**settanta**
80	**ottanta**
90	**novanta**
100	**cento**
1000	**mille**
2000	**duemila**
5000	**cinquemila**
1 000 000	**un milione**

Zeit

eine Minute	**un minuto**
eine Stunde	**un'ora**
halbe Stunde	**mezz'ora**
ein Tag	**un giorno**
eine Woche	**una settimana**
Montag	**lunedì**
Dienstag	**martedì**
Mittwoch	**mercoledì**
Donnerstag	**giovedì**
Freitag	**venerdì**
Samstag	**sabato**
Sonntag	**domenica**

Straßenkarte Südtirol & Trentino